겨울나무

겨울나무

박지선 지음

추천사

박지선 자매님은 참 특별한 삶을 살았다. 착하고 예쁘고 똑똑한 자매인데 일반 사람들이 생각하기도 어려운 정말 험한 고난의 삶을 살았다. 버림받고, 배신당하고, 성경에 나오는 사마리아 여인 같은 삶을 살았다. 그 자매가 우리 교회에 와서 처음 들은 설교가 사마리아 여인 이야기이다. 그날 지선 집사님은 하나님 앞에서 깨졌고 하나님의 은혜를 받았다.

그 후에 하나님의 인도를 받으면서 신앙이 놀랍게 성장해 갔다. 교회 중심, 예배 중심으로 살았다. 교회에서 아름답게 쓰임을 받았다. 그러나 변하지 않았던 어려운 환경과 사람을 잘 믿는 순진함과 불쌍히 여기는 성품때문에 그리고 여러 가지 이유로 많은 고난을 당했다.

그런 중에도 계속 하나님을 잡았고 말씀과 기도로 고난을 이기고 승리하게 되었다. 지금은 믿음의 가정을 이루고 아름답게 신앙생활을 하며 성숙한 믿음의 사람으로 이웃들을 주님께로 인도하는 하나님을 기쁘시게 하는 자녀가 되었다. 이제는 집안의 저주가 끊어지고 하나님의 복을 넘치게 받은 가장 행복한 사람이라고 고백한다.

이 간증 책은 하나님과 거리가 멀었던 사람이 어떻게 하나님을 만났는지.., 그리고 하나님 은혜 가운데 신앙생활을 하는 중에도 찾아오는 고난을 어떻게 이기고 승리하게 되었는지…, 그 모든 과정을 가감 없이 진솔하게 고백하고 있다.

정식 신학을 공부하지 않은 집사님이 어떻게 이렇게 말씀을 풀어가는지 성령님의 가르치심과 인도하심이 놀랍기만 하다. 이 책은 믿지 않는 자들이 어떻게 하나님을 만나게 되는지, 그리고 믿는 중에도 고난을 당하는 자들이 어떻게 하나님을 붙잡고 승리하게 되는지, 하나님께서 연단을 마친 자에게 주시는 복은 무엇인지를 알려주는 좋은 안내서가 될 것을 확신한다.

그 일을 위하여 성령 하나님의 감동에 순종하며 자신의 과거를 다 드러낸 지선 자매님의 용기와 헌신에 박수를 보내며 그를 포함하여 우리 모두를 사랑하시고 인도하시는 하나님께 깊은 감사를 드린다. 이 책을 통해 하나님을 만나고 변화되어 하나님께서 주시는 복을 누리며 하나님께 영광을 드리는 놀라운 역사가 이 책을 읽는 독자에게 넘치기를 기도한다.

주님의 영광교회
신승훈 목사

Winter Tree

I was bare, I was cold,

Still my story was untold.

Then the sky pour down its light,

Turning darkness into bright.

Blooming, blooming endlessly,

Heaven's gift has covered me.

Blooming, blooming endlessly,

Love lets me live once more.

차례

I. 첫 번째 인생

나의 부모님과 그들의 부모	15
거절감	17
상처와 하나님의 위로	23
집 안의 종교적 배경	29
삶의 목적에 대한 의문	30
방황과 반항의 시작	32
미운오리 새끼 둘	38
영혼의 죽음	45
아빠의 죽음	51
꺾여버린 소망	53
또 생존으로 돌아가다	57
목적을 잃어버린 삶 / 다시 만난 엄마	61
이전의 나는 이미 죽었다	68
사랑이라 믿었다, 가족은.	69
잃어버린 영혼들	70
생계형 결혼-첫 결혼	77
바닥으로 떨어지다	89
귀신의 장난인가? 하나님의 계획하심인가?	91
가족의 배신	94

II. 두 번째 인생

부르심-벼랑 끝에서 붙들린 음성	98
우물가의 여인	101
성령세례	109
강권적인 돌보심	111
용서	115
가족구원 – 하나님의 응답	121
남동생의 구원	121
잃어버린 구원, 엄마	124

III. 치유와 회복

교만 = 불순종	128
정체성과 인생의 목적	139
가문에 흐르는 죄와 거듭남의 여정	143
인본주의	148
두 번째 결혼	154

VI. 고난-믿음의 시험

두 번째 이혼	159
세 번째 결혼, 나의 아픈 반쪽	172
엄마의 죽음	184
첫 아이를 선물로 주심, 그러나 고난의 연속	198
아리조나로 이사, 자급자족에 도전하다	206
시어머니의 죽음	207
금식기도와 하나님의 대답	208
사마리아 여인	219
Back to LA	226
남편의 구원과 시아버님의 구원	236
물질을 다스리는 권세	239
왕의 자녀의 권세	247
적용과 훈련	250
둘째 딸을 선물로 주심	262
순종, 자아의 죽음	262
감사	272

마치는 글	276

먼저 생을 달리한 나의 세 친구들과
엄마에게 이 글을 바친다.

이 글이 세상에 나올 수 있게 함께 수고해 준 나의 동역자들에게 진심으로 감사드리고 싶다. 보정 작업과 중보기도팀을 맡아 준 강소라 전도사님, 삽화 디자인을 감당하고 책 제목과 시를 기부해 주었으며 표지 디자인에 영감을 준 신은혜 자매, 표지 제작과 출판을 도와준 이혜영 사모님, 교정과 교열을 도와주신 이헌광 목사님, 모든 과정에서 기도로 동역해 준 박영만 집사님과 토니와 그녀의 중보기도팀에도 감사의 마음을 전한다. 중보기도와 추천서를 써주신 나에게는 아버지 같으신 주님의 영광교회 담임 신승훈 목사님에게도 진심으로 머리 숙여 감사말씀 전하고 싶다. 그리고 모든 순간에 헌신과 배려로 함께해 준 사랑하는 가족들에게도 감사의 마음을 전한다.

아무것도 혼자서는 할 수 없기에 나를 돕는 많은 사람의 기도와 사랑과 헌신을 준비하신 여호와 이레 하나님께 찬양과 영광을 올려 드린다.

어디선가 어두운 곳에서 울고 있을
또 다른 '나'들을 위해 이 글을 쓴다.
누군가는 당신의 아픔을 알고 있다고 말해 주고 싶다.
누군가는 당신과 함께 울어 줄 수 있다고 말하고 싶다.
글을 통해 어디선가 울고 있을 당신에게
한 발짝 다가가고 싶었다.
나의 허물 많던 인생을 나누며 당신을 위로하고 싶었다.
이게 끝이 아니라고 말해 주고 싶은
내 마음을 받아 주길 바란다.

나의 과거에 대한 주관적인 기억들과 감정으로 기록된 글들이라, 기억의 한계와 오류가 있을 수 있다. 가능한 객관화 하기 위해 기도하고 금식하며 성령의 도우심을 구하며 이 글을 써내려 갔지만, 나와 다른 기억들을 가진 이들이 분명 있으리라 짐작하고 양해와 사과의 말씀을 드리고 싶다.

돌아가신 분들에 대해서는 사실을 토대로 쓰려고 노력했고, 살아계신 분들에 대해서는 구체적으로 묘사하지 않거나, 사건 자체를 내 시점으로 집중함으로, 그들이 조명받지 않도록 노력했다.

본 글에 인용된 성경구절들은 킹제임스 흠정역본, 새번역, 개역개정본 등 독자들의 이해를 돕기 위해 다양한 버전들이 사용되었다.

첫 번째 인생

나의 부모님과 그들의 부모

나의 외할머니는 외할아버지와 결혼해 아들 하나, 딸 하나를 낳고 바로 이혼하셨다. 외할머니는 살아생전 모든 남자를 혐오하셨다. "모든 남자는 더럽다."라고 하셨다. 외할머니는 홀로 생계를 책임져야 하는 이혼녀로 남대문에서 장사를 하셨다. 집에는 두 아이를 두고 주 6일 새벽부터 저녁까지 장사를 하셔야 했다.

외할아버지는 외할머니와 이혼 후에도 결혼을 다섯 번 더 하셨다. 외할아버지를 처음 만난 것은 내가 중학교 때였다. 엄마도 그전까지는 외할아버지와 연락을 하며 지내지 않았던 것 같다.

엄마는 아내의 역할을 하듯 가장이셨던 할머니를 대신해 집안일을 해야 했고, 엄마의 오빠는 영화배우 뺨치게 잘생기셨던 것 외에는 큰 존재감이 없으셨다. 낡고 바랜 사진 속 엄마의 고전무용 대회 사진을 본 적이 있는 걸 보면, 외할머니가 고

생하면서도 자식 교육에 대한 경제적 지원은 아끼지 않으셨던 것 같다.

 엄마와 아빠 두 분이 어떻게 만나 사랑을 했는지는 나는 모른다. 한 번도 얘기하신 적이 없었다. 엄마는 열일곱에 열두 살 위의 한 남자를 만나 임신했고 결혼했다. 엄마의 나이에서 큰언니의 나이를 빼 보니 열일곱쯤으로 추정된다.

 아빠의 아버지는 1년에 한두 번 집에 나타나셨고, 육남매는 친할머니 손에서 컸다. 친할아버지는 집에 어쩌다 돌아오시면 자주 술에 취하셔서 할머니를 때리곤 하셨다고 들었다.

 아빠는 그런 아버지에 대한 증오가 깊으셨다. 할머니는 생계에 치여 자식들의 교육까지 챙길 여력이 없으셨는지, 아빠는 중학교 다닐 나이가 되어서야 초등학교를 다니기 시작하셨다. 그러나 머리가 비상하셨던 아빠는 월반을 거듭하며 결국 고등학교 과정까지 따라잡으셨다.

 어떻게 대학에 진학하셨는지는 알지 못하지만, 한양대 공대에 다니셨다는 이야기를 들었다. 졸업까지 마치셨는지는 확실치 않다. 어렴풋이 기억하기로는 기계공학을 전공하셨고, 학교 시절에는 시위에 참여하다가 감옥에 다녀오시기도 했으며, 결국 쫓기듯 지방을 전전하며 숨어 지내셨다고도 했다. 공장에 취직하신 뒤에도 시위를 주도하셨는지, 직장 생활마저 오래 이어가지 못하셨던 것 같다.

 엄마 아빠의 결혼 사진을 보면 임신 초기였다고 하시는데, 여전히 날씬한 아가씨의 모습이었다. 내가 다 커서 들은 이야기로는, 아빠가 너무 가난해 신혼을 시골집에서 시작할 수밖에 없었고, 그 집에는 시어머니와 아빠의 형제·자매들까지 함께 살고 있었다고 했다. 시집살이가 혹독했다고 들었다.

나와 작은 언니는 그 시골에서 친할머니 손에 자랐다. 그러다 내가 일곱 살, 작은 언니가 여덟 살이 되었을 때 서울에 살던 엄마 아빠와 다시 만나 함께 살 수 있게 되었다.

거절감

나는 연년생 딸 셋 중 셋째로 태어났다. 딸을 두 번 연달아 낳은 엄마는 아들을 간절히 바라셨지만, 결국 나 역시 딸로 태어났다. 내가 태어난 뒤, 엄마는 부지런히 부처님께 공양을 드리고 점집에 드나들며 다음에는 아들을 낳게 해 달라고 간절히 빌었다.

 시골에서 자란 어린 시절의 내 사진은 몇 장 되지 않는다. 네다섯 살쯤 되었을 때 찍힌, 사내아이처럼 까맣게 그을린 내 흑백사진을 본 적은 있다. 나는 어릴 적 시골 동네에서 제법 유명한 골목대장이었다고 한다. 내가 집 밖으로만 나가면 동네 꼬마들이 다 도망갔다는 얘기를 엄마에게서 자주 들었다. 나는 백일 사진도, 돌 사진도 없다. 반면 언니들은 고운 옷을 차려입고 색색의 음식이 가득한 상 앞에 앉아 환하게 웃고 있는 백일 사진과 돌 사진이 있다. 나보다 아홉 살 어린 남동생도 상다리가 휘어질 만큼 성대하게 백일과 돌잔치를 치렀다. 언니들도 남동생도 있는 백일 사진, 돌 사진이 나만 없다. 나는 가족들과 함께 지내는 어린 시절 동안 생일잔치라는 것을 한 기억이 없다.

    엄마 아빠는 남대문에서 조그만 수입상을 하셨고, 근처 대방동 아파트촌에 집을 장만하신 뒤에는 큰언니와만 함께 사셨다. 그러다가 내가 학교에 다닐 나이가 되었을 때, 나와 작은언니를 시골에서 데려와 함께 살게 되었다. 그렇게 우리는 드디어 한 가족, 한 울타리가 되었다. 그때 나는 교회 유치원을 다녔고, 언니 둘은 같은 동네 국민학교를 다녔다.

    유치원이 끝나면 나는 주로 같은 아파트 단지에 사는 엄마 친구 집에 맡겨져 언니들이 하교할 때까지 기다리거나, 아파트 단지 놀이터에서 놀다가 언니들이 하교하면 집으로 돌아갔다. 그 엄마 친구 집에는 아들이 두 명 있었고, 하나는 고등학생, 다른 하나는 중학생 정도로 기억된다. 이 집도 부모가 맞벌이였는지 그들의 엄마를 본 기억은 별로 없다. 오빠들은 나를 2층 침대에 눕혀 놓고 자기들이 하고 싶은 일을 했다. 나는 아주 말 잘 듣는 착한 어린이였다. 묻는 사람도 없었고, 나도 그 일이 잘못된 것인지 전혀 몰랐다. 그냥 친절한 오빠들이라 마냥 좋아했다.

    남동생이 태어나기 전까지 엄마는 내 머리를 짧게 자르기를 고집하셨고, 그 일로 나는 종종 심술이 나기도 했었다. 나는 치마를 입어 본 기억이 거의 없다. 아들로 길러야 다음 아이가 아들로 나온다는 점쟁이의 말을 엄마가 다른 사람들에게 자주 하는 것을 들었다. 당연히 나는 새 옷을 입어 본 적이 없고, 언니들의 모든 옷과 양말, 속옷까지 물려 입으며 자랐다.

    내가 여덟 살, 국민학교에 들어갈 나이가 되었을 때 우리는 강남으로 이사했다. 이층 단독주택에서 2층을 세 들어 살았고, 방은 큰 방 하나뿐이었던 것으로 기억한다. 작은 부엌이 있었고, 마루 바닥이 깔린 거실도 있었다. 아빠는 늘 술을 드시고 늦게 들어오셨으며, 주말이면 어디론가 사라지곤 하셨다. 엄마는 어떤 점쟁이가 아빠가 밖으로 도는 이유가 아들이 없어서라고 했다며 진심으로 믿는 듯했다. 그 당시 엄마는 아들에 대한 집착을 놓지 못하셨고, 점쟁이의 말 때문인지 아들, 아들 노래를 부르시곤 했다. 남동생이 태어나기 전까지 사람들은 나를 '누미'라고 불렀다. 나중에야 그 이름이 '놈'이라는 뜻임을 알았다.

아빠가 술에 취해 들어오는 날이면 온 동네가 다 알 만큼 쩌렁쩌렁한 목소리로 소리를 치시곤 했다. 이 집으로 이사 온 뒤, 엄마와 아빠는 부부싸움을 자주 했고, 처음 그 광경을 보았을 때 나와 언니들은 무서워 이불로 얼굴을 가리고 벌벌 떨며 자는 척을 했다. 싸움은 점점 심해져 가구를 부수기 시작했고, 두 분은 잡히는 대로 살림살이를 집어 던졌다. 아침에 눈을 뜨면 부서진 유리조각과 피가 집 안에 낭자해 있었다. 엄마는 아빠에게 대들며 몸싸움을 했고, 결국 엄마는 맞다가 한밤중에 집을 나가시는 일이 잦아졌다. 아빠는 평소 심부름을 잘하는 나를 깨워 새벽에 찻길까지 나가 엄마를 찾게 하셨지만, 엄마를 찾아 돌아온 기억은 없다.

어느 날 밤, 외할머니가 오셨다. 아빠는 안 계셨고, 엄마와 무슨 이야기를 나눈 뒤 잘 시간이 이미 지났음에도 우리에게 옷을 입으라 재촉하셨다. 엄마와 외할머니가 우리 딸 셋을 데리고 간 곳은 어떤 한옥집에 딸린 방이었다. 그곳에는 아빠와 젊은 여자가 함께 있었고, 외할머니와 엄마는 미친 사람처럼 그 여자의 옷을 찢고 머리를 휘어잡으며 내동댕이쳤다. 이들은 말리지도 못하고 담배만 피우고 있는 아빠에게로 옮겨가 아빠의 민소매 속옷이 찢어지도록 흔들어댔다. 아빠는 갖은 욕과 괴성을 조용히 듣고만 계셨다. 우리 딸 셋은 그 모든 광경을 지켜보며 부들부들 떨고 있었다. 이후 아빠는 돌아왔고, 우리는 같은 동네 연립주택으로 이사했다. 그 사이 엄마는 임신을 했으나 몇 개월 후 피를 흘리며 낙태를 했다. 아들이었는지는 알 수 없지만, 엄마는 슬퍼하셨다.

 나도 여덟 살이 되어 국민학교에 입학하게 되었고, 오후반으로 배정되었다. 내가 아홉 살이 되었을 때 드디어 엄마는 남동생을 낳았다. 엄마는 너무나 행복해하셨다. 불행이 끝나고 행복이 시작되었다고 믿으셨던 것 같다. 엄마 아빠는 여전히 맞벌이셨고, 아이를 돌보는 일은 누나들의 몫이었다. 주로 오전 중에는 내가 아기를 돌봤다. 기저귀를 갈고, 우유를 타 먹이고, 씻기고, 놀아주었다. 나도 동생이 생겼다는 사실이 기뻤고, 한 아이가 가정에 가져오는 행복과 기쁨은 참으로 놀라웠다. 어릴 적부터 나는 밥을 해 먹고, 토스트를 만들어 언니들과 함께 먹으며, 통조림도 나누어 먹으면서 자랐다. 그마저 없을 때는 집 근처 누군가의 앞마당에서 옥수수를 가져와 삶아 먹기도 했다. 주로 주도하는 사람은 나였고, 그때도 언니들은 상당히 수동적이었다. 엄마의 기대와는 달리 아빠는 여전히 밖으로 다니셨고, 바람은 계속되었다. 엄마는 점점 어두워졌고, 아빠와 돈에 대한 집착과 고집도 날로 심해지셨다.

 내가 열 살 즈음 어느 일요일이었다. 아빠는 집에 안 계셨다. 엄마는 딸 셋을 모두 불러 앉히시곤, 노란 주전자와 잔이 올려진 양은 쟁반을 가져왔다. 쟁반 위에는 약봉투가 놓여 있었다. 엄마는 말했다.

"난 더 이상 살기 싫다. 엄마랑 다 같이 죽자."
우리는 모두 울기 시작했다. 엄마에 대한 연민보다는 죽음에 대한 공포 때문이었다. 언니들은 사시나무 떨듯 바들바들 떨며 울었고, 나도 무서웠다. 엄마가 드디어 일을 치르려는구나 싶었다. 내게 비친 엄마는 이미 제정신으로 보이지 않을 만큼 우울했고, 늘 죽고 싶단 말을 달고 살았다.

"엄마, 엄마가 아빠랑 살기 싫으면 헤어져. 우리는 아직 어리고 더 살고 싶어. 굳이 사랑하지도 않으면서 서로 미워하며 살 필요는 없잖아. 우린 아직 더 살아야 해."

나는 언니들을 대신해 용기를 내어 엄마에게 말했다. 엄마는 깊은 한숨을 내쉬며 눈물을 흘렸다. 그 이후로도 엄마의 정신 상태는 우리 눈에 결코 정상으로 보이지 않았다. 엄마는 더욱 열심히 절을 다니고, 방마다 문설주에 부적을 붙이며 매일같이 향을 태웠다. 외할머니가 우리 집에 주무시고 가는 날이면 내 옆에서 주무셨고, 외할머니는 북쪽 방향 머리맡에 식칼을 두고 주무셨다. 왜 그러는지 물었더니 귀신을 쫓는 거라고 하셨다.

이때부터 나는 매일 악몽을 꾸었다. 어디를 가도 귀신이 나를 따라왔고, 미친 듯이 달아나도 쫓아와 식칼로 나를 찔러댔다. 반복되는 꿈 때문에 자는 것이 두려울 만큼 지쳐갔다. 급기야 꿈속에서 참다 못해 화가 난 나는 식칼을 찾아내 그들을 공격하기 시작했다. 도망가는 그들의 등을 사정없이 공격했다. 그 후로 더 이상 그들은 내 꿈에 나타나지 않았다. 그때 나는 어떤 경우에는 공격이 최선의 방어임을, 그리고 이겨야만 끝나는 일도 있음을 배웠다.

나와 아빠는 집안 식구들 중 가장 친했다. 서로 말하지 않아도, 표현하지 않아도 이해하고 공감하는 텔레파시가 분명 우리에게 있었다. 아빠는 주말마다 낚시를 자주 가셨고, 주로 나를 데리고 가셨다. 우리는 저녁상에 마주 앉아 아빠는 고기를 굽고, 나는 아빠의 소주 잔을 채웠다. 아빠가 "지선아, 라면도 먹을까?" 하고 말하면 "네에에에~" 하고 얼른 냄비에 라면물을 받아 왔다. 그러면 아빠는 브루스타로 세상에서 가장 맛있는 요리를 만들어 주셨다. 아빠는 자주 깊은 통찰력으로 내가 이해할 수 없는 명언들을 말씀하셨고, 나는 아빠의 지혜와 명철함을 늘 존경했다. 엄마는 아빠의 빈자리를 아들로 채운 듯했다. 외할머니는 철저하게 남존여비를 믿으셨고, 엄마도 그 할머니에 그 딸이었다. 아빠는 딸들에게 이렇게 자주 말씀하셨다.

"니들 때가 오면 여자와 남자가 똑같이 뭐든지 할 수 있는 시대가 올 거야. 딸이 있으면 해외여행도 가고, 딸이 하나만 있어도 그러는데, 아빠는 딸이 셋이나 있어. 얼마나 복 받았는지 모른다."

이런 말들로 아빠는 우리를 위로하셨다. 언제나 딸들 중 나는 심부름과 집안일을 가장 많이 했고, 언니들은 주로 누워서 TV를 보았다. 엄마가 언니들에게 일을 시키지 않는 이유가 언니들은 일을 대충해서라고 하셨다. 집 안에서 늘 환영받지 못했던 이유 때문인지, 칭찬받고 싶어서였는지 나는 엄마와 아빠가 시키는 일들을 꼼꼼히 다 했다.

상처와 하나님의 위로

딸들이 국민학교에 모두 입학하자, 아빠는 딸들에게 무언가 가르치고 싶어 하셨다가도 우리가 말귀를 한 번에 못 알아들으면 바로 이렇게 말하곤 하셨다.

"너네는 머리가 돌대가리야! 나사가 빠져서 살아!"

"쯧, 엄마 닮아 머리가 나빠서…"

아빠는 고등학교도 졸업 못한 엄마의 무식함에 자주 분노하셨고, 머리가 나쁘다는 말을 자주 하셨다. 자식들의 나쁜 머리도 엄마의 유전이라 하셨다. 아빠는 늘 가족 모두를 바보라 탓하셨지만, 엄마도 아빠도 우리에게 공부를 해야 한다고 말한 적은 없었다.

아빠는 아이 넷을 낳고 뚱뚱해진 엄마를 '코끼리'라며 외모를 폄하하는 말들을 자주 하셨다.

"너희들, 엄마처럼 뚱뚱해지면 여자로서 끝난 거야. 지금부터 죽을힘을 다해 다이어트해. 여자는 50킬로그램을 넘으면 끝이야!"

아빠는 이렇게 엄마를 빗대어 말씀하셨다. 그래서인지 엄마는 다이어트에 집착하게 되었고, 나에게 냉장고 고기처럼 엄마의 온몸을 랩으로 싸매라 시키셨다. 살 빠진다는 중국 약을 본인도 먹고 우리에게도 먹이셨는데, 국민학생이던 우리는 창자가 녹아 설사로 나올 것 같은 배 아픔을 경험했던 기억도 있다. 엄마의 다이어트 약과 운동, 그리고 각종 살 빼려는 수많은 노력들은 늘 도루묵이었고, 아빠는 엄마를 그저 일만 잘하는 '애들 엄마' 정도로 여기는 것 같았다. 그럴수록 엄마의 슬픔과 우울증은 더 깊어졌고, 자살을 한다며 약을 먹고 병원에 실려 가는 날까지도 아빠는 "업을 수도 없다."며 엄마의 몸무게를 탓했다. 말로 사람을 죽이는 죄로 판단하면, 우리 아빠는 지옥에 계셔야 마땅하다.

엄마가 많이 못 배운 이유는 엄마가 예체능 쪽이었고, 열일곱에 임신으로 고등학교도 졸업 못한 채 아기 엄마가 되었기 때문이다. 연이은 출산과 생활고로 공부를 할 틈도 없이 일을 해야 했고, 처녀 때의 날씬했던 몸매를 잃고 '코끼리 아줌마'가 되었다는 사실을 아빠는 왜 자기 탓이라 생각하지 못하는지 이해할 수 없었다. 당시 어린 나도 알 것 같았는데, 그렇게 머리 좋은 아빠는 왜 이해하고 용납하지 못하는지 궁금했다. 엄마는 아빠와 딸린 시댁 식구들까지 돕고 챙겼던 헌신적인 그런 아내였다.

나는 아빠가 다른 자식들만큼 나를 사랑한다는 것을 믿었다. 아빠는 술이 깬 날이면 다시 현명하고 지혜로운 아빠로 돌아왔고, 적어도 나에게 아빠는 여전히 존경의 대상이었다.

나는 엄마의 일기를 몇 번 훔쳐 읽은 적이 있다. 엄마는 사랑이라면 뭐든 하는 헌신적이고 열정적인 사람이었던 것 같다. 나도 엄마를 닮았다. 엄마가 아빠를 얼마나 사랑했는지, 그가 없는 세상은 죽음과 같다는 내용들이었다. 순수했던 한 젊은 아가씨의 사랑은 배신과 상처로 끝났고, 그녀를 지옥으로 끌고 갔다. 한 남자 때문에 그녀는 우울했고, 죽지 못해 사는 것 같았다. 엄마는 날이 갈수록 무섭고, 감정이 없으며, 고마움도 미안함도 없는 이기적인 사람이 되어 갔다. 어느새 엄마도 아빠처럼 말로 딸들을 학대하고 비아냥거리기 시작했다. 모진 말로 상처를 주고도 무관심했으며, 한 번도 우리에게 사과하지 않았다. 어른들은 잘못하는 일이 있을 수 없는 건지, 아이들에게 사과하면 안 되는 건지 모르겠지만, 미안하다는 말을 들어본 적은 없다.

　엄마는 날이 갈수록 돈에 집착했고, 거짓말을 밥 먹듯이 하며 우리의 저축을 모두 갈취해 갔다. 점점 이상한 아줌마들과 어울리며 한증막에 다니고 외박을 하며, 술과 담배를 하고, 말도 많아졌다. 이때부터 엄마의 삶의 목적은 오직 돈과 아들이었다. 엄마는 거짓말을 정말 일상적으로 했고, 약속을 지킨 적도 없었다. 오히려 시치미를 떼며 나를 미치게 만든 적도 많았다. 나는 너무나 억울하다 못해 엄마가 세상에서 제일 미웠다. '속는 놈이 바보다.'라며 더 농담스럽게 비웃는 엄마가 차라리 죽어버렸으면 좋겠다고 자주 생각했었다. 엄마는 사람들 앞에서 자주 "다른 건 몰라도 우리 애들은 순진하고 착해요."라고 자랑하곤 했다. 돌이켜보면, 그 말은 바보같이 잘 속는다는 뜻이었나 싶다.

　어느 날, 방에서 울고 있는 나에게 먹구름 사이로 동그란 구멍이 뚫리더니 빛이 나를 비추었다.

　'나도 네 마음 알아…'

　위로하는 빛이었고, 이분이 나의 하나님이었다.

일곱 살 때 다녔던 교회 유치원 덕분에, 그때부터 나는 하나님의 존재를 진심으로 믿고 있었다. 나에게 말씀하시고 나타나시는 하나님 이야기를 엄마에게 할 때마다, 나는 엄청난 욕을 먹고 여러 번 '미친년' 소리를 들어야 했다.

"미친년… 하나님 같은 소리하네… 어휴, 정신병자!"
"그 잘난 네 하나님한테 가서 빌어, 그럼."

이런 엄마의 말들도 기억난다. 엄마는 병적으로 하나님을 싫어했다. 틈만 나면 외숙모가 예수에 미쳐 가정을 버리고 나갔다는 둥, 과장된 뒷담화로 예수쟁이들을 험담하는 소리를 늘상 하셨다. 그럴수록 나는 하나님을 믿는 내가 창피해졌다. 내가 열등감이 많아서였는지, 사람들이 나를 무시하고 놀리는 게 너무너무 싫었다. 서서히 나의 하나님은 남들에게 들키지 않게 내 안에 숨어 계셔야 했다.

어른들은 우리더러 "착하고 정직하게, 엄마 아빠 말을 잘 들어라."라고 말하면서, 정작 본인들은 왜 거짓말을 하고, 사람을 이용하며, 서로 주먹질하며 싸우는 걸까? 아빠는 "선은 반드시 이긴다."라고 항상 말씀하셨는데, 그때 나의 현실은 정의나 공의 같은 말들이 아이들을 속이기 위해 지어낸 말처럼 느껴졌다. 정직이 최고의 덕목이라고 늘상 가르치시던 아빠조차 엄마에게 많은 것들을 숨기셨다.

나는 조용한 성격이 아니었고, 말썽꾸러기였을지도 모른다. 엄마는 내가 어쩌다 물건을 부수거나 실수를 하면 신경질을 내고 언성을 높여 구박하셨다.

"너는 태어나지 말았어야 했어."
"너만 없으면 우리 집은 행복해질 수 있어."

"왜 너만 다르니?" "왜 그렇게 너만 유난스럽니?"
"그럴 거면 집을 나가버려!!"

그러다가도 집 안에서 무언가를 찾아야 할 때면 결국 나를 찾았다. "지선이가 알 거야. 찾아오라고 해." 나는 집 안 모든 물건의 위치를 기억하고 있었다.

국민학교 1학년에 입학하자마자 받아쓰기 시험을 쳤고, 나는 0점이었으며 두 손을 들고 벌을 섰다. 집에서 다 배우고 오는 곳이 학교였나 보다. 실내화를 사주지 않으셔서 추운 겨울, 입학하자마자 구멍 난 양말로 교실을 걷다 선생님께 걸려 칠판 앞으로 나가 두 손을 들고 벌을 섰던 기억도 있다. 그래서 만 일곱 살 때 양말을 꼬매는 바느질을 배웠다.

돈 벌기에 바빠서인지 엄마는 국민학교 내내 학교 육성회비를 제때 내지 못했고, 방송으로 내 이름이 불리면 교장 선생님께 불려가 수치를 당해야 했던 기억도 난다. 수치감이 무엇인지 아무도 가르쳐 주지 않았지만, 어릴 적부터 자주 느껴서인지 알 것 같았다. 나의 부모님은 학교를 아이들을 잠시 맡아주는 곳 정도로 생각했는지, 준비물·숙제·시험에는 전혀 신경 쓰지 않으셨다. 실내화나 공책, 학용품이 없다고 사 달라고 하면 엄마는 사주지 않으셨고, 남은 공책들을 찾아 쓰라 하셨다. 엄마에게 돈이 나오는 건 하늘에서 별 따기처럼 어려운 일이었다. 부모님은 한 번도 숙제를 검사한 적이 없었고, 나는 매일 학교만 다녔다. 덕분에 숙제와 시험공부에 대한 압박도 없었다.

국민학교 4학년 때, 드디어 공개 비판이 어떤 건지 경험했다. 담임선생님은 나를 세워놓고 화가 머리끝까지 난 듯이 "이 지지리 같은, 넌 엄마도 없냐? 너 이렇게 학교 다니는 거, 네

부모는 신경도 안 쓰고…"라며 나머지 학생들 앞에서 대놓고 질타하셨다. 내 얼굴은 새빨갛게 달아올랐고, 두 다리는 부들부들 떨렸다. 나는 그때 처음으로 그 선생님에 대한 복수심을 느꼈다. 나만 욕을 당한 것이 아니라 반 전체 아이들 앞에서 우리 집안을 욕한 수치감은 당시에도 참을 수가 없었다. 그때부터 숙제를 꼬박꼬박 해 가고, 시험공부도 했다. 다음 달 산수 경시대회에서 우수상을 받기도 했고, 여러 가지 상장도 받게 되었다. 반장 선거 후보로 뽑혀 보기도 하고, 인기투표에 이름이 오르기도 했다.

 나이가 들어 갈수록 나는 엄마에게 늘 딸로 태어난 것을 미안해하는 마음을 가지고 살았다.

집 안의 종교적 배경

처음에는 불교로 시작된 외할머니와 엄마의 믿음은 점점 무속신앙으로 변해 갔다. 우리를 절과 점집에 데려가셨고, 나는 불교가 점과 같은 종교인가 보다 하고 생각했다. 우리는 시키는 대로 절을 하고 밥을 얻어먹었다. 엄마는 절밥이 세상에서 제일 맛있다는 말을 수없이 하셨다.

 엄마는 자기 생각을 남에게 주입하고 반복적으로 세뇌하는 습관이 있으셨다. 우리 속옷에 몰래 부적을 달거나 "점쟁이가 너에 대해 이렇게 말하더라.", "네가 저렇다더라."라는 말을 자주 하셨다. 엄마는 "나는 부모 덕도 없고, 남편 복도 없고, 자식 복도 없다더라."며 신세한탄을 하셨고, 그것이 점점 자기 연민으로 변해 갔다.

제사도 매년 부지런히 지냈다. 아빠는 6남매 중 넷째 아들이었는데, 왜 부모님 제사를 매년 우리 집에서 지내게 했는지는 모르겠다. 아무튼 엄마는 정성껏 신을 모시듯 매번 밤을 새워 제사 준비를 하셨고, 우리는 청소를 하고 심부름을 하며 음식 장만과 상차림 등 모든 일을 도와야 했다. 맨발이거나 양말이 더러우면 혼났던 기억이 있고, 나는 제사 때마다 이런 일을 왜 해야 하는지 불만스러워 엄마에게 대들었다가 혼나곤 했다.

삶의 목적에 대한 의문

나는 이때쯤 사랑과 결혼에 대해 심각하게 생각하곤 했다. 무엇이 사랑인지 알 수 없었고, 왜 사람들은 서로 미워하고 증오하면서 결혼을 하며, 그럼에도 불구하고 결혼을 계속 유지하는지 도무지 이해할 수 없었다. 허구한 날 싸우고 서로를 욕하고 무시하는 부모의 결혼을 돌아보며 밤새 진지하게 고민해 보았다.

어느 날 밤, 남녀의 사랑으로 가정이 만들어지고 그 자녀들이 사랑으로 양육되며, 그 에너지가 가정이라는 담장을 넘어 사회와 국가로 퍼지고, 나아가 전 세계로, 심지어 우주의 에너지로 바뀌는 것을 머릿속으로 상상해 보았다. 두 사람의 관계에서 시작해 온 지구의 모든 가정들로 확장되어 가고 다가올 미래가 보였다. 나는 하나의 현상을 보고 파장되는 영향들과 상대적인 반응들, 그로 인해 파생되는 결과들로 미래를 예측하는 습관이 있었다.

'사랑은 살아서 역사하는 에너지구나. 세상을 밝히는 빛과 같은 거구나. 모든 가정에 사랑이 있다면 세상은 따뜻하고 살 만하게 변하겠구나.'

반대로, 서로 미워하며 자녀를 저주와 경멸 속에서 기르는 우리 집 같은 부모 밑에서 아이들이 자라 사회의 한 일원이 되고, 가정을 꾸린 뒤, 또 보고 배운 대로 아이들을 양육하고, 그 아이들이 자라 다시 부모가 되어 같은 일을 반복하는 모습을 점진적으로 상상해 보았다. 서로 믿지 못하고, 거짓말로 이용하고 배신하며, 서로를 무시하고 밟고 올라서는…
미움과 슬픔과 분노가 가득한 세상은 금세 어두운 지옥으로 변해 갔다. 그런 세상이라면 살고 싶지 않다는 생각도 했다. 그래서 그때는 결혼 같은 건 하지 않으리라 다짐했었다.

아빠는 딸들과 저녁을 먹을 때 정직을 가르치셨고, "오른손이 한 일을 왼손이 모르게 하라."는 말씀도 하셨다. 옳고 그름에 대해서, 또 도덕과 양심, 정직에 대해 가르치셨다. 지금 생각해 보면 성경적인 가르침이 많이 반영되어 있었다. 엄마는 화가 날 때마다 "너랑 아빠랑 똑같아. 이럴 거면 둘 다 나가버리던가." 하고 말했고, 다른 때는 "네가 아빠를 닮아서 아빠가 널 제일 좋아해."라는 말도 자주 하셨다. 같은 말도 전혀 다른 의미가 내포될 수 있다는 걸 알게 되었다. 이때부터 나는 엄마의 칭찬이나 비판이나 둘 다 귀를 닫아버렸다. 아이들의 사고 능력은 자라지만, 부모는 변하지 않는 듯했다.

적어도 내게 있어 가정은 아빠가 계신 곳이었고, 아빠와 나는 집 안의 미운 오리 새끼 두 마리로 서로를 공감할 수 있었다. 아빠가 퇴근하실 시간이 되면 버스정류장에서 아빠를 마중하던 딸은 늘 나였다. 아빠를 세상에서 제일 반기는 셋째 딸을 아빠도 가장 많이 예뻐했고, 그래서인지 언니들은 나를 질투하기도 했다. 하지만 점점 아빠는 집을 비우셨고, 내가 중학생이 되기까지 나는 우리 집의 '꽝 난 로또'처럼 점점 존재감을 잃어 갔다. 집에 가는 것이 싫었고, 특히 엄마가 집에 있는 일요일이면 밤늦게까지 자전거를 타고 다니다가 겨우 저녁을 먹으려고 들어가곤 했다. 엄마의 끊임없는 잔소리와 찡찡거림, 그리고 짜증은 사람을 숨 막히게 했다.

방황과 반항의 시작

중학교 1학년까지 나는 학생부장, 한문부장을 맡기도 하고 성적도 중상위권을 유지하고 있었다. 그 무렵, 같은 동네에 살던 이혼한 부모를 둔 학교 친구가 내게 다가와 말을 걸었다. 그 친구의 아버지는 서울에서 꽤 유명한 카바레 나이트클럽을 운영하고 있었고, 덕분에 딸들에게 용돈을 넉넉히 주었다. 어머니는 다방에서 일하셨던 것 같은데, 확실하지는 않다. 우리 집과 그녀의 집이 가까워 그 친구 집에도 자주 놀러 갔는데, 그 친구는 내게 생전 처음으로 담배를 가르쳤다. 지금은 호주에 살고 있는 이 친구는 비록 이혼을 했지만 신앙 안에서 아이 셋을 훌륭하게 키우며 살고 있다. 그나마 내게는 늘 대견하게 느껴지는 친구이다. 이 친구의 사교성은 정말 뛰어났고, 이 친구로 인해 나의 친구들은 이전 공부벌레들에서 예쁘지만 공부 못하는 친구들로 옮겨졌다. 이 친구 말에 따르면, 내가 옷을 특이하게 입고 다녔다고 한다. 같은 중학교의 예쁘장한 여자아이들로 시작된 이 '날라리 집합'이 동네에 소문이라도 난 것인지, 학교 앞에는 진을 치며 기다리는 동네 양아치들이 점점 늘어났다. 동네 양아치들은 밤거리 골목에서 사냥하듯 내가 다니던 길목에서 기다렸고, 나는 쫓아오는 그들을 피해 도망치곤 했다.

학교 가는 버스 안에서는 시큼한 땀 냄새와 함께 거친 숨소리가 내 귓가를 스쳤고, 사오십 대 아저씨들이 더듬거리며 나를 만지던 끈적한 손길도 나는 기억한다. 너무 당황하고 두려웠지만, 수줍어 차마 소리조차 지르지 못하던 어린 시절의 나는 그렇게 순진했고, 내성적인 구석도 많아서 아빠는 평소 "아빠 말고는 어떤 남자도 믿지 마라, 다 늑대다."라는 말씀을 자주 하셨다.

중학교 2학년이 되었을 때, 우리 중 가장 가정 형편이 어려웠던 한 친구가 있었다. 그녀는 어려서부터 이혼 가정에서 자랐고, 집은 말죽거리 지역에 있었다. 당시만 해도 그곳은 빈민가였다. 그 친구의 아버지는 강남에서 제비를 하셨고, 어머니는 동네 여자 건달로 유명하셨다. 그녀가 우리 친구들을 동네 양아치 오빠들에게 소개했고, 그들은 학교 앞까지 와서 우리가 하교하기를 기다리기도 했다. 이들은 강남 날라리들과는 수준이 많이 달랐다. 모두 집을 떠나 오래 길거리를 배회한 승냥이들이었고, 본드를 마시며 도둑질과 깡패짓으로 끼니를 때우는 십대들이었다. 어느새 우리는 말죽거리 친구 덕분에 그들과 친해졌고, 그들은 우리에게 본드를 가르쳤다. 말죽거리 그 친구가 먼저 시범을 보였고, 우리는 모두 그녀를 따라 했다. 그들은 환상을 보며 같이 놀았지만, 나는 그들이 보는 것을 보지 못했다.

그날, 열네 살 순진한 양 같던 우리는 결국 그 이리들에게 잡아먹히고 말았다. 누가 누구인지 구분할 수 없을 만큼 맞아가며, 산속에서 쌍욕과 처절한 비명이 오갔지만 아무도 도와주지 않았다. 나와 친구들은 울면서 흙과 피로 더럽혀진 옷가지들을 털고 산을 내려왔고, 집에 돌아와도 그 사실을 아무에게도 말하지 않았다.

중학교 2학년쯤 우리 집은 같은 동네 단독주택으로 이사를 갔다. 내가 처음 집을 나갔던 날, 엄마와 아빠는 나를 찾아나섰고, 붙잡혀 반항하는 나를 이내 포기하시고는 다시는 찾지 않으셨다. 그 후에도 그들에게 끌려가 붙잡혀 집에 가지 못한 적도 많았고, 그들의 강간을 위한 폭력은 계속되었다. 어두운 밤 산속에서 소나기가 퍼붓는 진흙탕 속에서 뜬눈으로 밤을 새며 붙잡혀 있기도 했고, 며칠 후 풀려났지만 정작 집에 갈 차비가 없어 앵벌이를 해 버스를 타고 집에 돌아간 기억도 있다. 나는 어떤 이야기들은 부모에게 절대 할 수 없다고 생각했었다.

그러는 사이, 엄마와 아빠의 관계는 점점 악화되었고, 아빠는 집에 들어오는 날이 별로 없었으며, 드디어 엄마는 이혼을 생각했다. 엄마는 여전히 남대문 가게에 나갔고, 우리 집에는 어린 남동생을 돌보며 집안일을 대신해 주는 할머니가 함께 사셨다. 나는 그녀를 '술 취한 할머니'라고 불렀다. 왜냐하면 그녀의 월급날이면 택시기사 일을 하는 그녀의 아들이 나타나 자신의 엄마 월급을 몽땅 받아갔고, 그날부터 할머니는 며칠 동안 소주를 마시며 이성을 잃고 신세를 한탄하며 주정까지 부리셨다. 아들을 '아들, 아들' 하며 키우다가 결국 아들이 자신의 포주가 되어 버렸고, 여전히 그의 인생이 불쌍했던 건지, 아니면 자신의 팔자가 한스러워서였는지, 그 할머니는 늘 기본 소주 10병은 마시는 듯했다. 이 일하는 할머니는 마치 자기 손주처럼 남동생만 특별히 챙기셨고, 우리 딸들은 딱 굶지 않을 정도로만 돌보셨다. 딸들에게는 남동생에게 모든 것을 양보하라고 강요하셨고, 좋은 것은 숨겨 두었다가 남동생에게만 주셨다. 그럴 때면 나는 부당한 대우에 반항했고, 그 할머니와 자주 다투었다. 일하는 할머니는 알려주지 않아도 우리 집 안의 서열을 금세 눈치채셨던 것 같다. 할머니가 오신 이후, 우리 집은 걸어 다닐 수 없을 만큼 바퀴벌레가 들끓는 곳이 되었고, 나는 그때 악몽에서 바퀴벌레가 이불 속으로 들어오는 꿈을 자주 꾸었다. 그 트라우마 때문에 지금도 바퀴벌레를 매우 싫어한다.

작은 언니와 나는 어릴 적 단짝이었다. 국민학교 때부터 나는 언니의 돼지저금통에서 돈을 꺼내 친구들 간식을 사주곤 했고, 점점 작은 언니는 그런 나를 싫어하게 되었다. 나는 계산 없이 퍼주고 다 쓰는 아이였다. 중학교에 올라가서도 몇 번 언니에게 돈을 빌리고 갚지 못한 뒤부터, 언니는 나를 경멸하는 것 같았다.

하루는 동네에서 담배를 피우다가 경찰에게 잡혀 잔소리를 듣고 집에 돌아왔다. 세월이 한참 지난 뒤, 큰언니가 그때 경찰이 돈을 달라며 집까지 찾아왔었다고 말해주었다. 또 한번은 국민학교 6학년쯤, 혹은 중1 때쯤, 놀이터에서 늦게까지 자전거를 타고 놀던 어느 날, 젊은 경찰이 다가와 "밤늦게 여기서 뭐하냐."라며 나를 가로등 불빛이 닿지 않는 어두운 구석으로 데리고 갔던 기억이 난다. 그는 나의 몸을 만지기 시작하며 덮쳤고, 나는 무슨 일인지 모를 두려움에 휩싸여 벌벌 떨다가, 마침내 잽싸게 자전거를 버리고 도망쳤던 기억이 난다.

중학교 2학년 때부터 우리 친구들은 나이트클럽에 가기 시작했다. 밤새 부모가 잠든 시간을 기다린 뒤, 엄마의 옷을 훔쳐 입고 화장을 한 뒤 정해진 장소에서 만나 이태원의 나이트클럽을 몇 번 갔다. 우리는 인기가 정말 좋았다. 앞서 언급했듯, 내 친구들은 상당히 예뻤다. 대여섯이 같이 갔는데, 그중 한 명이 사라져 한참을 찾다가 못 찾고 결국 우리는 그냥 집으로 돌아왔다. 그녀는 며칠 후 나타났고, 경찰 아저씨에게 그날 밤 납치되어 어느 여관으로 끌려가 밤새 몹쓸 일을 당한 후 풀려났다고 했다. 그때부터 나는 경찰을 믿지 않게 되었다. 아빠의 말은 틀렸다. 남자만 못 믿는 것이 아니라, 세상에는 믿을 사람이 없었다. 아빠가 말한 정직과 양심은 숭고한 척하는 위선이라고 생각하기 시작했다. 이후로도 가출로 방황하는 어린 소녀들을 반기는 대부분의 어른들은 나와 친구들을 강간했고, 나는 더 이상 맞지 않고, 끝내는 법에 익숙해져 갔다.

중학교 2학년 담임은 미술 선생이었고, 그녀는 나의 그림 실력을 높이 평가하시며 늘 나를 안타까워하셨다. 그림으로 몇 번 상을 받은 적도 있었고, 몇 년 후 찾아간 학교 복도에는 여전히 나의 그림들이 걸려 있기도 했다. 담임선생님은 학교에서 봤던 아이큐 테스트 결과가 학교 전체 수석이라며 멘사 학교 진학을 제안하시기도 했다. 선생님은 내 친구들을 빗대어 "너는 쟤네들과 달라.", "수준이 너무 차이 나."라는 말을 하셨는데, 도리어 나는 내 친구들을 함부로 비하하지 말라며 의분을 드러내기도 했다. 나는 머리만 좋았고, 지혜는 없는 아이였다. 다행인 것은, 이전까지 나를 바보 멍청이로 취급하던 가족들이 이후로는 덜 무시했다는 것이다. 늘 "지지리 똥 멍청이", "거지"라고 대놓고 욕하던 국민학교 4학년 때 담임도 생각났고, 아이들 모두 엄마를 닮아 머리에 돌만 가득하다고 '석두'라고 부르던 아빠의 얼굴도 떠올랐다. 부모가 늘 옳았던 건 아니었다. 하지만 세뇌가 되었는지, 중학교 1학년까지 바보 소리를 들을까 봐 늘 남들보다 더 노력해야 한다고 생각하며 밤새 시험공부를 하곤 했다. 정작 공부를 좋아하지 않아 수업 시간에는 딴생각을 했고, 시험 기간이 코앞으로 다가오면 몇 주 전부터 그냥 교과서의 모든 내용을 머리에 복사해 기억해 시험을 치렀다. 그 결과 반 등수와 시험 성적만 좋았다. IQ니 뭐니 하는 이야기에 내 어깨가 많이 펴지기도 했지만, 이후로는 "쟤는 머리는 좋은데 공부를 안 해서 문제야…"라는 평가로 바뀌었다.

    나는 어려서부터 사람을 좋아했고 잘 믿었다. 그때는 모든 사람이 거짓말을 한다는 것을 상상조차 하지 못했다. 그리고 친구 사이에는 거짓말을 할 이유가 없다고 생각했고, 의리가 더 중요하다고 여겼다. 어리석다 못해 바보 같았다. 하지만 날이 갈수록 함께 놀던 친구들과의 벽을 느끼게 되었고, 오랫동안 그들에게 심하게 왕따를 당하기도 했다. 뒷담화와 시기, 질투, 거짓말들에 공감하지 못하던 나는 어렵게 내 생각을 말했지만, 그들은 나를 미워하며 따돌리기 시작했다. 머리가 좀 좋다고 옳은 말만 해대고 가르치려고 드는 것 같아 재수가 없었나 보다. 그들 중에선 학교 성적은 내가 제일 좋았다. 사람이 누군가를 싫어한다는 이유만으로 거짓말로 이간질하고, 한 사람을 궁지에 몰아 공격할 수 있다는 것을 처음 경험했고, 그때 마음이 많이 아팠다. 어떤 상황에서는 내 눈 두 개 중 하나를 빼야만 평화롭게 살 수 있다는 것을 그때 배웠다.

중학교 3학년이 되어서도 나는 여전히 날라리 친구들과 어울렸고, 친구들 덕분에 싸움과 폭력 사건으로 학교에 불려가 야구방망이로 실컷 맞아 피멍이 들기도 하고 정학을 받기도 했다. 그로 인해 학교 출석은 점점 줄었고, 성적도 마침내 하위권으로 떨어졌다. 어떤 친구들은 취미로 모든 사람에게 시비를 걸기도 했고, 덕분에 싸움이 생기면 처리반장이 나였었다. 쓸데없이 의리만 좋았다. 한 번은 떡볶이를 먹으러 나갔다가 교문이 닫혀 월담하다 걸려 각목으로 두드려 맞고 정학을 받은 적도 있다. 매일 같이 잘못을 인정하는 진술서를 제출해야 했지만, 별로 쓸 말이 없어 곤란했던 기억도 있다. 혼내고 때리고 잘라버리는 게 학교라 생각했었다.

미운 오리 새끼 둘

내가 중학교 3학년쯤 되었을 때, 아빠는 결국 집을 떠나기로 하셨고, 나는 아빠가 없는 집에 남겨지기 싫어 아빠를 쫓아나

섰다. 엄마는 나와 아빠를 하나로 묶어 증오했다. 아빠는 새로운 여자와 함께 살기 위해 방배동 1층에 있는 작은 방 두 개짜리 아파트를 얻으셨고, 나는 그중 작은 방을 사용했다. 어느 날, 한밤중에 같이 방황하던 날라리들이 몰래 찾아와 집을 나와 갈 곳이 없다고 했다. 나는 재워주다 걸려 아빠의 발길에 얼굴을 정면으로 맞아 앞니가 깨진 적도 있었다. 웬만하면 자식에게 손대는 분이 아니셨는데, 정말 충격을 받으셨나 보다. 얼마 지나지 않아, 아빠는 나의 날라리 짓거리들 때문에 새 여자와 다투셨는지, 힘드셨는지 나를 다시 엄마에게 돌려보내셨다. 엄마 집에 돌아가서는 거의 들어가지 않고 친구 집들을 전전했다. 매번 들어가도 매번 쫓겨났기에, 일부러 들어가 상처만 더 받는 것도 싫었다. 12월 엄동설한에 운동복 차림으로 쫓겨나 버스비도 없이 밖에서 떨다가 친구가 자기 집으로 오라 해 택시비까지 내주고 며칠을 재워줬던 고마운 기억도 있다. 말죽거리에 사는 내 친구 집에서 몇 달을 지냈다. 그 방은 여전히 연탄으로 불을 때는 낡은 공동주택이었고, 중앙에 수도가 있으며 화장실은 푸세식이었다. 친구의 엄마와 딸 둘, 그리고 내가 누우면 문지방에 발이 닿아 옆으로 칼잠을 자야 하는 곳이었다. 그래도 이혼 가정이라 아빠가 없었기 때문에, 나는 몇 달 동안 그곳에서 살았다. 말죽거리 친구 집에서 살면서 학교는 거의 나가지 않았던 것 같다.

　중학교 3학년 초가 되자 성적은 하위권에서 바닥으로 떨어졌고, 개똥 같은 자존심마저 상해 자퇴를 결심하고 학교를 찾아갔다. 3학년 물리 담당이던 여자 담임 선생님은 내 따귀를 사정없이 때리며 분노를 감추지 못하셨고, 결국에는 아빠를 부르셔서 자퇴서에 서명을 받으셨다. 아빠는 나를 선생님들 앞에서 폭행하려다 제지당하셨고, 선생님들은 오히려 "네가 왜 이 러는지 알겠다"는 표정으로 나를 바라보셨다. 자퇴서를 내고 집으로 돌아가는 길에 아빠는 "지선아, 괜찮다. 공부는 학교에서만 하는 게 아니다. 검정고시로 더 일찍 졸업해라."라며 당부하셨다.

얼마 후, 말죽거리 동네 양아치들이 나를 창녀촌으로 데려가 팔아치우려 했지만, 나의 강렬한 눈빛을 보고는 겁을 먹었는지 포기하고 놓아주었다. 그 후 얼마 뒤, 같은 동네의 다른 양아치들이 여행을 가자며 꼬드겨 고속버스에 나를 태웠고, 그들은 진해라는 지방에 있는 룸살롱 술집에 나를 팔아버린 채 말도 없이 떠났다. 부모에게 알린다고 해도 도와주지 않을 것 같았고, 설령 도움을 받는다 해도 얼마나 나를 더 하대할까 생각하며 포기했다. 나는 이렇게 된 것이 내 탓이라고 받아들였고, 스스로 해결하겠다고 작심했다. 누구에게도 알려지지 않기를 바라는 마음도 컸다. 그때부터 나는, 내가 본 적도 만진 적도 없는 인신매매범들이 받아간 그 돈을 갚기 위해 술집에서 먹고 자며, 밤에는 아저씨들의 술을 따르고 온갖 모욕을 견디며 빚을 갚아야 했다. 어린 나에게는 그들이 시키는 일을 거절할 권리 같은 사치는 없었고, '영계'라 부르며 좋아하는 아저씨들의 더러운 짓거리를 참아야 했다. 사장 아저씨는 우리에게 보란 듯이 아가씨들과 마담을 반쯤 죽여 놓는 모습을 종종 보여주었고, 여자들 코뼈가 부러지도록 두들겨 팼다.

몇 개월간 노예생활을 했는지 정확히 기억나지 않지만, 추측하건대 약 8개월쯤이었던 것 같다. 부지런히 빚을 갚아 마침내 자유인이 되어 그곳을 떠날 수 있게 되어 기뻤다. 내가 사장 아저씨에게 이제 서울로 돌아가겠다고 말하자, 그는 나를 동네북처럼 때리며 머리채로 질질 끌고 다니며 시내 한복판에서 실컷 두들겨 팼다. 네 까짓게 가긴 어딜 가냐며, 그는 고마운 줄 모르는 배은망덕한 년이라고 욕설을 퍼부었다. 그에게는 나보다 어린 딸과 아들이 있었다. 이 사장 아저씨는 진해에서 유명한 동네 건달이었고, 토박이라 경찰도 눈감아 주며, 돈만 주면 치외법권처럼 살 수 있는 사람이었다. 너무 억울해 코앞 경찰서로 도망갔지만 경찰들은 마치 상전을 모시듯 그 깡패를 두둔했고, 오히려 인신매매로 팔려온 15살 미성년자였던 나를 죄인 취급했다. 나는 경찰서에서 언성을 높이며 그들과 싸웠다. 너무 분하고 억울해 눈에 보이는 것도 없었고, 상황이 일당백 같았지만, 나는 앞뒤 없이 깡 하나로 대들었다. 소란이 커지자 경찰들은 결국 나를 돌려보냈고, 덕분에 사장은 나를 다시 끌고 갈 수 없었는지 쫓아오지 못했다. 그 건달 사장에게 당했던 억울한 폭력은 빚진 돈의 이자에 웃돈까지 싹 다 갚았다고 치자고 마음먹고, 나는 고속버스에 올라 서울 집으로 향했다.

   서울로 향하는 차 안에서 울고 싶었지만, 너무 억울하면 눈물은 마르고 독기가 올라온다. 또 그때는 울지 않는 법을 배워야만 살 수 있었다. 서울로 돌아왔지만, 집주인은 바뀌어 있었고 가족들은 이미 다른 곳으로 이사 간 상태였다. 공중전화 부스를 찾아 집 전화번호로 전화를 걸었다. 전화번호는 바뀌어 있었고, 수소문 끝에 난생처음으로 외할아버지에게 전화를 걸어 엄마의 새 번호를 받았다. 용기를 내 전화를 걸자, 반대편에서 엄마의 "여보세요?"가 들렸다. 나는 삼켜 둔 눈물이 복받쳐 오르는 것을 들키지 않으려 애쓰며 말했다.

   "나, 혹시 집에 가도 돼?"

"그러든가 말든가."
엄마는 정확히 그렇게 말했다.
가족들은 내가 진해에서 노예처럼 사는 동안 역삼동에서 잠실로 이사 갔었다. 새 주소를 받고 버스를 타고 새 집을 찾아갔다. 그동안 어떻게 지냈는지 물어보는 가족은 아무도 없었다. 반기는 가족은 기대하지 않았지만, 반년 넘게 연락도 없이 사라졌던 이유나 어떻게 살았는지 정도는 물어볼지도 모른다는 나의 짐작은 착각이었다. 차라리 안 묻는 게 나을 거란 생각도 들었다.

방으로 들어가 바닥에 누웠고, 내 귀에 거실에서 자기들끼리 "지선이가 집에 왔다"는 말이 저 멀리서 들렸다. 이후로도 아무도 묻지 않았고, 나는 가족들의 무관심에 점점 길들여져 갔다. 이내 이전 친구들과 다시 연락하기 시작했고, 당시 나와 가장 친했던 말죽거리 친구를 다시 만나 어울리며 집에 들어가지 않는 날들이 많아졌다. 그 친구와 어울리다 보니, 또다시 이전 말죽거리 깡패들과 연결이 되었고, 그들은 돌아온 나를 또다시 강간하려 했다. 그날은 정말 뱃속부터 무언가가 끓어올랐다.

"그래, 오늘 너희 다 죽이고 나도 죽자. 덤벼, 이것들아!"
"다 죽여 버릴 거야!"
내가 대들자 그들은 주눅이 들어 나를 놓아주었다. 한 맺힌 미친년에게는 독기가 있다. 눈에 보이는 게 없고, 무서운 것도 없어진다. 나는 협박하던 자들을 협박하는 법을 배웠다. 내가 목숨을 걸고 대항하면 그들도 물러섰다. 더 이상 순한 양이 아니라, 미친 사자가 되어 가고 있었다.

집으로 돌아와 검정고시 공부를 하기 위해 학원에 등록해 다니고 있었다. 그러던 어느 날, 말죽거리에 사는 내 친구가 집을 나갔다며, 그녀의 엄마가 우리 집에 전화를 했다. 엄마가 받았고, 나를 바꿔 달라 하여 전화를 넘겨받았다. 친구의 엄마는 자신의 딸이 집을 나갔다며 어디 있는지 물었다. 나는 정말 몰라서 모른다고 대답했다. 그러자 그녀는 회를 떠서, 포를 떠서, 염산을 뿌려서 죽여 버리겠네, 동네 깡패들 풀어서 잡아다 팔아버리겠네 등등, 세상에서 들었던 어떤 욕보다 더한 욕을 쏟아냈다. 가슴에서 뭔가 욱하고 치밀어 올랐다.

"좋은 말로 할 때, 다시는 우리 집에 전화하지 마, 이 미친 양아치 년아! 어린애한테 협박을 하다니, 못 배운 년이 겁도 없이! 너 콩밥 좀 먹어야 정신 차릴 거야! 네가 이 모양이니 네 딸이 집을 나가지! 너나 네 딸이나 간수해!"

나는 분노에 휩싸여 고함을 지른 뒤 전화를 끊었다. 나는 원래 이렇게 위아래 없는 애는 아니었지만, 우리 부모님도 이런 양아치 건달과는 말을 섞어 본 적이 없었고, 양아치를 상대하는 법은 내가 더 잘 알았다. 내 방 문 앞에서 무슨 일인지 두려움에 떨며 통화를 엿듣던 엄마에게 이 여자한테 또 전화 오면 받지 말라고 소리쳤다.

얼마 후, 말죽거리파의 두목급 사람들 - 부연하자면, 두목급이면 감방을 자주 다녀왔거나 살인 등으로 오랜 감방 생활을 하고 막 출소한 사람들이다. 주로 이런 두목급들이 나를 좋아했다 - 덕분에 내 인생은 피곤해졌다. 그 두목들과 똘마니 패거리가 잠실 우리 집 앞까지 찾아왔고, 우리 집 전화번호는 어떻게 알았는지, 전화로 엄마와 아빠에게 갖은 욕설과 협박을 퍼붓고 있었다. 주로 "딸들을 다 납치하겠다", "팔아버리겠다", "기름을 사서 집을 폭파하겠다"는 식의 협박을 했다. 나는 속에서 용기가 솟구쳐, 전화기를 빼앗아 그들의 협박에 협박으로 맞섰다.

"이 못 배운 양아치 새끼들이 어디다 대고 협박질이야! 야, 당장 이리 와, 주소 줄게. 나를 죽이고 감방에 가서 평생 썩고 싶으면 얼른 와. 나 기다린다, 빨리 와라!"

방 저만치에서 전화 통화를 듣고 있던 아빠한테도 협박질을 해대서, 아빠마저 공포에 질려 눈이 커져 계셨다. 이미 나는 우리 가족들이 도와줄 수 있는 수준이 아니었다. 주로 이런 험한 일은 내가 알아서 처리해야 했다. 게다가 우리 집 훈육 방침은 "네가 저지른 일은 네가 해결해."였다. 나는 그렇게 어둠에 대항하는 법을 터득해 갔다. 지렁이도 자꾸 밟히면 깨문다. 나는 점점 분노하면 이성을 내려놓는 미친 악바리가 되어 갔다.

중학교 검정고시 공부는 워낙 벼락치기형이라, 몇 주만 공부하고도 전 과목을 합격했다. 이제 고등학교 졸업을 위해 검정고시 공부를 계속해야 했지만, 이때부터 나는 경제적 독립을 생각하며 공부에는 흥미를 잃어갔다. 새 살림을 차려 나갔던 아빠는 새 여자에게 배신을 당해 빚만 잔뜩 지게 되었고, 그 여자는 아빠의 친한 친구와 바람을 피웠다. 아빠는 고개를 숙인 채 다시 집으로 돌아왔고, 엄마는 아빠를 다시 받아 주셨다. 아빠는 말씀이 거의 없으셨고, 일도 하지 않으시며 매일 낚시만 다니셨다. 아빠는 당뇨 때문에 몸무게가 많이 빠지셨고, 예전처럼 술 마시러 돌아다니지도 못하셨다. 가끔 학교에서 돌아온 자식들을 위해 밥과 김치찌개를 해주시곤 했는데 나는 그때 아빠가 해 준 김치찌개를 좋아했다. 김치와 조미료만 들어간, 흥건한 김칫국 같은 아빠의 김치찌개가 지금도 그립다.
 아빠는 나를 불쌍히 여기셨고, 말없이 방에서 울고 있는 나에게 "빵 사 먹고 와라" 하며 몇 천 원을 주시는 따뜻한 위로도 해주셨다. 온 가족에게 미움을 받았던 아빠와 나는 서로를 불쌍히 여겼다. 아빠는 바람피우다 진 빚 때문에 더 이상 남대문에 나가 일할 수 없게 되었고, 엄마가 혼자 가게 일을 하며 아빠의 빚을 대신 갚아 나가셨다.

영혼의 죽음

16살쯤인가, 친구들과 함께 이태원에 자주 갔다. 아침까지 영업하는 카페에서 디제이 오빠들과 친해졌다. 그중 나이가 지긋하고 긴 머리에, 아메리칸 인디언처럼 생긴 시커먼 디제이 오빠가 내 찢어진 청바지를 보며 사투리가 섞인 말투로 "집에 옷이 없어유?"라며 말을 걸어왔다. 나는 그 사람의 얼굴을 정면으로 쳐다보지 못했다. 얼굴은 새빨개지고, 가슴이 쿵쾅거리던 기억이 난다. 이후 그 사람과 만나게 되었고, 그는 나를 사랑한다며 결혼하자고 속삭였고, 나를 꼬셔 잠자리를 가지기 시작했다. 내가 좋아하는 남자에게 사랑받고 싶은 마음도 있었고, 그 사람도 나를 사랑한다고 믿고 싶었나 보다. 그의 실제 나이와 그가 유부남이라는 사실을 알게 된 것은 잠자리를 가진 후 한참 뒤였다. 나이는 나보다 스무 살 이상 많았고, 아내도 있었고, 아이들도 있었다. 그러던 중 나는 임신했고, 그는 그 사실을 알고 나를 피하기 시작했다. 결국 돈을 빌려 낙태를 하게 되었다. 그 당시 얼마나 그를 찾아다녔고, 밤낮으로 절규했는지… 가슴이 저미고 찢어지는 듯한 고통이 어떤 느낌인지, 그때 처음 알게 되었다. 매일 눈을 뜨면 내내 울다가 치쳐 잠들고, 밤마다 많은 술을 마시며 생각과 마음의 고통이 멈추길 바랐던 기억이 난다. 한 생명을 없앤다는 사실이 이렇게 큰 죄책감으로 다가오는 일인 줄, 그때 알게 되었다. 그렇게 나는 그때 낙태한 아이와 함께 한 번 죽었다.

그 시기, 나는 집을 나와 가장 친했던 친구와 함께 작은 월세방을 얻어 몇 달간 같이 살았다. 나에게는 일기 쓰는 습관이 있었고, 이 습관은 그 후로도 꽤 오랫동안 이어졌다. 지금은 그 일기들을 모두 버려 없지만, 내용은 드문드문 기억난다. 엄마의 일기처럼, 나는 내가 얼마나 철없이 사랑이라고 믿었는지, 스스로를 얼마나 괴롭혔는지, 증오하고 절망했던 경험들을 적었다. 주로 슬프고 억울한 내용이 많았고, 내가 어떻게 살고 있는지, 무슨 생각을 하며 어떤 감정을 숨기며 살고 있는지였다. 아무도 묻지 않기에, 나는 나 자신에게 글로 말해주고 있었다. 내게 찾아온 생명을 스스로 떠나보낸 일은, 내가 이미 저질렀던 어떤 죄보다도 더 큰 충격이었다. 이제는 정말 의식을 멈추어야 살 수 있을 만큼, 죄책감이 나의 목을 조르듯 했다. 아이를 낙태한 뒤 그 아저씨는 다시 나에게 돌아와 나를 유혹했다. 내가 다시 속아준 이유는 여전히 그를 사랑하고 있었기 때문이었을 것이다. 그때 그는 돈이 없는 눈치였고, 나는 내게 있던 돈을 몰래 그의 주머니에 넣어주었다. 그는 그 돈을 챙겨 다시 나를 떠나갔다. 나중에 알게 되었지만, 당시 그는 내 일기를 훔쳐 읽고 나를 떠났다. 내가 어떤 일을 겪었는지, 어떻게 그를 사랑했고, 어떻게 그 돈을 만들어 주었는지… 그는 모든 것을 알고 떠났다. 이후로 그는 다시 나의 연락을 피했고, 내가 19살에 미국으로 떠나던 날까지도 다시는 볼 수 없었다. 그는 한 번도 나에게 미안하다고 말한 적이 없다. 상대가 미안하다고 하지 않아도, 일방적으로 용서해야만 했던, 나는 그런 미련한 사랑을 했다. 그가 떠난 후 나는 다시는 마음의 문을 열지 않겠다며 매일같이 다짐하고 반복하며 나를 세뇌했다. 다시는 아무도 믿지 않겠다, 다시는 이용당하지 않겠다. 감정 따위에 휘둘린 내가 너무 미웠고, 한심했고, 바보라 자책했다. 소녀 같던 엄마가 변해 갔듯이, 나도 그렇게 변해 갔다.

어릴 적부터 엄마와 아빠의 불공평한 대우나 비인격적 언어폭력이나 정서학대에도 내 멘탈은 부서지지 않았다. 그래도 부모로서 엄마가 나를 사랑하고 있으리라 믿었다. 중학교 2학년 때부터 수십 번 두드려 맞고 강간을 당했을 때도, 나는 나쁜 기억들을 묻어버리고 다시 일어설 수 있었다. 인신매매로 지방 술집에 팔려 억울한 빚을 다 갚고 길거리에서 실컷 두들겨 맞고 돌아왔지만, 아무도 기다려 주지 않은 듯, 식구들이 이사를 갔을 때에도, 밤거리를 방황하다 길거리에서 묻지 마 취객들에게 밟히고, 선글라스 꼈다고 이유 없이 뺨을 맞았을 때도… 바보처럼 믿고, 거짓말에 속고, 사람들에 배신당하고, 가진 것을 다 빼앗기고, 치욕을 당하고 능멸을 당해도 나는 무너지지 않고 버틸 수 있었다. 깡패들의 무차별 폭력을 받을 때도 나는 다시 일어날 수 있었다. 주로 내가 잘못한 것보다 남들이 잘못한 게 더 컸기에, 개통 밟은 셈 칠 수 있었다. 그러나 그가 짓밟고 지나간, 광야 같은 내 마음은 이제 뭍바람에 모래만 날리는 죽은 땅이 되어버렸다.

나를 가장 힘들게 했던 것은 기억이었다. 나는 유난히 기억력이 좋았고, 등을 돌리면 금세 잊어버리는 친구들이 오히려 부럽다고 자주 생각했다. 학교 다닐 때 암기 과목은 거의 만점에 가까웠고, 지나간 시간을 생생히 되감아 오고 간 사람들의 대화와 사건의 순서들을 재현해 기억할 수 있었다. 더 이상 생각하고 싶지 않고 정말 잊고 싶은 기억들 마저 사진처럼 영화처럼 고스란히 기억되었고, 도리어 선명한 기억력이 저주 같아 나는 기억을 마비시키고 싶었다. 혼자 있는 것이 무섭고 싫어 더 많은 약을 먹고 술을 마셨다. 잡념과 나쁜 기억들은 나를 과거에 꽁꽁 묶어 두었고, 나는 망각을 갈망하며 이성을 잠재우고 감정을 죽인 채 살았다. 그나마 다른 콩가루 집안 친구들과는 달리 나에겐 생활방식과 가치관이 너무 달라 서로를 이해할 수는 없을 지언 정, 적어도 '가족'이 있다고 믿고 있었다.

어느 날 이태원 새벽녘, 술에 취해 무단횡단을 하다가 음주운전 차량에 치여 공중으로 날아간 적이 있다. 그 순간 의식이 내 안을 빠져나가려 했다. 분명 나는 여기 있는데 저 멀리 날아가는 내 몸뚱이를 바라보며 본능적으로 애써 재빠르게 내 몸을 붙잡았다. 그때 처음으로 내 몸이 내가 아니라는 것과 내 안에 또 다른 '나'가 존재한다는 것을 알았다. 응급실로 옮겨져 엑스레이를 찍어보니 큰 이상은 없었지만, 왼쪽 무릎은 꿰매야 했다. 너무 겁에 질린 음주운전자가 불쌍해 보여 그냥 돌려보냈고, 나는 마취 없이 꿰매고 나오려는데 병원비가 나를 붙잡았다. 집으로 여러 번 전화를 했지만 아무도 전화를 받지 않았다. 백 통쯤 전화를 걸었을까, 엄마가 전화를 받았다. 친구가

"저… 지선이가 차 사고가 나서요… 지금 수술 중이에요, 여기는…" 하고 말하는데, 엄마는 전화를 끊어버렸다. 술김에 너무 분해서 전화를 다시 걸었지만 아무도 전화를 받지 않았다. 또 걸었지만 여전히 받지 않았다. 그 이후로 수십 번을 더 걸었지만, 매한가지였다. 같이 병원에 있던 친구들은 나를 안쓰럽게 바라보았다. "너 친딸 맞아?" 친구의 그 말이 나에겐 더 쓰고 아팠다. 아무 말도 하지 않았고, 친구에게 돈을 빌려 병원비를 냈다.

빌린 돈을 갚기 위해 나는 다시 룸살롱에서 아르바이트를 했다. 그때까지도, 미성년자인 내가 집 밖에서 살아남을 수 있는 길은 술을 따르는 것밖에 없었다. 아니면, 내가 아는 세상이 그것뿐이었을지도 모른다. 집에는 돌아가고 싶지 않았고, 갈 곳도 없었다. 더럽고 치사했지만, 내가 가장 싫어하는 친구 집에 머물며 틈틈이 고졸 검정고시를 준비했다. 그 친구는 나중에 다시 설명할 소영이라는 아이였다. 성격이 괴팍하고, 늘 나를 시기하는지 못살게 굴던 아이였다. 한밤중에 내가 공부를 하고 있으면 그녀는 불을 꺼버렸고, 새벽에 공부에 열중하는가 싶으면 느닷없이 설거지를 하라며 소리를 질렀다. 중학교를 중퇴한 그녀는 내가 공부를 더 하는 것이 싫었던 걸지도 모른다. 서럽고 분했지만, 그래도 우리 집보다는 낫다고 생각하며 참았다.

그 친구는 어려서부터 룸살롱에서 일을 해서 그 분야의 전문가였다. 나와 친구들 몇 명은 주로 그녀의 집에 머물렀다. 집주인은 일하러 갔다 와서는 우리와 함께 감기약을 잔뜩 먹으며 또 밤새 정신줄을 놓고 놀았다. 나는 그 집에서 몇 달간 지냈고, 그 기간 동안 여러 번 귀신을 보았다. 이 시기 나는 가위에 자주 눌렸는데, 그때 겪은 일들은 지금도 생생히 기억이 난다. 장롱 속에 숨어 있던 귀신들이 모두 나와 내 목을 조르곤 했다. 나는 꿈이라고 생각하고 몸을 일으켜 보려 애썼지만, 아무리 안간힘을 써도 깨어나지 못했다. 공포 그 자체였다. 그 집에서 검은 그림자를 본 적도 있다. 살아 움직이는 듯한 그 그림자는 나를 향해 손을 뻗어 붙잡으려 했고, "나에게 오라"는 말을 하며 나의 영혼을 진공청소기처럼 빨아들이려 했다. 엄습해 오는 공포 속에서 안간힘을 쓰며 간신히 그 손을 뿌리치고, 억지로 벌떡 일어나 정신을 차린 뒤 그 집을 뛰쳐나왔다. 이 일에 대해서는 누구에게도 말한 적이 없다. 또 다른 친구 집에서도 며칠을 지냈다. 누군가 재워준다고 하면 기다렸다는 듯이 그 집으로 가서 숙식을 했다. 그 친구는 남자와 동거 중이었고, 그의 친구들도 함께 살고 있었다. 나는 그들이 어떻게 생활비를 조달하며 어떤 일들을 하고 사는지 알지 못했다. 그 집에 머무는 이틀 동안 너무도 생생한 지옥의 환상을 보았다. 아무에게도 이야기하지 않은 채, 그 집을 나와 다시는 가지 않았다. 그것은 음란의 죄에 대한 지옥 형벌이었다. 몇 달에 한 번씩 집에 들어가도, 밤마다 악몽과 환청은 거기에서도 마찬가지였다. 나는 자주 악몽을 꾸었고, 귀신 소리를 들으며 밤새 괴로워 한숨도 자지 못하는 시간이 계속되었다. 내 친구들은 다 멀쩡한데 왜 나만 이런 일을 겪는지 알 수 없어 너무 답답했다. '미친년'이라는 소리가 듣기 싫어 아무에게도 말하지 못했고 마음속 깊은 곳에서부터 공포에 질려 살아야 했다. 이 글에 다 적지 못한 무서운 환상과 경험들도 많았고 정말 이러다 사람이 미칠 수 있겠다 싶었다.

내 십 대 시절, 가장 친했고 늘 함께 다니던 친구는 집안 전체가 예수를 믿는 집안이었고 그녀 역시 교회를 다니는 친구였다. 그런데 그 친구는 나보다 심하면 더 심했지, 결코 덜하지 않을 만큼 죄를 짓고 밤새 놀다가 새벽기도에 가는 모습을 보며, 저렇게 믿어도 되는 건가 싶었다. 내가 교만해서였는지 몰라도 위선처럼 보여 불쾌하기도 했다. 그녀는 늘 함께 교회에 가자고 나를 재촉했지만 나는 단호히 거절했다. 하나님을 인정하는 순간 내려놓아야 할 죄들이 많아 자신이 없었고, 하나님 타령한다고 가족들에게 더 미친년 취급받고 싶지도 않았다.

아빠의 죽음

내가 열여덟 살이 되었을 무렵, 남동생은 여덟 살이나 아홉 살쯤이었다. 우리 집은 잠실 아파트였고, 걸어서 한강까지 갈 수 있는 거리였다. 아빠는 매일같이 한강으로 낚시를 다니셨다. 그러던 어느 해 5월 8일 어버이날, 비 오는 새벽에 낚시를 가시던 아빠는 젖은 진흙에 미끄러져 뒤로 넘어지셨고, 뇌진탕으로 돌아가셨다. 그 당시 나는 친구와 함께 작은 다세대 옥상에 월세를 살고 있었다. 친구를 통해 아빠가 돌아가셨다는 소식을 전해 듣고 집에 가보니 이미 삼 일이 지난 뒤였다. 엄마의 비통한 절규가 문 밖에서부터 들려왔다. 엄마는 나를 마치 아빠가 돌아가신 것이 내 탓인 듯 눈에서 레이저가 나올 것처럼 쏘아보았고 언니들조차 눈이 사팔이 될 듯 나에게 증오의 눈빛을 보냈다. 아빠가 돌아가신 일이 왜 내 탓인지 나는 알 수 없었지만 어쩌면 그들은 자신들의 미안함을 나에게 떠넘기고 싶었는지도 모른다. 적어도 나는 아빠를 미워한 적이 한 번도 없었다. 나는 소리 없이 방으로 들어가 며칠을 울었다. 아빠에게 많은 용서를 구하며, 이제 공부를 마쳐 하루라도 빨리 가족을 돕겠다고 맹세하고 일어났다. 나는 어린 마음에 갓 열아홉, 스무 살이 된 언니들보다 그나마 세상을 먼저 경험한 내가 먼저 경제적 능력을 갖추고 엄마와 남동생을 돌봐야 한다는 무거운 책임감을 스스로 떠안았다. 나는 이미 그때도 엄마 혼자 온실 속에서 자란 두 언니들과 아홉 살 어린 남동생을 부양하는 것이 너무 큰 짐이라는 걸 알고 있었다. 그래서 나만이라도 빨리 독립해야 한다는 분명한 이유가 생겼다. 이후 아빠 생전에 약속했던 대로 고졸 검정고시에 합격했다. 그러나 여전히 나의 미래를 향한 길은 보이지 않았고, 평범한 월급쟁이로는 가족을 부양할 수 없을 것이라는 생각을 했다.

　미국에 가야겠다는 막연한 생각은 어려서부터 가지고 있었다. 내가 국민학교에 다닐 때, 엄마의 친구 가족들이 미국으로 이민을 가게 되었고, 엄마는 우리도 곧 가게 될 거라며 기대를 심어 주었다. 그러나 우리는 이런저런 이유로 계속 미루다 결국 한국에 주저앉고 말았다. 하지만 '아메리칸드림'은 여전히 내 안에 살아 있었다. 나에게 있어 과거로부터 새롭게 시작할 수 있는 길은 미국유학뿐이었다. 무엇보다 친구들을 피해 떠나야 더 나은 미래를 붙잡을 수 있겠다는 생각을 했다. 사실 친구들의 잘못 때문이라기보다, 평소 유혹에 단호히 '싫다'고 말하지 못하는 나의 우유부단한 성격이 더 큰 문제였다. 친구들의 삶을 바라보며, '이대로 그들과 함께 있다가는 마약 중독자나 알코올 중독자, 아니면 창녀로 내 인생이 끝나겠구나…' 하는 한심한 생각이 들었다. 나는 가족을 책임져야 할 의무가 있었고, 그들에게는 그런 책임감이 없었기에 그들은 나를 이해하지 못했다. 어느 날 술을 마신 후 용기를 내어 엄마에게 전화를 걸었다. 울면서 사정했다.

"엄마, 나 앞으로도 엄마한테 돈 안 받을게. 내 결혼식 비용이라 생각하고, 나 미국에 보내줘. 제발."

엄마는 아무 말 없이 듣고만 있었다. 결국 엄마는 관광비자를 받아주셨고, 비행기 표를 사주셨다. 내 손에 3,000불을 쥐어주며 말씀하셨다.

"미국에 가서는 이 전처럼 살면 안 돼."

꺾여버린 소망

나는 새롭게 살고 싶었다. 청바지 몇 벌과 갈아입을 옷 몇 가지만 챙겨 배낭 하나를 달랑 메고 만 19살에 미국에 도착했다. 엄마는 도착하면 엄마 친구의 딸이 공항에 마중 나올 것이며, 그녀와 함께 살아야 한다고 했다. 그녀는 친 여동생과 방 하나를 쓰고 있었고, 나는 다른 방을 쓰라고 했다. 그녀들과 친구들과 함께 겨울 여행을 다녀온 뒤 나는 심한 독감에 걸려 정말 의식이 왔다 갔다 했다. 한 주가 지나도록 낫지 않는 감기몸살에 내가 불쌍해 보였는지 룸메이트가 감기약을 사줘서 먹고 잠이 들었는데 죽은 아빠의 목소리로 번개소리 같은 호통이 들렸다. 정확히 기억나지 않지만, "이제 제대로 살아야 한다…"라는 엄청 화난 아빠의 목소리였다. 미국 약이 센 탓인지 호통소리가 너무 크게 들려 깜짝 놀라 무서워하며 깬 적이 있다. 나중에 엄마에게 이 일을 말했더니 엄마는 죽은 아빠가 너에게만 나타났다며 자기 꿈에는 한 번도 나타나지 않는다며 부러워하셨다.

엄마가 준 현금 3,000불로 몇 달치 렌트비를 내고 나니 돈은 거의 바닥이 났다. 당시 월 렌트비는 650불이었다. 차가 없어 기초 영어를 배우기 위해 먼 거리에 있는 학원을 매일 걸어 다녔다. 내가 다니던 영어학교에는 장학금 제도가 있었는데 다행히 성적이 좋아 장학금을 받아 학비를 내본 적은 없었다. 하지만 식비까지는 장학금으로 해결할 수 없었다. 학원 친구들에게 내가 돈이 없는 것을 들킬까 봐 배가 고프지 않다고 말하며 남몰래 물로 배를 채우기도 했다. 그때 나의 주식은 박스 채 사놓은 싸구려 일본 라면이었다. 그러나 마치 누군가 내가 똑바로 살지 못하게 방해라도 하는 듯 또다시 유혹의 손길이 나를 찾아왔다. 한국에서 전에 알던, 미국으로 유학 온 날라리 언니들을 우연히 마주쳤고, 그 언니들과 어울리며 또 다시 예전처럼 술집과 나이트클럽을 다니기 시작했다. 언니들은 내가 돈이 없는 것을 알고 나에게 경제적 부담을 많이 요구하지는 않았다. 언니들은 셋이 함께 살고 있었고 나는 놀기 위해 거의 그 집에서 살다시피 했다. 곧이어 한국에서 알던 서초동 날라리 부자 남자친구를 식당에서 마주쳐 그 친구와도 나이트를 다녔다. 그 친구는 매일같이 돈자랑을 했고, 예쁜 여자를 소개해 달라고 나를 졸랐다. 나중에 마약 문제가 심각해졌다는 이야기를 들은 적이 있다.

그나마 나는 아침마다 영어 학원은 열심히 다녔다. 장학금을 받으려면 출석률이 100%여야만 했다. 그러던 중 어느 날, 나는 꿈을 꾸었다. 나는 공포감에 쫓기듯 열심히 숨을 곳을 계속 찾았고, 빛과 음성으로 등장하신 하나님은 또 부지런히 나를 찾아내셨다. 뜨거운 조명이 내가 숨는 곳마다 나를 찾아내고야 마는, 숨이 멎을 것 같은 악몽이었다. 나는 상상속에서 잔꾀를 내어 계속 새로운 피난처를 찾아 숨었고, 그럴 때마다 하나님의 빛은 나를 찾아내어 빛을 비추셨다. 책상 밑에 숨고, 차 안에 숨고, 장롱에 숨고, 마침내 내가 손바닥 만하게 작아져 서랍장 안에 들어가 머리를 묻고 숨어 있어도, 기어코 그 빛은 나를 찾아내 빛을 비추었다.

"나를 피해 숨을 곳은 없다"라는 하나님의 준엄한 음성도 들었다.

심장이 멎을 것 같은 이 무서운 꿈에서 깼을 때, 나는 또다시 이 기억을 내 비밀의 방 깊숙이 떠밀어 넣고 잠가 버렸다. 이렇듯 어릴 적부터 나에게는 나만 아는 하나님이 늘 존재하셨다.

당시 내 꿈은 영어를 배운 후 의상디자인 대학을 졸업하고 세계적으로 손꼽히는 패션디자이너가 되는 것이었다. 그때만 해도 나는 꿈은 작은 것보다 큰 것이 더 낫다고 생각했다. 드디어 언어 학원 과정을 마치고 2년제 전문 의상대학에 들어갔다. 그러나 엄마가 보냈다는 등록금은 끝내 도착하지 않았고 학생비자 변경 과정에서 뜻하지 않게 사기꾼들을 만나 비자도 만료되어 버렸다. 다행히 밀린 학비를 문제 삼지 않던 몇 달간은 수업을 계속 다닐 수 있었다. 성적은 거의 A+로 우수했지만 외국인에게 장학금을 주는 학교는 아니었다. 엄마에게 독촉 전화를 여러 번 했지만, 엄마는 "어머, 보냈는데 못 받았니?"라는 말도 안 되는 변명으로 계속 나를 회피했다.

당시 엄마는 남대문 가게에서 시작해 홍콩에도 가게를 열어 국민학생이던 남동생과 함께 홍콩으로 이사했다. 남동생은 가장 비싼 외국인 사립학교에 다니고 있었고, 그의 높은 학비 때문에 나의 학비는 우선순위에서 밀려 버렸음을 나중에야 알게 되었다. 과부로 아이 넷을 키워야 하는 엄마의 삶의 무게를 당연하다고 받아들였지만 서운함은 여전히 남았다. 차라리 엄마가 너무 힘들어 못해주겠다고 솔직히 말해 주었으면 좋았을 것을… 계속 피하고 거짓말을 하는 이유가 뭐지, 사람을 기대하게 만들고… 그냥 포기하라고 했으면 어떻게든 해 보려 살 길을 찾았을 텐데… 나는 현실을 받아들이면서도 속으로 많이 울었다. 생전 처음으로 그렇게 열심히 공부했는데… 학교 성적도 좋았고…
나에게 인생을 역전할 기회를 주지 않는 현실이 너무 싫었다.
　'나는 공부와 인연이 없나 보다… 나는 투자할 가치가 없는 사람인가 보다…'
　좌절과 낙망이 스멀스멀 찾아와 나의 자신감을 누르기 시작했다. 당장 생활비조차 없는데, 어떻게 살아가야 할지 막막하기만 했다.

또 생존으로 돌아가다

그 후로도 여러 번 가족들에게 기나긴 편지들을 보냈지만, 받았는지 버렸는지 아무도 답장을 해주지 않았다. 30년 후 큰언니에게 전해 들으니 그 편지들을 모두 잘 도착했었고 엄마는 내 학교 성적이 좋다며 사람들에게 자랑까지 했다고 한다. 그럼에도 그 당시에는 가족들의 안부 전화 한 통 없었다. 나에게는 돌아갈 수 있는 과거도, 따뜻한 가정도 없었다. 많은 고민과 방황을 했다. 반면, 공부를 하지 않아도 부모님이 매달 돈을 보내주는 주변 친구들이 부러웠지만 한편으로는 그 친구들을 믿고 아낌없이 투자하는 부모님들을 보며 자식이라고 다 믿는 부모가 한심하다고 생각했다.

　결국 살던 집에서 밤에 몰래 이사를 나오다 매니저에게 걸려 갖은 욕설과 저주를 들은 후 새로운 남자친구와 함께 그보다 저렴한 월세집으로 이사를 갔다. 남자친구를 사귀면서 밥값과 집세가 저절로 해결돼 잠시 숨통이 트이는 듯했지만, 은행 말단 직원이었던 그의 월급으로는 여전히 부족했다. 결국 우리는 그의 부모님 집으로 들어가 살기 시작했다. 그런데 그즈음 그의 부모님이 오랜 세월 운영하시던 미니마켓이 경영난으로 빚더미에 앉게 되어 그들이 살던 집마저 넘어가게 되었다. 이렇게 살다 내 인생이 끝나겠구나, 하는 생각이 들었다. 그때 나는 얼마나 철이 없었던지… 허영심으로 가득 차 그렇게 돈 없이 살면서도 불법이라도 어디 가서 접시라도 닦고 웨이트리스라도 해야 한다는 생각조차 하지 못했다. 내가 바라던 인생은 비현실적으로 컸고, 그 꿈을 이루기 위해 바닥부터 차근차근 쌓아 올라가는 끈기나 성실함은 나에게 없었다. 오히려 허영으로 가득 차 그런 일을 수치스럽게 여겼었다. 당시 동거남은 나와 결혼까지 생각했지만, 나는 다 망해가는 마켓에서 손톱 사이에 낀 검은 때를 후비며 살아야 할 내 인생이 너무 비참하게 느껴져 그의 청혼을 거절했다. 그만큼 나는 현실은 모르고 자존심과 꿈만 컸다.

　그 집을 나와야겠다는 고민을 하던 중, 한 친구가 선뜻 자기가 돈을 빌려주겠다고 하자 나는 그 집을 떠나기로 마음먹었다. 그녀는 내 중학교 동창이자 부잣집 딸이었다. 내가 아는 한, 그녀는 그 중학교에서 전교 꼴찌 수준이어서 부모가 정 안 되겠는지 그녀와 친언니를 뉴욕으로 유학 보내 버렸었다. 어쩌다 그녀는 내가 미국에 왔다는 소식을 듣고 나의 연락처를 알아내 LA에서 살던 나에게 연락을 했다. 바로 다음 주, 그녀는 나와 살겠다며 LA로 날아왔다. 그래서 방세를 줄이고자 몇 달간 그녀와 같은 방을 썼는데, 이 친구는 정말 게을렀고 더러웠으며, 늘 거짓말을 일삼는 이 친구 때문에 나는 많은 곤경을 겪어야 했다. 나중에 알고 보니 그녀는 뉴욕에서 심한 마약 중독으로 유명했다고 한다. 그녀는 서부에 와서도 여전히 마약에 빠져 살았다. 같이 룸메이트로 사는 동안 그녀는 이상한 시기심으로 다른 사람에게 나를 이간질을 하다 몇 번 들키기도 했는데 그 당시 나에겐 그런 감정소모마저도 사치로 여겨져 그냥 지나쳐 버렸다. 이 친구는 내가 다니는 대학교에 나를 따라오려 해, 내가 그녀 대신 미국 고등학교 졸업시험을 대신 봐주어 그녀가 우리 학교에 입학할 수 있도록 도왔던 적이 있었다. 게다가 당시에 그녀가 나에게 빚진 전화 요금이 있었고, 그녀가 갚지 않아 그 일로 인해 내 신용이 나빠지기도 했다. 그래서 아마도 당시 나는 그녀의 도움을 받을 만 자격이 있다고 생각했었나 보다. 일단 살 곳을 얻고 다시 공부를 해야겠다고 마음먹었지만, 그녀는 그날부터 나를 피했다.

"야, 너희 같은 하층민들과 우리는 달라."

"너희는 보지 못하지만, 현실에는 계급이라는 게 있어."

이런 식으로 사람을 깔보며 나를 무시하던 친구였다. 거짓말에 능숙한 사람이라는 걸 알면서도 그때는 뭐에 홀렸는지, 물에 빠진 사람처럼 지푸라기라도 잡고 싶은 심정으로 그녀를 간신히 만났을 때, 그녀는 넘쳐나는 돈을 자랑하며 없는 것들은 타고난다며 비아냥 거렸다.

"내가 도와주든, 안 도와주든 내 자유야."라고 당당하게 말했다. '일부러 그랬구나, 나에게 복수하려고…' 나는 증오감을 느꼈고, 그 당시에는 그녀가 차라리 죽어버렸으면 좋겠다는 생각까지 했다. 나중에 다른 친구를 통해 그녀의 소식을 전해 들었다. 남자친구와 다투고 아파트에서 투신해 자살했다는 소식이었다. 놀라기는 했지만, 진심으로 슬프지는 않았다. 이젠 더 이상 살 곳도 없고, 돈도 없고, 돌아갈 곳도 없던 나는 결국 빨리 돈을 벌기 위해 이전에 알던 언니가 귀띔해 준 하와이의 술집으로 떠났다. 처음 몇 달 동안은 빨리 돈을 벌어 학교로 돌아가겠다고 다짐했다. 그나마 한국 술집보다는 몇 천 배는 더 안전하고 덜 더러운 곳이라 나름 잘 적응할 수 있었다. 열심히 주 7일, 하루도 빠지지 않고 일을 해서 빌린 비행기표 값을 다 갚고 꽤 많은 돈을 빠르게 모을 수 있었다.

 유혹을 이기지 못하는 나의 약점을 사탄도 너무나 잘 아는 듯, 마약이 가까이 다가왔다. 처음에는 손님이었던 친구가 코카인을 권했고, 나중에는 '아이스'라는 메스암페타민류 중독성 마약으로 발전하게 되었다. 당시 나의 남자친구는 하와이에서 유명한 변호사였고, 나이 많고 착한 유부남 아저씨여서 나는 그로부터 경제적 도움을 받기도 했다. 그는 나에게 늘 친절했고, 나도 그를 돈으로만 대하지는 않았다. 그 사람과의 만남은 그 이후에도 홍콩과 한국까지 몇 년간 지속되었다. 그는 마치 아빠처럼 나의 미래를 격려했고, 학비를 보태겠다는 말도 했다. 일 년도 되지 않아 내 손에는 꽤 많은 돈이 있었고 점점 사치와 문란한 삶에 길들여져 갔다. 마치 오랜 결핍에 대한 보상이라도 되는 듯, 낮에는 돌아다니며 쇼핑을 하며 보내기도 했다. 그러는 동안 동기가 변질된 그 시절의 나의 일상에 염증을 느꼈고, 다시 학교로 돌아갈 수 있다는 희망을 품으며 LA로 돌아가기로 마음먹었다.

　LA로 돌아와 살 곳을 찾고, 다시 학교에 돌아가기 위해 이전 학교를 찾아가 알아봤지만 이전에 빚진 학비부터 다 갚은 후 다음 학기를 시작할 수 있다는 말을 듣고 그 돈과 시간이 너무 아까워 결국 학업을 포기해 버렸다. 물론 학생비자 문제도 걸려 있었다. 목돈은 있었지만 졸업 때까지 견딜 만큼 충분하지는 않았고, 재료비와 책값, 졸업작품 비용과 해외 연수비 같은 기타 비용들을 생각해 보니 졸업을 하더라도 현실은 결국 월급쟁이 자바 공순이로 끝나는 경우가 더 많다는 것도 알게 되었다. 그래서 나는 더 확실한 생존을 위해 돈을 붙잡기로 했다. 그렇게 나는 돈에 점점 집착하게 되었고, 미국에 왔던 목적조차 잃어버리게 되었다.

목적을 잃어버린 삶 / 다시 만난 엄마

공부를 포기하자 이전처럼 렌트비 걱정 없이 넉넉히 살 수 있었다. 한국에서 알던 그 날라리 언니는 어느새 '아이스'라는 마약 중독자자가 되어있었고, 그것도 모자라 노름 중독자가 되어 있었다. 그녀는 나에게 돈을 빌려간 후 결국 갚지 못했다. 예전에 그 언니 집에서 신세를 졌던 것도 있고, 하와이로 가는 돈도 언니가 빌려줬던 터라 은혜를 갚자는 마음에 당시로서는 나에게 큰 돈을 빌려줬었다. 결국 이 언니에게 빌려준 돈을 받지 못해 어려움을 겪을 즈음, 엄마와 국제전화를 하면서 친구에게 돈을 빌려줬는데 아직 받지 못했다는 얘기를 하자 엄마는 한심하다, 여전히 철이 없다, 이용해 먹기 딱 좋은 스타일이다, 세상에 친구가 어딨냐며 엄청나게 욕을 해댔다. 눈물이 나왔다. 화도 났다.

"엄마가 나를 위해 해준 게 뭐가 있어! 내가 그동안 어떻게 살았는지 물어본 적 있어, 나한테? 내가 내 돈으로 누굴 도와줬던, 엄마가 뭔 상관이야!"

서럽게 울면서 통화했던 기억이 난다. 이후 몇 년이 지나 첫 번째 남편이 될 그 사람과 LA를 방문했을 때 이 언니를 찾아 만났다. 언니에 대한 나의 마지막 기억은 모텔에서 강아지와 함께 살고 있었고, 그녀의 모습은 누가 봐도 마약 중독자의 모습이었다. 나는 그녀의 얼굴을 정면으로 마주 볼 수 없었고, 내 시선은 계속 그녀를 피했다. 마음이 아파, 가지고 있던 돈을 모두 주고 헤어지며 등을 돌리자마자 울었던 기억이 있다. 이후 우리 사이에 연락이 끊어졌고 나는 그녀가 아직 살아 있는지 모른다. 결국 나는 그녀에게 빌려준 돈을 받지 못했다. 그때 마침 엄마가 뭐가 아쉬웠는지 나더러 그러고 살지 말고 홍콩으로 들어와 자기 일을 도우라고 했다. 매달 3,000불씩 줄 테니 엄마를 도와 통역을 하고 서류 일을 봐달라고 했다. 어차피 공부도 포기했던 나는 엄마를 돕기 위해 홍콩으로 떠났다. 그때가 아마 24살쯤이었을 것이다.

홍콩 공항에서 택시를 타고, 엄마가 살던 침사추이라는 도시로 들어갔다. 후텁지근한 땀 냄새와 갖가지 향, 음식 냄새로 나는 그 날을 기억한다. 엄마는 내 얼굴을 제대로 마주하지 못하고 곁눈질로 위아래로 훑으며 나의 행세를 못마땅해했다. 오랜만에 만난 엄마에게 나는 가지고 갔던 명품 시계와 가방, 선글라스, 화장품 등을 선물로 주었다. 엄마는 그런 것들과 전혀 상관없이 사는 사람이라, '사치다, 낭비다'라는 말을 할 줄 알았지만, 엄마는 모두 챙겨갔다. 덕분에 오랜만에 사랑하는 남동생도 만나 기뻤다. 나는 시키는 대로 영어가 필요한 엄마의 일들을 도왔고, 때로는 집 안 페인트를 다시 칠하고, 밤새 물건을 포장하는 등 모든 일들을 도왔다.

　엄마는 정말 나쁜 사장이었다. 필리핀 여직원을 무시하고 학대하며, 월급도 미루거나 짜디짠 금액으로 주는 그런 사장이었다. 나 역시 단 한 번도 엄마에게서 월급을 받아본 적이 없었고, 이때에도 돈을 떼먹고 갈취하는 버릇이 여전히 그대로 있었다. 엄마는 나에게서 돈 냄새를 맡았는지, 금방 갚겠다며 내가 미국에서 가져온 목돈을 모조리 빌려가 돌려주지 않았다. 엄마는 이전부터 "네가 무슨 돈이 필요하니?"라고 늘 말했고, "지선이는 돈이 있으면 다 남 좋은 일에 써 버려.", "다 뺏아와야 그나마 돈이 남아 있어."라며 언니들에게 터무니없는 소리를 하는 것도 종종 들은 적이 있다. 그나마 하와이에서 만난 변호사 아저씨가 홍콩으로 종종 들러 큰 용돈을 주고 갔기에 나는 경제적으로 어렵지 않아 엄마에게 그 돈을 빌려주었다.

　어느 날 모두가 잠자리에 들었을 때, 누군가 초인종을 연달아 누르며 시끄럽게 했다. 엄마가 당황해 문을 열자 예전에 나도 몇 번 인사한 적 있는 화교 아저씨와 처음 보는 한국 아줌마가 문을 박차 듯 열고 들어왔다. 그들은 엄마에게 뭐라 뭐라 소리치더니, 아저씨가 갑자기 엄마를 마구 때리기 시작했다. 옆에 있던 한국 아줌마는 잘한다는 듯 더 기름을 부었다. 소란이 점점 커지자, 당시 어린 남동생도 결국 잠에서 깨어나 상황을 보고 듣게 되었다. 어린 남동생 앞에서 쌍욕과 폭행이 이어졌고, 나는 벌떡 일어나 "경찰에 신고할 거야!"라고 소리쳤다.

"다 내 손에 죽고 싶지 않으면 당장 꺼져!"라며 엄마와 남동생을 보호했다. 그는 내가 진심인 것을 눈치챘는지 물러갔다. 나는 다친 엄마를 데리고 밤 12시가 넘어 응급실로 갔다. 치료를 마치고 집으로 돌아오며, 엄마에게 이유나 사정을 묻지 않았다. 남편 없이 아이 넷을 키우기 위해 엄마는 무슨 짓이든 했을 것이라 생각했다.

'이 아저씨를 이용해 먹고, 이 가게를 빼앗았겠구나…'
아저씨가 술에 취해 쏟아내는 신세 한탄과, 증오 섞인 어눌한 한국어 욕설에서, 나는 나름대로 상황을 대충 이해할 수 있었다. 욕심 많고 야망이 컸던 엄마는 인간관계를 이용해 무엇이든 사기라도 쳐서 원하는 것을 빼앗을 수 있는 사람이라는 것을 나는 이미 알고 있었기에 크게 충격을 받지 않았다. 전에도 언급했지만 엄마에게는 속은 놈이 바보였다.

'나보고 늘 그 따위로 살지 말라' 하더니…
엄마도 나 못지않게 물에 빠져 죽지 않으려고 허우적대며 살아왔구나 싶어 도리어 엄마에 대해 연민을 느끼기도 했다.

당시 엄마의 남자친구는 이혼한 착한 아저씨였다. 그는 나와 남동생에게 과부로 자식 넷을 키우는 엄마의 헌신과 노력을 늘 감사히 생각해야 한다며, 엄마를 아직 잘 모르시는지 아니면 이 분도 엄마에게 속으신 건지, 그런 말들을 자주 하셨다. 그나마 엄마 주변 사람 중 내가 가장 인정하는 분이었다. 하지만 엄마는 그 아저씨와 오래 만나지 못하고 그를 차 버렸다. 너무 착해 빠져서 마음에 안 들었나 보다. 엄마에게는 착하면 바보였다. 엄마는 점점 무엇에 홀린 듯 이상한 사기꾼 아저씨들과 사업상 만남이라며 술자리를 자주 나갔다. 나도 그 사기꾼 일당을 소개해 준다며 데리고 나가 만난 적이 있는데 그날 집으로 돌아오자마자 엄마를 말렸지만 엄마는 이미 홀렸는지 전혀 들으려 하지 않았다. 갑자기 엄마는 놀러 다니듯 해외 카지노로 여행을 다니고, 눈에 띄는 보석과 사치품을 사들이며, '사업상 투자'라는 이상한 이유를 늘어놓았다. 엄마는 이전에 내가 알던 그 엄마가 더 이상 아니었다. 엄마는 거짓 외에 진실을 말하지 못하는 사람 같았고, 어떻게든 한 푼이라도 내 돈을 더 빼앗으려는 듯 남들보다 나에게 더 비싸게 물건 값을 불렀다. 엄마는 그렇게 더 사랑할 수도, 존경할 수 없는 독 묻은 가시처럼 점점 더 악독해져 갔다.

그 당시 엄마는 집을 점점 더 자주 비웠다. 아들에게 돈을 쥐어 주며 알아서 밥을 사 먹으라는 말만 했고, 그의 성적이나 학업에는 전혀 관심을 보이지 않았다. 남동생은 방과 후 집에 돌아와 하루 종일 방에서 게임만 했다. 나는 남동생에게 학생 비자를 받아주려고 여러 방도를 찾았지만 엄마의 비즈니스는 사업자 등록이 되어 있지 않았고 엄마 자신도 투자자 신분이 아니어서 결국 남동생의 학생비자를 해결하지 못했다. 그래서 동생은 나와 함께 15일마다 마카오로 출국한 후 재입국하며 돌아와야 했다. 엄마가 나한테만 그런 게 아니었구나… 엄마는 자식을 제대로 키울 만한 사람이 아니었다. 참다 참다못해 엄마와 다투었고, 결국 나는 한국으로 가겠으니 내 돈을 돌려달라고 통보했다. 돈을 돌려주지 않으려 작정한 사람처럼 내내 핑계를 대며 버티고 둘러대는 엄마의 자존심을 나는 일부러 비

꼬며 상처를 내었고, 그 다음날 돈을 받아 한국으로 돌아왔다. 엄마를 믿은 내가 미친년이 맞았다.

　예전부터 엄마에게 들어간 돈은 절대로 다시 나오지 않았다. 어릴 적 어른들에게 용돈을 받아 좋아하던 날, 엄마는 늘 하던 수법으로 돈을 빼앗으려 했다. 엄마는 한 번도 우리들에게 장난감을 사준 적이 없었기에 나는 몇 년 동안 사고 싶었던 바비 인형을 생각하며 마음이 부풀어 있었다. 엄마가 갖은 협박으로 내 돈을 노리자, 너무 화가 나서 "엄마가 그렇게 사랑하는 돈, 그냥 버려 버릴 거야." 하며 변기통에 돈을 버리고 물을 내려 버렸다. 또 빼앗기느니 버리는 게 낫다고 생각했다. 엄마는 살점이 떨어져 나간 듯 속상해하며 엄청 혼을 내셨다. 돈에 대한 집착이 심했던 엄마에게 그때 이미 돈 귀신이 들어갔다고 생각했다. 길가는 개를 믿지 엄마를 믿은 건 '내가 아직도 정신 못 차린 순진한 미친년인 거다'라고 생각하며 분노에 차 홍콩을 떠나 한국으로 돌아왔다.

　한국에 돌아와 아마도 전세였을 가양동 아파트에서 잠시 언니 둘과 함께 살았다. 그 집은 좁았고 어두웠다. 이전에 강남과 잠실에서 살던 때보다 가세가 많이 기울어 있는 것을 느꼈다. 내가 홍콩을 떠난 뒤, 엄마의 사업은 망조가 들었는지 날로 빚이 늘었다. 당시까지는 엄마의 가게 돈으로 언니들은 전세를 살고 있었는데 가세가 기울며 그 다음 집은 월세로 살게 되었다. 홍콩의 가게는 운영을 포기한 건지 엄마는 어디론가 도망가 나타나지 않았다. 그러던 중 어느 날 엄마에게 전화가 와 나에게 신용카드 깡 사기를 하자고 제안했다.

　'이런 미친… 정말 가지가지한다… 홍콩에 혼자 사는 어린 아들은 걱정도 안 하고…'

속에서 울화가 치밀어 호통을 치며 전화를 끊었다. 몇 달 후 통화할 때, 엄마는 나에게 빚을 갚아주지 않으면 감방에 가게 될 거라며 협박을 해 결국 있는 돈 없는 돈을 모두 모아 엄마에게 건넸다. 지금 생각하면 이것조차도 거짓말이었는지 모른다.

　고등학생이 된 남동생은 여전히 홍콩 집에 혼자 살았고, 누나들이 번갈아 방문해 그의 필요한 것들을 채워주곤 했다. 결국 엄마는 그 집세도 내지 못해 집주인은 남동생을 내쫓고 자물쇠를 바꿔버렸다. 곧바로 난 홍콩으로 들어가 동생에게 모텔을 잡아주었고 집주인에게 사정사정을 해 학교 짐들을 챙겨 가지고 나왔다. 며칠 후, 큰언니가 돈을 가지고 홍콩으로 들어와 다른 집을 알아보고 집 값이 더 싼 먼 곳으로 이사를 하게 되었다. 그 당시에 큰언니는 엄마의 남대문 가게 운영을 맡고 있어 어떻게든 가게 돈으로 이사 비용을 대었고, 나도 남동생의 학비와 생활비를 보태야 했다. 엄마가 자식들을 위해 사업을 시작했는지 아니면 자기 야망과 욕심이었는지는 의심스럽지만 결국 자식들은 전혀 돌보지 않았고 그렇게 집착하던 돈도 모두 날렸다.

　큰언니도 이런저런 가게 문제로 나에게 돈을 빌려 갔고, 나는 이자 없이 몇 년에 걸쳐 간신히 원금만 돌려받다가 오백만원쯤 잔금이 남았을 때 이제 그만 갚아도 된다고 했다. 그 몇 년간 큰언니는 엄마를 찾는 빚쟁이들로부터 시달리며 극심한 불안을 감당해야 했었다. 그 때문인지 언니는 갑작스러운 결혼을 결심하며 남대문 엄마 가게를 떠났다. 나는 충분히 이해했고, 큰언니의 결혼식을 최선을 다해 도왔다.

이 전의 나는 이미 죽었다

미국에서 홍콩으로, 다시 한국으로 돌아온 지 얼마 지나지 않아 우연히 친구들과 찾아간 노래방에서 나를 임신시키고 도망간 그 나이트클럽 디제이를 만나게 되었다. 그는 뱀처럼 다시 나에게 접근하며 나를 꼬시 듯 이전 이야기를 꺼냈다. 마지막으로 본 날 그때 내 일기를 모두 몰래 읽었다며 "역시 지금 와 생각하니 네가 최고였어"라는 둥, 이제라도 결혼하자며 웃기지도 않는 멍멍이 소리를 해댔다. 5년 전 내가 미국으로 떠나는 것이 결정되며 수없이 그에게 연락을 시도했지만 끝끝내 나는 그를 만나지 못했다. 미국으로 떠나던 그날, 공항 공중전화로도 연락을 시도했다. 마중 나왔던 친구들마저 내가 안쓰러웠는지 번갈아가며 그에게 전화를 했지만 그에게 연락이 닿지 않았었다.

'사람이 어떻게 살아야 이렇게 이기적이고 감정이 메말라 살 수 있는 걸까?'

'난 그때 그 소녀가 아니야. 이제… 그 애는 죽었어, 그 때…'

계속 치근덕대는 그를 바라보며 속으로 이렇게 말하며 그 자리를 나왔다. 얼마 지나지 않아 그가 노름빚을 갚지 않고 도망 다니다가 집 앞에서 살해되었다는 소식을 들었다. 나에게만 그렇게 죄를 짓고 살았던 건 아니었나 보다 싶었다.

사랑이라 믿었다, 가족은.

큰언니가 결혼하고, 작은 언니는 엄마의 사업 실패로 결국 학업의 꿈을 포기하고 직업을 구하기로 결심했다. 평소 공부를 잘해 대학원까지 가고 싶어 했고 공부 외에는 별로 잘하는 것도 없고 내성적인 성격이라 나는 늘 마음속으로 작은 언니를 걱정했다. 작은 언니가 살 곳도 갈 곳도 없는 사정이라 내가 살던 곳 길 건너편에 작은 원룸을 구해주고 보증금과 월세를 지원했다. 언니는 월세라는 사실이 불안했는지 나에게 전세로 옮겨 달라고 침묵으로 고집을 부렸다.

'나도 지금 월세로 살고 있는데…'
마치 전세 보증금을 더 구해 오라는 듯 침묵으로 몇 시간째 나를 압박했다. 나는 달러이자 일수를 얻어 언니의 전세 비용을 만들어 주었고, 룸살롱을 다니며 매일 그 일수를 갚아 나갔다. 작은 언니 소원대로 전세로 강남의 작은 다세대 원룸으로 이사 가게 해줬다. 나는 다시는 술집 일을 하지 않겠다고 마음먹고 피해 다녔지만 경제적 부담과 내 생활비, 그리고 언니의 전세금 일수를 갚기 위해 다시 일을 했다. 나의 가족들은 돈의 출처를 묻지 않았고 나도 말하지 않았다.

홍콩에 혼자 남아 학교를 다니던 남동생은 성적이 바닥이었다. 누나들은 상의 끝에 동생을 다시 한국으로 데리고 와 고2로 편입시켰다. 그때부터 남동생은 작은 언니와 함께 살게 되었고 나중에 엄마도 돌아와 함께 살게 되었다.

세상은 참 불공평하다. A+ 성적이었던 나는 학비를 내지 못해 학교를 그만두었는데 엄마는 F- 성적이었던 동생에게는 아들이라는 이유로 내 학비보다 비싼 학비를 매달 내줬다. 이런 현실이 참 불공평하게 느껴졌지만, 돈 내는 사람 맘이라 스스로를 타일렀다. 결과적으로 엄마가 빌린 돈을 떼먹었는지, 더 이상 남대문에서는 일을 할 수 없게 되었다. 그렇게 가게 문을 닫았고 엄마는 백수로 돌아왔다. 다행히 작은 언니의 월급과 내가 가끔 던지듯 주고 갔던 목돈도 있었다. 그 외 예상치 못한 큰 지출들은 내가 부담했다. 이제야 그들은 소소하게 살아갈 수 있었다. 한 집에 옹기종기 모여 살아가는 가족의 모습을 보며 나는 내심 흐뭇했다.

잃어버린 영혼들

나는 당시 돈에 점점 집착하게 되었고, 얼마간 모인 돈으로 작은 아파트를 전세를 끼고 샀다. 나름 미래를 위한 투자라 생각했었다. 한국으로 돌아온 나는 이전 친구들을 다시 만났고, 이들은 이전보다 훨씬 나쁘게 변해 있었다. 볼 때마다 술이나 약에 찌들어 살고 있었다. 내가 좋아하던 친구들은 내가 싫어하던 소영이란 친구집에 같이 사는 듯했고, 나도 친구들을 만나고자 그 집에 자주 갔다. 소영이는 아버지 없이 엄마와 여동생 둘의 생활비와 학비를 위해 어려서부터 술집에서 일하며 몸을 팔아 가족을 부양했다. 처지는 안타까웠지만 그럼에도 불구하고 그녀는 고슴도치처럼 주변 사람들에게 칼로 찌르는 듯한 말을 했고, 쌍스럽고 천박한 태도 때문에 나는 가능한 한 늘 그녀와 거리를 유지했다. 어느 날 그녀가 나에게 돈을 빌려가며 다음 달쯤 갚겠다고 했다. 그리곤 반년이 지나도록 나를 피해 다니며 돈을 갚지 않았다. 나중에 알게 되었지만 그 돈으로 나이트를 다니고 동거하던 남자친구의 옷을 사주며 흥청망청 써버렸다고 한다. 내가 그녀에게 빌려 준 돈은 투자용 아파트 토지세를 내기 위해 모아둔 돈이었다. 기한이 다가와 결국 그녀의 집으로 찾아가 돈을 갚아 달라고 말했다. 그녀는 "더럽게 징징대네, 빌어먹을 년, ㅆㄴ, ㅆㅂ. 야! 먹고 떨어져"하며 돈뭉치를 던졌고, 그 돈다발은 내 뺨을 때린 후 바닥에 떨어졌다. 바닥에 떨어진 만 원짜리 지폐들을 주워 모으며 나는 자존심에 큰 상처를 받았고, 분노와 억울함의 뜨거운 눈물을 흘리며 그 집을 나왔다. 그 일로 빌려준 돈은 무릎 꿇고 돌려받아야 한다는 걸 배웠다.

그 후 몇 달 후, 그 친구가 동거남과 헤어지고 상심이 컸는지 마약에 찌들어 룸살롱에서 거의 바닥을 기고 있는 걸 목격했다. 그녀를 둘러싼 빚쟁이들이 그녀를 어떻게 팔아버릴까 의논하는 소리를 듣게 되었는데, 지방이나 일본으로 팔아 버리자며 자기들끼리 의논하는 소리를 듣는데 문득 그녀가 안 됐다는 마음이 올라왔다. 그 장면을 목격했던 나와 또 다른 한 친구는 결국 나중에 크게 후회할 그녀의 빚보증을 서고 그녀를 풀려나게 했다. 이후에도 소영이는 여전히 정신을 차리지 못한 듯 빚을 갚지 않았고, 매일 이성을 잃을 만큼 마약에 찌들어 살았다. 그녀를 위해 선 빚보증 때문에 내가 돈을 물어야 할지 모른다는 불안감에 휩싸여 내 명의로 된 모든 재산과 저축, 적금을 정리해 현금화했고 모두 작은 언니에게 주었다.

나의 약점은 늘 오지랖과 동정심이었다. 당시에는 그런 나 자신을 스스로도 한심스러워 했다. 하지만 지금 생각하면 당시 소영이의 슬픔에 공감해 주지 못했던 것이 미안하다. 그때 그녀는 낡은 상처 위에 또 새로운 상처를 덮고 또 덮으며, 겹겹이 쌓여 더 이상 어떤 상처도 감당할 수 없는 그런 상태였던 것 같다.

당시에는 그런 그녀를 이해하지 못했고 나 자신의 상처를 덮고 살아가기도 내 코가 석자라 남들을 돌아볼 여유가 없다고 나 스스로도 마음을 닫았었다.

그 집안이 콩가루 집안이라고 생각한 적도 있다. 그녀의 엄마는 몇 주마다 그녀를 찾아와 반찬을 냉장고에 넣어 주고, 그녀로부터 생활비를 넉넉히 받아갔다. 그녀가 재벌 남자 친구를 만날 때에는 두 여동생들을 호주 유학까지 보낼 만큼 동생들에 대한 사랑이 끔찍했다. 제삼자의 눈으로 내가 본 그 집안은, 가족들은 소영이를 돈으로 이용했고, 그녀는 가족들을 위해서 몸이라도 팔아 그들이 원하는 것들을 해주려 했다. 그녀를 떠올리면 그녀는 애견 마르티스 역시 온갖 비싼 장식과 수입 사료로 지나친 애정을 퍼부었고, 그러다 화가 나면 그 애견을 집어던져 평생 불구로 만들면서도 다시 자기 방식대로 쭉쭉 빨며 애정을 표현하곤 했다. 지금 생각하면 그녀는 어떤 사람을 만나도 같은 방식으로 밖에 사랑하지 못할 것이라는 생각도 든다. 당시 그녀는 정말 사랑했던 사람이 떠나가자 상실감을 견디지 못하고 바닥으로 곤두박질쳤다. 그녀는 절망과 공허함에서 빠져나오길 스스로 거부하는 듯 보였다. 결국 그녀는 일본 술집으로 팔려갔고 그 이후로는 그녀를 잊고 살다가 가끔 이전 친구들과 통화할 때 그녀의 소식을 전해 듣곤 했다.

그녀는 일본에서 일본 남자와 결혼해 딸 둘을 낳아 살았지만 내 추측대로 아이들을 사치와 낭비로 길렀고 정신과 처방

약물 의존증에서 중독 상태로 넘어가 버렸다고 한다. 어느 날 술과 약물에 취한 상태로 운전을 하다 음주운전으로 사람을 치어 죽였고, 결국 이혼당했으며 아이들도 빼앗겨 혼자 한국으로 돌아와 살고 있다는 얘기를 들었다. 일본에서는 교통사고로 사람이 죽으면 일시불로 피해자의 생명 값을 치러야 한다고 들었다. 그런가 보다 했다. 그녀는 그 이후 한국에서 이 남자 저 남자에게 용돈과 생활비를 받으며 살고 있다고 들었다. 아이들은 만나지 못한다고 들었다. 그녀의 사정을 들을 때마다 걔도 하나님을 믿었으면 좋겠는데… 마음이 좋지 않았지만 '아서라, 괜한 짓하면 인생에 또 불똥 튄다' 하며 마음속의 메시지를 무시했다. 다시 오지랖으로 연락해 이 미친년과 또 엮여 후회할 것도 같았다. 그러다 몇 년 전, 그녀가 자살을 했다는 소식을 들었다. 나중에 듣기로는 그녀가 집에서 동거남과 함께 살고 있었는데 정신과 약물에 본드까지 마셨다고 한다. 그 모습을 보고 경악한 그는 결국 그녀를 떠나 버렸고 또 다시 찾아온 거절감과 상실감으로 더 많은 약을 하다가 결국 혼자 생을 마감했다고 한다.

    또 이때쯤 알게 된 정화라는 친구가 있었고, 몇 번 그녀의 집에서 잔 기억도 있지만, 그녀와 많은 대화를 나눈 적은 없고, 술자리를 몇 번 함께 한 적은 있었다. 나는 그녀가 많이 배우지 못한 사람이라는 것을 은연중에 알았고, 그만큼 일찍 집을 나와 살았구나 짐작할 수 있었다. 왠지 그녀는 나에게 늘 존재감이 없었다. 웃기지 않은 이야기에 과장되게 웃고 술이 취하면 아무 남자와 잠자리를 하던 그녀를 도저히 이해할 수 없다고 생각했다. 지금 생각하면 그녀는 많이 외로웠는지도 모르겠다. 내가 그녀를 처음 만난 날을 기억한다. 그때 내가 일하던 룸살롱에 그녀가 다시 돌아왔다며 마담에게 소개를 받았다. 그녀는 너무나 어두워 보였고, 몇 시간 후에는 거의 쓰러질 정도로 취해 뭔지 모를 슬픔을 삼키고 있었다. 나중에 알고보니, 그녀는 중학교 때부터 친구였던 내 친구의 친구였고, 친구의 말로는 당시 유명한 연예인의 매니저와 동거하다가 차이고 먹고 살기 위해 다시 일을 나오게 되었다고 했다. 그날 그녀의 행동과 얼굴을 보면서 '정말 사랑했었나 보다'라는 생각이 들었다. 얼굴에 살고 싶지 않은 기운이 가득했다. 그녀는 경상도 출신이었는데 자기 이야기를 직접 한 적은 없었음에도 내가 기억하는 걸 보면 아마도 친구들끼리 하던 말을 옆에서 들었었나 싶다. 그녀는 어릴 적 아버지와 어머니가 이혼하면서 아버지와 새어머니와 함께 살았다. 새어머니의 구박과 아버지에 대한 실망으로 집을 나와 아주 어릴 때부터 술집에서 일하며 생계를 이어가던 친구였다. 우리 친구들은 각자의 아픈 기억이나 신세 한탄을 절대 입 밖으로 내지 않았다. '다 사정이 있으니까, 이렇게 사는 거겠지…'

그녀는 내 기억 속에 '불쌍한 아이'로 저장되었다. 그 몇 년 후, 술집 생활에 지쳤는지 그녀는 옷가게에서 일한다는 소식을 들은 적이 있었다. 우연히 옛날 친구와 통화하다가 그녀와 자주 만나고 연락한다는 말을 듣고, 한 번 연락해 볼까 잠깐 생각했다. 연락처를 받을까 말까… 20년 만에 연락해서 뭐라고 하지… 고민하다가 결국 나는 연락처를 묻지 않고 그 친구와 전화를 끊었었다. 몇 년 전, 그 친구로부터 그녀가 자살했다는 소식을 들었다. 코로나로 인해 직장을 잃고 고시원에서 혼자 살던 그녀가 스스로 목숨을 끊었다고 한다. 연락을 받고 고시원을 찾은 그 친구는 울면서 말하길 그녀의 지갑에 있던 몇 만원과 신분증이 그녀의 전재산이었다고 말했다. 장례 소식을 알리기 위해 그녀의 아버지에게 비보를 전했지만 그녀의 아버지는 끝내 장례식에 오지 않으셨다고 한다. 소식을 전해 듣고 그때는 며칠을 울었다. 그녀에게 손을 내밀지 못한 나 자신 때문에도 울었다. 그냥 "잘 지냈어? 요즘 괜찮아?"라고 묻기라도 할걸… 하는 후회가 밀려왔다.

그녀가 감당해야 했을 삶의 무게가 느껴졌다. 어린 나이에 아무도 의지할 수 없었고, 살기 위해 반강제로 서울로 올라와 독립해야 했던 그녀의 인생을 떠올리며 눈물이 쏟아졌다. 쉽게 돈을 벌 수 있는 술집 일을 버리고 옷가게 종업원으로 살아가려 했던 그녀만의 이유가 분명 있었으리라. 간신히 버티며 살고 있었는데 코로나로 옷가게는 문을 닫았고, 혼자 있는 시간 동안 잡념과 외로움에 얼마나 괴로웠을까… 그녀는 끝내 견뎌내지 못하고 생을 포기했다. 돌아갈 집도 없던 막막한 기억들이 그녀를 다시 괴롭히지는 않았을까 하는 생각에 마음이 너무 아파왔다. 왜 진작 눈치보지 말고 연락하지 않았을까, 나는 후회했다. 나는 그렇게 또 한 사람을 돕지 못하고 보냈다.

또 한 친구는 천지혜라는 친구다. 내가 아리조나에서 살 때 산속에서 기도 하던 중, 그녀의 이름 세 글자가 머릿속을 스쳐 지나갔다. 일주일 사이에 세 번 정도 같은 이미지와 생각이 떠올랐지만 정말 뜬금없다고 생각하며 머리를 흔들어 털어버렸다. 내가 그녀의 성까지 기억하고 있다는 사실조차 몰랐다. 이 친구는 나의 중학교 동창인데 평소 거짓말이 심해 왕따를 당했었다. 내가 아는 것은 이 친구도 처음에는 날라리로 시작해 결국 술집에서 일하게 되었다는 것, 중학교 3학년 무렵 남자친구의 아이를 임신했으나 그 남자친구가 임신한 그녀를 배신하고 떠났다는 것이다. 임신 8개월까지 배만 불렀고 아무것도 할 수 없었던 그녀는 지인들에게 낙태 비용을 구해 불법으로 낙태를 했다. 점점 그녀의 웃음은 사라졌고, 이전보다 더 가식적이 되었으며 늘 무슨 잔머리를 굴리는지 머리 돌아가는 소리만 크게 들렸다. 나는 이런 사람들을 좋아하지 않았고, 거리를 두었었다. 내가 미국에서 돌아왔을 때 우연히 친한 오빠들과 함께 간 단란주점인지 룸살롱인지에서 그녀를 우연히 만나 서로 연락처를 주고받은 후 헤어졌다. 며칠 후 그녀가 연락을 해 내가 살던 방배동 아파트로 나를 찾아왔다. 그녀는 이미 계획을 하고 왔었는지 내 명품 옷들과 가방, 신발들을 보더니 눈이 돌아가 빌려 달라며 떼를 썼다. 결국 빌려주었는데 그녀가 잠적을 해 몇 달이 지나서야 간신히 망가진 명품들을 돌려받았던 적이 있다. 세상에 믿을 사람 없다고 생각했고, 이후로 그 친구에 대한 좋은 기억은 별로 없다.

　그때 그녀의 이름이 반복적으로 떠오른 뒤 몇 주 후, 호주에 사는 친구와 통화를 하다 그녀가 자살했다는 소식을 듣게 됐다. 결혼도 하고 아이도 있었다는데 도대체 왜 그런 선택을 했는지 모르겠다. 아마도 과거의 상처와 죄는 우리를 쉽사리 놓아주지는 않는 것 같다. 내가 좀 더 깨어 있었고 지금과 같이 영혼에 대한 열정이 있었다면 억지로라도 연락을 해보고 붙잡으려 노력이라도 했을 텐데… 그때 나는 남편과의 불화로 영적으로 눌리다 못해 잠들어 있었고, 내 앞가림조차 힘든 시기였다.

생계형 결혼-첫 결혼

26세 즈음, 일하고 있던 룸살롱에서 부유한 중국계 미국인 유부남 아저씨를 만났고 나는 영어를 잘한다는 이유로 그와 급격히 친해졌다. 곧 그와 나는 남산타워 근처에 집을 얻어 같이 살게 되며 나는 룸살롱 일을 그만두었다. 그는 예일대 수석 졸업, 하버드 MBA 출신으로, 미국 대기업 홍콩 지사 사장으로 홍콩에 상주하던 엘리트였다. 그 당시 그는 한국 기업의 합병일로 한 달의 반 이상을 한국에서 머물어야 했는데 그도 호텔 생활이 싫었던 이유가 있었으리라 생각한다. 몇 개월 후, 그는 술에 취했는지 나에게 청혼하며 약혼반지를 끼워주었다. 지금 아내와 불행한 결혼을 끝내고, 나와 결혼하고 싶다며 사람들 앞에서 무릎을 꿇고 내 손가락에 미리 준비한 티파니 약혼반지를 끼워주었다.

  엄마는 그와 살던 집으로 한 달에 두어 번 찾아와 청소를 해주었고 나와 그 사람에게서 용돈을 받아갔다. 덕분에 나는 가족들에게 넉넉한 생활비를 줄 수 있었고, 그 사람 덕분에 경제적 여유가 생겨 가족들과 쇼핑도 자주 하고 여행도 다닐 수 있게 되었다. 이전부터 하고 싶었던 미술 공부의 꿈을 위해 대학 입시 준비도 할 수 있었고, 나중에는 복장 학원도 다닐 수 있었다.

  나는 엄마에게 남동생이 다 클 때까지 따뜻한 밥을 해주고 다른 엄마들처럼 돌봐주면 앞으로도 엄마 생활비를 주겠다고 약속했다. 동생이 졸업하고 작은 언니가 시집을 가면 나중에는 가게도 차려주겠다고 했다. 엄마가 또 돈을 벌겠다는 둥 사업을 한다며 방황하는 모습을 더 이상 보고 싶지 않았다. 이상한 사기짓을 하다가 더 큰 사고를 칠까 봐, 다만 몇 년이라도 나는 엄마를 집에 묶어 두려고 했다. 이후 1~2년쯤 뒤, 약혼자는 미국 지사로 돌아갔고 나도 그와 함께 미국에 가게 되었다. 그때도 그는 여전히 유부남이었고, 그의 가족은 이미 샌디에이고에 집을 사서 이사한 상태였다. 나는 모든 재산을 팔아 정리하고 적금과 통장을 정리한 돈을 작은 언니에게 넘겨주었다. 엄마에게는 말하지 말고 생활비로 쓰라고 당부했다. 엄마가 돈 냄새를 맡으면 어떻게든 빼앗거나 훔칠 것 같아 앞으로도 송금은 작은 언니 통장으로 보내겠다고 했다. 언니가 시집가기 전까지 대학생인 남동생과 철없는 엄마와 함께 살아 달라는 조건으로 내가 준 돈과 집에 들어간 돈은 다시 갚지 않아도 된다고 했고 언니 시집 밑천이라고 생각해도 좋다고 약속했다. 당시만 해도 아버지의 죽음 앞에 맹세한 나의 약속, 가족을 경제적으로 부양하는 책임을 지겠다는 그 약속을 난 여전히 붙들고 있었다.

    그때쯤 그는 산호세에 있는 인터넷 스타트업 회사에서 사장 제의를 받았다며, 나의 의견을 물었고, 나는 하지 않아 후회할 거면 하라고 말했다. 그래서 우리는 미국으로 돌아와 먼저 샌프란시스코에 자리를 잡았다. 그는 그 스타트업 회사로 이직했다. 출장은 여전히 잦았고 나는 주로 혼자 집에 있었다. 당시에는 스마트폰 같은 건 나오기도 전이었고 나에겐 컴퓨터도 없었고, 있더라도 사용할 줄도 몰랐다. 차도 없었고 아는 사람도 없었고 갈 곳도 몰라 많이 외로웠던 기억이 난다. 그 회사의 사장직은 오래가지 못했다. 그는 이전 대기업 사장으로 돌아가게 되었고 우리는 LA로 이사를 했다. 이사 중에 내가 여권을 분실해, 말이 나온 김에 내 신분 문제를 어떻게 할 것인지 물었다. 그는 나에게 여권을 재발급받아 6개월마다 한 번씩 한국을 다녀오라 했다.

    그는 정직한 사람은 아니었다. 말로 한 약속에는 법적인 책임감이 없다고 생각했고, 굳이 말로 한 약속을 지켜야 한다는 생각도 하지 않는 것 같았다. 엄마가 늘 나에게 사람을 믿는 사람이 바보라고 말했듯 그 역시 같은 생각으로 사는 듯했다. 결국 그와 신분 문제로 다투던 끝에 나는 한국으로 돌아가겠다고 했다. 한국을 떠나올 때 그 사람이 자신을 믿고 투자하라며 만 달러 정도를 주식 투자에 쓰겠다고 하며 내 돈을 가져간 적이 있다. 당시 나에게는 그 돈이 전 재산이었는데 그는 그 돈을 언제 맡겼냐며 시치미를 뗐다. "네가 쓴 돈이 훨씬 많아"라는 소리도 했다. 내가 마음을 정하고 떠나려 하자, 그는 그제야 울며 빌었다. 자신이 돈을 돌려주면 내가 그를 떠날 것 같았다는 말도 안 되는 변명을 했다. 당시 내 수중에는 비행기 값조차 없었다. 필요한 만큼 신용카드로 쓰고 살았지, 수중에 현금은 없었다. 나를 잃기는 싫었는지 그는 마지못해 나의 투자 이민 비자 수속을 도왔다. 비디오 가게를 매입해 운영하며 일단 신분 문제를 해결했다. 나름 나의 작은 머리로 계획하길, 결혼하고 나서 남동생이 군대를 제대하고 대학교를 졸업하면 엄마와 남동생을 미국으로 초대해 함께 살게 할 계획이었다. 일단 비자 문제를 해결하고 나자 그는 결혼에 대해 발뺌을 해댔다. 억울하게도 나는 그동안 아빠 없이 자랄 그의 아이들을 생각하며, 6년을 더 기다려 줬고 이제는 나도 칼을 빼 두부라도 썰어야 했다. 그는 계속 결혼을 회피하며 변명하고 거짓말로 둘러댔다. 나도 어느새 서른 살이 넘어 시기상 가족 초청이나 시민권 신청을 미룰 수가 없었다. 그래서 나는 그에게 다시 한국으로 돌아가겠다고 마지막 통첩을 날렸다. 그 당시 엄마가 우리 집을 방문 중이었다. 그 사람과 내가 다투는 동안 엄마는 계속 그 사람 편을 들었고, 엄마가 내 사정을 몰라서 그런가 싶어 엄마에게 난생처음으로 내 속 이야기를 어렵게 털어놓았다. 그동안 얼마나 이 인간에게 속으며 살았는지, 내가 얼마나 배신감과 실망과 상처를 받았는지, 그가 얼마나 내 열등감을 건드리는 사람인지 말했지만 엄마는 내가 얼마나 부족한지, 그 사람이 얼마나 좋은 사람인지 반복하며 결혼까지는 무조건 해야 한다며 내 결정을 번복하도록 세뇌했다. 엄마에게 착하고 좋은 사람은 돈이 많은 사람인 것 같았다.

"너 같은 년을 어떤 미친놈이 같이 살자고 결혼하자고 하니?"

엄마가 반복한 말이다.

"그렇게 그 사람이 좋으면, 엄마가 결혼하지 그래?"

내가 따지자, 엄마는 엄마한테 못하는 소리가 없다며 화를 냈다. 내가 겪은 일들을 엄마에게 다 말한 적도 없고 말할 수도 없지만 내 억울함, 배신감, 내 감정에 공감해 주길 바랐던 나의 헛된 바람을 후회했다. 내 자존감이나 인생 따위에는 관심도 없는 엄마가 더욱 미웠다.

"아니, 우리 지선이가 뭐가 모자라서 그렇게 하대하냐고… 사람이 약속했으면 지켜야지!"라고 말하길 기대했나 보다. 엄마는 그 사람과 일심동체가 되어 나를 설득했다. 영어도 잘 못하는 엄마가 어떻게 그렇게 그 사람과 하나가 될 수 있는지 신기했다. 아마도 그가 돈으로 엄마를 구워삶았으리라 생각한다. 이렇게 나의 결혼은 엄마의 미래가 되었다. 결국 그는 나를 남 주기도 그랬는지, 그제야 떠밀리듯 다시 청혼을 했다.

나는 또 마약을 하기 시작했다. 돌이켜 생각해 보면, 나는 괴로울 때나 생각을 피하고 싶을 때, 내 잠재의식 속에서 뭔가 나 자신이 마음에 들지 않을 때, 늘 마약으로 도피했던 것 같다. 그는 결혼하자마자 내가 원하는 대로 집을 구하고 아이를 갖자며 모든 조건을 나에게 다 맞추겠다고 맹세했다. 더불어 엄마의 생활비와 남동생 학비도 돕겠다는 결혼 계약서에 서명을 받은 후 나는 결혼에 합의했다. 그때서야 그는 전 아내와 이혼을 하고 왔다. 당시 그는 자기에게 유리한 조건으로 이혼 합의를 받았다며 뿌듯해했다. 엄마는 매년 미국을 방문했으며, 비행기 표는 물론 돌아갈 때마다 수천만 원의 돈을 챙겨서 돌아갔다. 엄마가 올 때마다 나는 하루가 멀다 하고 엄마와 쇼핑을 갔고, 머리부터 발끝까지 다 사줘도 엄마는 "네가 해준 게 뭐 있니?"라며 한국으로 돌아갔다.

"점쟁이가 자식복도 없다더니…",

"너네가 나한테 해준 게 뭐 있어?",

"이 년의 팔자, 부모 복도 없고, 남편 복도 없고… 점쟁이가 더러운 팔자라더니…"

그리고 늘 입버릇처럼 이런 말들을 하곤 했다. 엄마는 연기를 정말 잘하는 게 아니면, 자신에게 유리하고 편한 기억만 골라 믿는 것 같았다. 가스라이팅이라는 말을 한 번도 들어본 적이 없던 그때에도 나는 엄마가 뱀처럼 나의 동정심과 자책감을 시소처럼 이용한다는 것을 알았다.

결혼식은 산타모니카의 고급 호텔에서 치러졌고, 해외와 타주에서 많은 사람들이 왔다. 엄마와 작은 언니, 그리고 신부 아버지 대신 외삼촌이 한국에서 오셨다. 그의 가족들과 친구들도 해외와 타주에서 비행기로 날아왔다. 그의 가족들은 결혼식 전에 이미 나를 만났었는데 처음 보는 순간부터 나를 반겼다. 그러나 나는 사람들 앞에서는 웃고 화려한 장식으로 자신을 꾸미며 연기했지만 정작 결혼식은 내게 가장 우울한 날이었다. 마치 가난한 집 딸을 부잣집 아저씨에게 시집보내는 것 같았다. 그는 나보다 16살이나 많았다. 우리 집은 결혼을 통해 신분 상승을 노리는, 아주 가난한 집처럼 보였다. 마치 평생 몸종으로 팔려가듯, 아주 가난한 나라에서나 들을 법한 이야기 같아서 왠지 나 스스로 비참하게 느껴졌다. 결혼을 준비하고 치르는 내내 나는 침울해져 뜬 눈으로 밤을 지새웠고, 많은 양의 마약에 의존하며 결혼식을 버텨냈다.

나는 또 무슨 오지랖이었는지 그의 아이들을 위해 일부러 그들이 사는 샌디에이고 근처에 집을 사 이사까지 했고 그 결정을 나중에는 후회했다. 그의 셋째 아이는 아직 중학생이었고, 다른 두 아들들은 고등학생이었다. 나는 주말마다 그가 아이들과 함께 시간을 보내도록 전처의 집으로 보내주곤 했다. 그는 직업상 일 년의 반 이상을 해외에서 보내야 했고, 돌아오면 주중에는 나와 함께 시간을 보내고, 주말에는 아이들과 함께 보냈다. 동부에 사시던 그의 부모님은 연세가 많으셨는데 가끔 폭풍우 같은 자연재해가 닥치면 도와줄 가족이 없어 고생하시곤 했다. 나는 그에게 부모님을 가까이 모시자고 권했고, 두 분은 샌디에이고의 우리 집에 오래 머물며 나와 함께 살 집을 알아보러 다니시기도 했다. 어머님은 남편의 전처를 싫어하셨는데 오래전에 한 마디의 말실수로 시작된 고부 갈등 때문에 손주들을 자주 만날 수 없었다고 하셨다.

그의 아버님은 대학 교수셨고, 순진하고 재미있는 분이셨다. 어느 날, 나와 대화하시다가 지난 세월에 대해 이야기 하시며 눈물을 흘리셨고 나는 그의 마음에 공감하며 함께 울고 토닥이며 위로했던 기억도 있다. 어머님은 세상에서 당신의 자식들이 가장 훌륭하고 잘났다고 믿으셨다. 반면 정작 당신의 남편은 늘 하대하셨다. 전 며느리가 어머님을 왜 싫어했는지는 나중에는 알 것 같았다. 어머님은 말실수가 많으셨고, 세상에 당신 큰아들에게 합당한 여자는 없다고 믿으셨다. 나의 신혼은 남편보다 시부모님과 보내는 시간이 더 많았다.

시동생은 남편과 같이 예일대를 졸업하고 하버드 대학원 교육을 마친 뒤, 바로 중국 선교사로 나가 살고 있었다. 어머님은 그때를 회상하시며 당신이 얼마나 반대했는지, 교회까지 찾아가 안 된다고 했다며, 끝내 학교를 졸업하는 조건으로 합의를 보았다고 한숨을 내쉬며 설명하셨던 기억도 있다. 이 집에서는 남동생 가족이 유일한 믿음을 가진 사람들이었고, 동생네 집안은 늘 아픈 손가락처럼 가족들에게 종교에 세뇌당한 불쌍한 사람 취급을 받았다. 결혼한 여동생은 변호사였는데 몇 번 만난 적은 있지만 깊은 대화를 나눈 적은 없다.

누군가 영화에서 이런 대사를 했던 기억이 난다.
"친절이 지속되면, 권리인 줄 안다"
그는 갈수록 이 핑계 저 핑계를 대며 아이들과 함께하는 시간을 늘렸다. 돌연 그는 아이들에게 가정적인 아빠가 되려고 노력했다. 정작 잃고 나서야 소중한 걸 아는 사람처럼. 원래 그런 사람은 아니었는데 점점 나에게 양보와 양해를 강요하기까지 했다. 자연스럽게 자기 부모님을 모시는 일은 내 일이 되어버렸다.

한 번은 시부모님과 동생네 가족들, 그리고 자신과 아이들끼리 가족 여행을 간다며, 아이들 때문에 나는 갈 수 없다고 했다. 물론 내 의중을 묻는 듯했지만 이미 모든 계획을 다 세워놓고 통보하는 식이었다. 산 정상의 궁전 같은 큰 집에 나는 또 혼자였다. 이렇게 나의 신혼은 지나갔다. 결혼하고 우리의 아이를 갖고 서로 노력하면 행복한 가정을 꾸릴 수 있다는 소망은 물거품이 되어버렸다. 참다못해 우리는 언제 아이를 가질 거냐고 물었다. 그는 절대 원하지 않는다며, 자녀 부양의 책임감 때문에 더 이상 얽매여 살고 싶지 않다고 말했다.

'그럼 나는… 나의 인생은… 나의 꿈은… 우리의 약속은…'
큰 배신감과 실망으로 나는 다시 그를 증오하기 시작했다.

그 사이 엄마는 한 달이 멀다 하고 대놓고 돈을 달라고 독촉했다. 집 산다고 목돈을 받아가더니 토지세 다 뭐다 해서 계속 돈을 요구했다. 엄마는 재정을 맡고 있던 작은 언니에게는 돈이 들어가면 절대 다시 안 나온다며 자주 짜증을 냈고 작은 언니 험담을 못해 안달이었다. 엄마가 나중에 돌아가신 후 큰 언니에게 들어 알게 됐지만 내가 사준 집도 엄마가 작은 언니 몰래 담보를 잡아 빚을 졌다고 한다. 집 명의가 작은 언니이름인데 역시 엄마는 안 되는 것도 되게 하는 집착과 잔머리가 놀라웠다.

결혼 3년 차도 되기 전에 엄마는 본격적으로 사업할 돈을 달라며 하루 걸러 하루 졸라댔다. 이전에는 내 안부를 묻는 전화를 한 적조차 없던 엄마였던 걸 생각하면, 목표 지향적인 인간임이 틀림없다는 생각이 들 정도로, 엄마는 포기하지 않고 계속 생떼를 부렸다. 이럴 줄 알았다. 내가 결혼할 때까지 참고 있었구나… 되는 대로 내가 가진 돈을 모두 한국으로 보냈다. 봐둔 가게를 계약하려면 돈이 더 필요하다며, 엄마는 계속 전화를 걸었다.

"엄마, 나 이제 막 결혼했어. 영주권도 임시야. 나 아직 아이도 없어. 경제력도 없어. 엄마는 눈치도 없어?"

"내가 생활비 쪼개 모아 보내주는 걸로는 성이 안 차?"

"약속대로 사업도 할 수 있게 해 줄 거야. 하지만 지금은 내가 능력이 안 돼."

"제발 그만 좀 조르고 억지 쓰지 마."

울고, 분노해 소리 지르며 전화를 끊어버려도, 엄마의 독촉 전화는 계속되었다.

많은 생각과 고민 끝에, 나는 엄마에게 말했다.

"엄마, 내 돈을 다 줄게. 그리고 나, 엄마 때문에 이 사람하고 이혼할 거야. 엄마가 나를 이용해서 돈 때문에 이 사람을 이용하는 걸 내가 더 이상 용납할 수가 없어. 그러면 나는 엄마한테 가게 차려준다고 했던 약속을 지켰으니 그 다음에는 나를 자유롭게 놓아줄 거야?"

엄마는 몇 초간 침묵한 후 대답했다.

"그래, 그럼"

한동안 잘못 들었나 싶어 당황해 정신을 못 차리다가 뱃속에서부터 뭔가가 솟구쳐 올라왔다.

"그래, 결국은 돈이었지? 내 행복이 아니라. 그래서 내가 결혼하지 않겠다고 할 때 그렇게 억지로 떠밀 듯 결혼시켰지!"

서러움에 복받치는 울음소리를 삼키며, 나는 더 강퍅하고 표독스럽게 소리를 질러댔다. 그런 나에게 엄마는 대답했다.

"점쟁이가 이번이 너한테서 큰돈이 나오는 마지막이라 했어. 지금 아니면 안 된대."

나는 머리가 하얘지며 충격을 받았다. 내 느낌이 맞았었구나… 설마 엄마가 그럴리는 없어… 아닐 거야 믿고 싶었는데 역시였다.

"그럼, 엄마의 소원대로 해줄게. 대신 앞으로 나한테 연락하지 마. 나한테 엄마는 더 이상 없어."

이렇게 말하며 전화를 끊었다.
이때 나는 극도의 스트레스 속에서 다시 마약에 손을 대기 시작했다. 지난 십여 년 동안, 나는 가족들에게 인정받고 싶었던 것 같다. 너무 식구들과 다르게 태어나 늘 미안했고, 아빠 대신 뭐가라도 도와야 한다고 생각했었다. 그들을 위해 무슨 짓이라도 할 수 있었고, 실제로 그렇게 했다. 나는 모든 걸 다 할 수 있지만, 남의 인생까지 끌고 들어가 이용해 먹는 식은 못하고 안 하겠다 결심했다. 적어도 내가 생각했던 가족의 사랑은 이런 것이 아니었다. 많은 생각 끝에 나는 이 사람의 돈이 엄마에게 계속 빨려 들어가도록 내가 중간에 서 있지 않겠다고 내 나름의 공정한 결정을 내렸다. 어차피 엄마는 만족이라는 게 없는 사람이라 계속 우리를 괴롭힐 것이고, 이 남자는 돈 좀 준다고 나와 내 가족들을 더 무시할 것이 분명했다. 어차피 내가 소망했던 행복한 가정의 모습은 어디에도 찾을 수 없게 되었고, 이 악순환의 쳇바퀴를 내가 먼저 끊어야 한다고 결심했다. 이혼을 결심하고, 다시 방황이 시작됐다. 이전까지의 삶의 목적을 잃었고 새로운 삶의 목적은 찾을 수 없었다. 그러나 그때까지도 그에게 내 이혼 결정을 말하진 않았다. 그러는 가운데 엄마가 그렇게 믿는 그 점이 무슨 근거로 남의 미래를 예언하는지 궁금해 각종 점술 책을 공부했고, 사는 게 무슨 의미인지 궁금해 불교와 철학 책들을 읽었다. 지금 생각하면 아마도 무의식적으로, 궁극적으로 인생이란 무엇인지 찾고 있었던 것 같다. 그때 공부한 천기누설로 많은 이들의 점을 봐주기도 했고, 이 지식은 하나님의 은혜를 받은 후에도 쉽게 머릿속에서 사라지지 않아 믿음으로 극복해야 하는 힘든 과정들을 겪어야 했다.

남편은 여전히 해외 출장을 자주 다녔지만 나는 예전처럼 집을 가꾸고 책을 읽고 요리를 하며 텅 빈 집에서 그를 기다리고 있지만은 않았다. 그가 없는 빈 집을 떠나 LA로 자주 나가 친구들을 만나 술자리를 가졌다. LA 친구 집에서 자는 날이 늘었고, 궁전같이 큰 집은 늘 비어 있었다. 술자리에서 남자들도 만나고 난생처음 엑스터시라는 마약도 먹어보고 새벽 늦게까지 하는 나이트클럽에도 가보았다. 역시 이런 알약은 내 취향은 아니었다. 눈이 돌아가 제정신이 아닌 상태로 의식을 잃은 약에 취한 사람들을 바라보며 '이게 사람인가?' 싶은 생각도 했었다. 이런 이성을 잃는 마약들로 인해 또 다시 악마나 귀신같은 환상을 볼까 봐 이런 마약류들은 의도적으로 피했다. 또 그 당시 하와이에서 같이 살던 쥴리라는 옛 친구를 우연히 마켓에서 만났다. 그녀는 그 당시 코카인과 아이스 같은 마약을 몇 천 불어치씩 집에 쟁여놓고 하루도 빠짐없이 매일 사용했다. 그로 인해 그녀의 코 뼈는 녹아내리고 있었다. 그때 나는 LA에 올라오면 잘 곳이 없이 종종 그 친구 집에 묵었다. 그녀는 외로웠는지 돈도 받지 않고 무료로 나에게 마약을 제공했다.

나는 여전히 이혼 사유가 더 필요했다. 마지못해 남편에게 이혼 의사를 밝히며 차마 엄마 때문이라는 말은 하지 못하고 그의 약속위반과 무관심 때문이라고 말했다. 나와 그는 몇 번의 결혼 심리 상담도 받아봤다. 의사는 이제 막 대학을 졸업한 것처럼 어렸고, 그녀는 나의 인생을 자기 멋대로 해석했다. 귀하게 고생 없이 잘 자란 것처럼 보이는 그 의사가 나를 공감할 수는 없었다. 시간당 비싼 상담비를 지불하고 나서 나는 다시는 심리 상담을 가지 않았다. 어느 날, 술자리에서 만난 한 남자와 전화 통화를 하던 중, 평소 나답지 않게 나의 아픔을 말하기 시작했는데 그는 경청하며 나를 위로했다. 그의 목소리에 진심이 느껴졌다. 그는 나중에 나의 두 번째 남편이 되었다. 지금 생각해 보니, 그 역시 아픔이 있었구나 싶다. 공감은 누구의 잘잘못이나 이유가 중요한 것이 아니다. 겪어본 사람만 아는 것도 있다.

첫 남편과 8년이 넘게 만나는 동안 나는 공감이나 이해를 받아본 적이 한 번도 없었다. 그는 늘 진지한 대화를 피했고, 나는 늘 답답하고 외로웠다. 그는 ADHD증세가 극심한 나르시시스트에 가까웠다. 이건 내 생각이 아니라 의사의 진단이었다. 나는 그에게 이혼 서류를 보냈다. 그는 여전히 같은 거짓 약속으로 나를 설득하려 했고, 늘 그랬듯 내 몸을 칼로 자르고 염산을 부어버리겠다는 둥 협박을 했다. 사람들을 시켜 나를 강간하고 해치게 하겠다는 둥, 몹쓸 짓을 하겠다고 협박을 했다. 처음 듣는 말도 아니라 전혀 무섭지 않았다. 늘 이런 말들을 농담처럼 해왔던 사람이었기 때문에 나는 담담했다. 잔머리나 꾀로는 남을 해코지할 수 있을지언정 말처럼 행동할 수 있는 용기는 없는 사람이라고 생각했다.

"네 맘대로 해. 나는 내 맘대로 할게."

하루를 살아도 존중받고 이해받고 싶었고, 행복한 가정에서 살아보고 싶었다. 엄마와 남동생을 돕고자 했던 내 뜻은 내 마음이지 엄마 마음대로 될 수는 없다고 생각했다. 나는 효도 같은 유교 사상을 가진 사람이 아니다. 가족이기 때문에 현실에서 최선이 무엇인지, 내가 무엇을 해 줄 수 있는지, 무엇을 해주는 것이 그들에게 가장 좋은 일인지를 생각하는 그런 사람이다. 가족을 향한 나의 사랑은 좋은 아빠라면 어떻게 했을까 생각하고 그 빈자리를 대신 채우는 그런 사랑이었다.
그들이 알든 모르든.

바닥으로 떨어지다

내가 그를 떠나 집을 나오니 법적으로 자동 별거 기간이 시작되었다. 당시 우리는 두 채의 집을 소유했는데 그는 샌디에이고 집을, 나는 LA 브렌트우드 콘도를 선택해 당분간 재조정의 시간을 가졌다. 역시 그는 음흉했고, 사기꾼 기질이 다분했다. 사람을 시켜 나와 새 남자의 뒷조사를 하며 내가 언제 들어가고 나가는지 모든 것을 파악하고 있었다. 내가 살던 집까지 드나들며 회유와 협박의 가면을 번갈아 쓰며 나를 괴롭혔다. 결국 나는 그 집에서 나와, 두 번째 남편이 될 사람의 집으로 이사했다. 이젠 정말 끝을 내야겠다고 결심했다. 더 이상 질질 끌며 연민과 자책으로 시간과 감정을 낭비하지 않겠다고 마음을 먹었다. 그러나 이혼은 그렇게 간단하지 않았다. 믿든 사랑했든 내 청춘의 시간을 기억에서 도려내야 하는 아픔이 있었고, 지난 9년 간의 의존적인 삶의 패턴을 끊고 이제부턴 스스로 바닥부터 다시 시작해야 한다는 막막한 두려움과 돈 없는 불편함과 맞서야 했다. 온전한 직장생활 한 번 해본 적 없는 내가 어떻게 일하고, 어떻게 월급이라는 정해진 돈으로 살아야 할지 생각조차 하기 싫었다. 그와의 이혼 소송은 쉽게 합의되지 않아 결국 변호사를 여러 번 바꾸게 되어 가진 돈도 바닥을 보였다. 이 과정을 미래의 두 번째 남편은 묵묵히 내 곁에서 지켜주었다.

그는 어려서 이혼 가정에서 아버지 없이 자랐다가 중학교 때 친부가 미국으로 초청해 미국에 오게 되었다고 한다. 그 아버지는 러시아 선교사라고 들었다. 그는 친부와 새어머니와 살며 중, 고등학교를 시카고에서 보냈다고 한다. 그러나 고등학교를 졸업하지 못하고 집을 나와 떠돌이처럼 살았고, 성인이 되자 LA로 완전히 이주했다고 들은 것 같다. 그 후 아버지와 오래전에 이혼하신 친어머니를 미국으로 초대해 한인타운 근교에 살게 했다. 그는 어머니를 매주 방문하며 보살피고 있었고, 본인은 근처 작은 스튜디오 아파트에 살고 있었다. 누나도 한 명 있었는데 남매는 사이가 좋지 않았다. 사랑이 넘치는 그런 가정의 분위기는 분명 아니었다. 나중에 결혼 이야기가 오가며 알게 되었지만, 이 사람은 이전에 한 번 결혼을 했었고, 무슨 이유에서인지 이혼을 했다고 말했다. 설명하지 않아도 슬픔이 많은 사람이라는 것은 짐작할 수 있었다. 밝게 웃는 모습, 사람들 앞에서 사교 기술로 드러내는 그 사람 뒤에는 늘 말 못할 어두운 그림자가 그를 따라다녔다.

귀신의 장난인가? 하나님의 계획하심인가?

그의 아파트에는 변변한 살림살이가 하나도 없었고 냉장고는 늘 텅 비어 있었다. 그는 차도 없어서 아침마다 회사 직원이 데리러 오거나 전날 회사 창고 차를 몰고 와 출근하곤 했다. 너무 짠해서 차를 사주겠다고 하니 그는 나를 콜벳 매장으로 불러냈다. 일본 경차 정도를 생각했던 나는 당황했다. 그는 이미 마음을 정한 듯 어린아이처럼 신나 하며 다른 차 쪽으로는 고개도 돌리지 않았다. 계속 나를 설득해 결국 나는 다운페이를 계산하고 차 키를 그에게 넘겨주며 나왔지만 기분이 좋지는 않았다. 차차 그 사람은 나를 설득해 내 명의로 여러 개의 신용카드를 만들게 했다. 그때까지만 해도 내 신용 점수는 높았었다. 그의 집에 살고 있던 어느 날 오전, 그는 출근했고 나는 마켓에 장을 보러 나갔다. 오전 11시쯤인가, 핸드폰으로 그에게서 전화가 걸려왔다. 그 내용인즉슨 집에 도둑이 들어 내 살림과 돈을 모두 훔쳐갔다는 것이었다. 경찰이 이미 다녀갔다며 빨리 돌아오라고 했다. 나는 집으로 향했다.

'어쩌면 그렇게 내 것만 싹 다 털어간 걸까? 하기야, 이 집에 돈 될 만한 건 없었지…'

나는 전 재산을 털렸다. 이제는 정말 거지가 되었다. 남은 것은 내 지갑에 있던 신용 카드 한도액이 전부가 돼 버렸다. 나중에 가까웠던 내 친구들은 그 동거남이 훔쳐 갔을 거라고 추측했다. 나도 속으로는 보통은 경찰을 부르기 전에 나에게 먼저 알리는 것이 정상이 아니었을까 하는 생각 정도는 했다. 그때, 한 순간 며칠 전 내가 잠들기 전에 그 사람에게 중얼거렸던 기억이 스쳐 지나갔다.

"이 집은 도둑 들기 딱 좋게 생겼다. 나 같으면 이 창문으로 들어와 훔치겠네…"

그 아파트에는 일층에 공동 정원이 보이는 커다란 창문이 있었다. 왠지 엉성하다고 생각했었다. 아니면 전 남편이 사람을 보내 훔쳐갔을지도 모른다고 추측했다. 전남편은 내가 살고 있는 집이 어디인지 다 안다며 협박했었고, 더 이상한 건 한국말도 전혀 못하는 그가 이상한 한인타운 양아치들과 어울려 술을 마시고 돌아다닌다고 말했었던 것도 이해가 되지 않았었다. 손해 보고 못 사는 전 남편 성격을 잘 알기에, 그러고도 남을 만한 사람이라는 의심도 했었다. 머리에 떠오르는 의심들을 증명할 수 없는 당황스러운 상황에서 '설마 이 사람이 도둑이었다면' 하는 상상이 밀려오며 지금 이 남자와 함께 사는 것 자체가 갑자기 두려워졌다. 그러다 망설임과 고민 끝에 전 남편에게 다시 연락해 그를 다시 만났다.

이젠 돈도 없는 나를 위해 그는 호텔을 잡아주었다. 함께 있는 동안 그는 나를 끊임없이 회유하려 시도하며 지금 남자와 갈라놓으려고 각종 이간질성 말들을 늘어놓았다. 나를 바라보는 그의 눈빛은 '쌤통이다, 너는 어차피 날 못 버려'라고 들리는 듯 느껴졌다.

그때, 문득 스치는 생각이 있었다. 그는 도둑질을 할 사람이 아니었다. 설령 그렇다 하더라도 뱀 같은 이 사람보다는 훨씬 낫다고 느껴졌다. 적어도 이 사람은 9년 동안 나를 속였고 지금 남자는 나를 한 번 의심 들게 했다. 불현듯 내가 그를 진심으로 사랑하고 있다는 사실을 깨달았다. 전 남편은 내게 그 남자의 신원을 확인해 보았다며 사용하는 이름이 여러 개고 신용불량자에다 사기꾼이라고 했다. 마치 내가 그에게 이용당하고 있는 것처럼 나를 위한 조언인 양 이야기했지만 나는 다시 돌아가겠다고 말했다.

"네 임시 영주권을 박탈시켜 버릴 거야."

"사기 결혼으로 신고해 버리겠어."

그에게서 등을 돌려 문으로 향해 걸어가는 내 뒤에다 대고 그는 협박을 퍼부었다. '주객전도'라는 말이 딱 맞았다. 사기 결혼이라는 것은 내가 하고 싶은 말이었다. 나는 짧게 말했다.

"니 맘대로 하세요."

그리고는 더 이상 그의 목소리가 들리지 않는 듯 그를 떠나갔다. 내 발로 떠났다가 다시 돌아온 나를, 미래의 두 번째 남편은 현관문을 걸어 잠그고 몇 시간째 문밖에 세워 두었다. 사과하고 울며 용서를 빌고 나서야 마침내 그 문이 열렸다. 세상을 살다 보면 밝혀질 수 없는 진실이라는 것도 있기에 의심으로 관계를 망치는 어리석은 짓을 하지 않기로 했다.

두번째 남편이 될 그와 함께 산 지 몇 개월이 지나도 여전히 전남편과의 이혼 소송은 끝나지 않고 있었다. 전 남편은 워낙 똑똑한 사람이고 수단과 방법을 가리지 않는 성격이라는 걸 알았지만 그는 내 뒤에서 교묘하게 내 변호사와 개인적으로 거래를 하고 있었다. 나중에서야 내 이혼 변호사의 친오빠를 부동산매매로 도와주기로 서로 비밀리에 약속했다는 사실을 알게 되었다.

그 사람은 여우 같이 아직 내 영주권이 나오지 않았을 때, 샌디에이고 집을 사기 전 나에게 부동산 명의 포기각서에 서명을 하게 했다. 명분은 그래야 은행 융자가 잘 나온다는 것이었다. 이유가 어쨌든 그 집 명의에는 그의 이름만 들어가 있었다. 내 변호사의 설득으로 결국 이혼 서류에 서명을 하게 되었는데, 뒤늦게 서류들을 차근차근 읽어본 후 나는 분노했다. 결론적으로 말하면 내 동의 없이 모든 부동산에 대한 법적 결정권을 그가 가지게 되어 있었고, 본인 명의의 부동산이 팔려 수익이 발생하지 않는 한, 혹은 팔지 않는 한, 무기한으로 위자료를 주지 않아도 된다는 의미와 같았다.

"이들은 정말 나를 바보로 아는구나."

알고 보니 그는 내게 아무런 통보도 없이 모든 부동산을 임대해 수익을 챙기고 있었고, 십 년을 넘게 팔려는 노력조차 하지 않았다. 안 그래도 증오의 불 속에 스스로를 땔감처럼 던지고 있던 나에게 거대한 기름통을 부으며 승리를 자축하는 그의 얼굴이 떠올랐다. 나는 나의 무지를 개탄하며, 더욱 큰 분노와 증오 속에 휘말려 들어갔다.

가족의 배신

몇 주 지나지 않아, 두 번째 남자는 갑자기 예전에 빌려줬던 8천 불이 넘는 돈을 돌려받았다며 한국여행을 가자고 했다. 나는 밀려오는 의심보다는 내 진심에 무게를 두기로 결심했고, 그의 제안을 받아들이기로 했지만 의심으로 인한 내면의 갈등은 상당히 컸다. 마침 그 당시 한국에서 작은 언니의 결혼식이 있어 나 또한 한국에 나가야 했고, 그는 사업 아이디어를 찾기 위한 여행이었다. 한국 여행 동안 그 사람이 빌려줬던 돈을 돌려받은 거라는 그 현금과 아직 한도가 남아있던 내 명의 신용카드를 긁고 다녔을 만큼 나도 그 사람도 경제관념이 없었다.

그와 나는 일단 장기 모텔에 짐을 풀고 나만 작은 언니와 엄마와 남동생이 살고 있는 수원 집을 방문했다. 엄마와 남동생은 집에 없었다. 작은 언니에게 그동안 엄마에게 시달린 이야기며 이혼한 이야기, 잘못된 동기로 결혼을 선택한 후회들을 늘어놓았다. 뜻하지 않게 도둑을 맞아 거지가 되어 인생의 바닥에서 뒹굴고 있다는 사실과 전 남편의 계략으로 위자료 한 푼 못 받게 된 신세를 한탄했다. 내 말이 끝날 때까지 언니는 한마디 말도 하지 않았다. 말을 마치고 고개를 들어 언니의 얼굴을 보았다.

"너 혹시 돈 돌려 달라고 온 거니?"

언니가 물었다.

나는 "힘들었겠다, 정말…" 혹은 "힘내라, 그래도…" 정도는 기대했던 건지도 모른다. 앞으로는 한국으로 돈을 보낼 수 없다는 말을 돌려서 하고 있었는지도 모른다. 혹은 "언제든 집으로 돌아올 수 있으니 염려하지 마"라는 말을 듣고 싶었는지도 모른다. 하지만 결국 또 돈이었다. 우리 가족의 관심은 오직 돈뿐이었다. 언니는 혹시 내가 돈을 돌려 달라고 할까 봐 걱정하고 있었던 같다. 그날 나는 또 다시 심장에 칼이 꽂히는 듯한 고통을 느꼈다. 엄마만 나쁜 사람인 줄 알았는데, 이들은 정말 나를 돈으로만 보고 있었구나. 절망에 빠져 나락으로 떨어졌다. 나는 내 청춘의 가장 찬란해야 할 지난 10년이 이렇게 무의미하게 끝났다고 말하고 있었는데 그녀에게 들린 건 오직 '돈'이라는 단어뿐이었나 보다.

나는 벌떡 일어나 모텔로 돌아와 그날부터 진심으로 엉엉 울며 자살을 생각했다.

'어떻게 죽어야 할까… 사랑받지도 못하고 위로받을 자격조차 없는 내 인생… 고맙다는 말도, 미안하다는 말도 평생 단 한 번 들어보지 못한 인생…'

나는 자기 연민이 나를 집어삼키도록 그냥 내버려 두었다. 평소에는 정죄감이 주로 나를 공격하는 약점이었는데 그때는 원망과 자기 연민이 목을 조르듯 나를 휘감고 있었다.

아빠가 돌아가신 후, 내 인생의 목적이었던 가족인데 그들은 나의 안녕이나 행복에는 전혀 관심도 없었다. 자기들 살 궁리와 나에게서 나오는 돈만 필요했었구나… 내 인생이 너무 불쌍해져 망연자실 종일 울면서 침대에 누워 지나간 나의 날들을 회상했다.

그때 마침 한나라는 동생에게 연락이 왔다. 그녀는 이 전에 미국에서 나와 같이 놀던 자매로, 며칠 전 내가 한국에 왔다는 소식을 듣고 갑자기 연락이 와서 만나게 되었다. 며칠 후 그녀에게 호텔로 전화가 왔고, 그녀는 뜬금없이 나에게 교회 부흥회에 같이 가자며 제안을 했다. 나는 속으로 죽고 싶으니 그냥 내버려 두라고 생각하며, 다른 핑계를 대며 거절했다. 나중에야 짐작했지만 그때 그녀는 나를 위해 기도를 했었다고 했다.

난생처음 누군가 나를 위해 기도를 했다.

두 번째 남편이 될 그는 여전히 잠잠히 내 곁을 지켰지만 나는 위로받기를 거부했고 그렇게 작은 언니의 결혼식에 불참하고 미국으로 돌아왔다.

두 번째 인생

서른 세살 이후부터 20년간 일어난 모든 일들을 이 책에 모두 남길 수 없음을 안타깝게 생각한다. 기억을 잃어버려 쓸 수 없는 것들 있고, 덕이 되지 않아 생략한 인물들도 있다. 입장과 시점의 차이에 의한 다른 기억들이 있을 수 있지만, 나는 나의 감정과 기록에 더 초점을 맞추어 써내려 갔다. 그 당시에는 분명 나에게는 실제였고, 진실이었다.

만약 왜곡된 사실이 있다면 관점의 차이 일 수 있다는 사과와 넓은 양해를 구한다. 내 삶에 일어났던 기적 같은 은혜들과 깨닫게 하시는 은혜들을 위주로 시간적 흐름에 의해 서술되었다.

부르심- 벼랑 끝에서 붙들린 음성

미국으로 돌아온 나는 나날이 더욱 망가져 갔다. 먹는 것도, 자는 것도, 사람을 만나는 것도 모두 싫었다. 밤낮으로 피해망상에 시달리며 마약에 찌든 채 눈물을 흘리며 하루하루를 보냈다. 그러던 어느 날, 그가 출근하고 난 후 나는 그의 책장에서 먼지가 쌓인 성경책을 꺼내 읽기 시작했다. 난생처음으로 '성경'이라는 책을 읽어봐야겠다는 생각이 들었다. 유난히 우리 가족은 예수 종교를 싫어했고, 가족으로서의 의리 때문이었는지, 그들에게 놀림과 조롱을 당하기 싫어서였는지 나는 하나님을 숨겼다. 죄가 늘어갈수록 믿음을 부정했다. 그럼에도 내 삶에서는 잊을 만하면 하나님이 때마다 꿈에 나타나시기도 했고, 환상으로 경고하시며 나를 따라다니셨다. 나만 그 사실을 알았고, 아무에게도 내색하지는 않았다. 사실 내가 교만해서였는지, '믿는 사람'이 나처럼 밖에 살지 못한다는 것도 용납이 되지 않았다. 지키지도 못할 기준만 높아 믿는다면 착하고 거룩하게 살아야 할 것 같고, 죄를 지면 안 된다는 생각 때문에 오히려 더 하나님을 부정하며 살아왔던 것 같다. 나는 금기서 같은 그 '예수쟁이 책'을 읽기 시작했다. 가족들에 대한 실망과 배신감 때문이었는지 더 이상 그들의 눈치를 보고 싶지 않았다. 그들이 나를 버렸듯 나도 자책 없이 그들을 버리기로 했다.

안타깝게도 성경을 읽으려 할 때마다 나는 한 장도 넘기지 못하고 매번 잠들어 버리고 말았다. 어느 날, 동거남은 나에게 자신은 교회에 가지 않으며 비록 죄 가운데 살고 있지만 하나님이 살아계시며 자신을 돌보고 계심을 믿는다는 간증 같지 않은 간증을 했다. 당시 나는 죽고 싶었고, 마약과 술과 담배에 의지해 하루하루를 살았다. 내 몸은 병들어 가고 있었고, 죽고 싶은 사람은 건강을 돌보지 않는다. 그때는 뭐든 내 고통을 가져가고 생각을 멈추게 해 줄 수만 있다면 더한 것도 거절하지 않았으리라. 그냥 '이러다 죽어야겠다' 생각했다. 그때는 험한 과거를 살아도 그나마 나를 지켜왔던 '절제'라는 끈마저 놓아 버렸다. 나는 날마다 죽기 위해 사는 여자로 살았다.

어느 날 밤, 그와 나는 하나님 얘기며, 이런저런 이야기를 하고 있었는데, 내 안에 문득 하나님의 음성이 들렸다.

'지선아, 이제 정신 차리고 일어나라'

당황했지만 순간 하나님이심을 마음으로 알았다. 어릴 적 들어봤던 나의 하나님의 음성이었다. 용기가 없어 살면서 누구에게도 말한 적은 없었지만 분명 내가 기억하는 그분의 음성이었다. 순간, 반항심이 올라와 거기다 대고 또 말대꾸를 해댔다.
"아니, 이제 와서 무슨 간섭이세요. 내버려두세요. 이렇게 살다 죽을 거예요."
하나님은 침묵하셨다.
함께 있었던 그에게는 어떤 소리도 들리지 않았다고 했다.

내 양들은 내 음성을 들으며, 나는 그들을 알고 그들은 나를 따르느니라. 요 10:27

우물가의 여인

그 일 후, 우리는 하나님 이야기를 자주 했고 어느 날엔가 나도 교회를 가보고 싶다고 내가 먼저 말했다. 두어 군데 교회 주일 예배를 드리러 다녔지만 졸다가 돌아왔다. 어느 날, 미래의 시어머님이 다니는 교회에 같이 예배를 드리자는 말이 나와 시어머님 교회인 LA의 주님의 영광교회 예배에 참석했다. 찬양이 시작되었는데 당연히 나는 아무것도 몰라 후렴구만 따라 부르는 척하고 있었다. 그런데 뭔가 울컥한 감격이 찾아왔다. 하지만 창피해서 억지로 눌러 버렸다. 이어 주일 설교가 시작됐다. 제목은 '우물가의 여인'이었다. 무슨 소린지 당연히 몰라 그냥 듣고만 있었다.

유대 땅 사마리아 지역의 수가라는 한 동네, 오후 뜨거운 해가 중천에 떠 있는 사막 가운데 한 우물이 있고, 한 여인이 물동이를 지고 우물가에 멈춘다. 이미 그녀의 얼굴에는 땀방울이 맺혀 도르르 떨어진다. 그녀가 주위를 둘러본다.

'하기야, 이 뜨거운 날씨에 이 시간에 누가 나와 물을 길어, 나 말고.'

이런 생각을 하며 안심하고 우물에서 물을 기르려는데 불현듯 어디선가 한 유대인 남자가 나타나 그녀에게 말을 건다.

주춤, 돌아갈까 망설이는데 그가 말했다.

"마실 물을 내게 좀 다오."

그녀는 긴장한다.

'아니, 이 사람은 분명 유대인처럼 생겼는데 왜 나 같은 혼혈 여자한테 물을 달래?'
이런 생각이 머리에 떠오르자마자 여과 없이 바로 입으로 나와 버린다.
"당신은 유대인 같으신데, 어째서 저 같은 사마리아인에게 물을 청하십니까?"
당시 유대인들은 사마리아인들의 피가 부정하다고 여겨 극도로 혐오했다. 오죽했으면 멀쩡한 짧은 길을 돌아 먼 길로 여행하며 그 땅을 밟는 것조차 꺼렸다고 설교자가 부연 설명을 했다. 그 남자는 엉뚱한 대답을 한다.

"네가 만일 하나님의 선물을 알고, 또 네게 '마실 물을 내게 달라' 하는 이가 누구인 줄 알았더라면, 그에게 구하였을 것이요, 그가 네게 생수를 주었으리라."

'뭔 소리야… 자기가 달랬지… 누구시길래, 대체?'
그녀의 머릿속에서 여러 생각이 순간적으로 교차된다.
"선생님, 물을 길 양동이도 없으시면서… 이 우물은 깊은데 선생님이 어디에서 그 생수를 얻겠나이까?"
그녀는 말을 이어간다.
"우리 조상 야곱이 이 우물을 우리에게 주셨고, 또 여기서 야곱과 그의 아이들, 그 가축들도 마셨는데 선생님이 대체 누구시길래 우리 조상 야곱보다 더 크시단 말인가요?"

그는 말했다.

"누구든지 이 물을 마시는 자는 다시 목마르려니와 누구든지 내가 줄 물을 마시는 자는 결코 목마르지 아니하리니, 내가 줄 물은 그 사람 속에서 솟아나는 우물이 되어 영원한 생명에 이르게 하리라."

'뭐? 영원한 생명의 물? 뭔지 몰라도 이제 이렇게 한낮에 고생하며 멀리 물 뜨러 다니지 않아도 되는 물이라고 한 건가…?'
"선생님, 이 물을 내게 주셔서 내가 목마르지 않게 하시고, 또 여기로 물 뜨러 오지도 않게 하옵소서."

그녀는 간청한다.

"가서 네 남편을 부르고 여기로 오라."

"저는 남편이 없나이다." 수치스럽지만 조용히 솔직히 말해 본다.

"네가 '나는 남편이 없나이다' 하는 말이 맞다. 네게 다섯 남편이 있었고, 지금 네게 있는 자도 네 남편이 아니니 그 점에서 네 말이 참되도다."

이 말씀이 선포되자마자 나는 무너졌다. 머릿속에 과거의 장면들이 영화 필름처럼 지나갔다. 어릴 적부터 나를 강간했던 남자들, 동거했던 남자들, 두 번의 결혼… 다섯 명이 넘고도 남았다. 설교가 내 마음과 생각을 찔렀고, 수많은 장면들이 머리를 스치듯 지나갔다. 정직하고 솔직하게 살고 싶었지만 나는 그렇게 살지 못했고, 죄로 인한 정죄감과 죄책감에 눌려 더욱 당당하게 살 수 없었다. 이 여인처럼 많은 비밀을 숨기며 살아야 했다. '내가 다 안다.' 하시는 듯, 그분의 마음이 내 안에 들어왔다.

이후, 나는 정신을 놓고 펑펑 울었다. 살면서 한 번도 하나님의 임재를 느껴본 적이 없었고, 이내 나는 정신을 놓고 펑펑 울었다. 눈물로 앞은 보이지 않았고 내 얼굴은 흐르는 눈물과 콧물로 범벅이 되었다.

목사님은 설교를 계속 이어 가셨다.

'어떻게 아셨지?' 그녀는 내심 당황하며, '이분, 좀 신령하신 듯…' 생각했다.

"선생님, 제가 보니 당신은 대언자로소이다."라고 말하며 엉뚱한 질문을 한다.

"아, 그런데 우리 조상들은 이 산에서 경배하였는데, 당신들은 이르기를 사람들이 마땅히 경배해야 할 곳이 예루살렘에 있다 하더이다."

"여자여, 내 말을 믿으라. 너희가 이 산에서도 아버지께 경배하지 아니하고, 예루살렘에서도 경배하지

아니할 때가 이르느니라. 너희는 너희가 알지 못하는 것에게 경배하고, 우리는 우리가 경배하는 것을 아노니, 이는 구원이 유대인에게서 나기 때문이라. 그러나 참되게 경배하는자들이 영과 진리로 아버지께 경배할 때가 오나니 곧 지금이라. 이는 아버지께서 자기에게 그렇게 경배하는 자들을 찾으시기 때문이니라. 하나님은 영이시니, 그분께 경배하는 자들이 반드시 영과 진리로 그분께 경배할지니라."

여인이 의아해하며 되묻는다.
"메시아, 곧 그리스도라 하는 분이 오실 줄을 내가 아노니, 그분께서 오시면 모든 것을 우리에게 말씀하실 거예요."

그 남자는 말했다.

"네게 말하고 있는 내가 그니라."

돌아온 제자들이 와서, '뭐, 저런 여자랑 말을 섞으시냐?'며 웅성거렸고, 그녀는 이내 물항아리를 두고 동네로 달려 들어갔다.
"와서 보라! 지금까지 내가 행한 모든 일을 내게 말한 사람을 보라. 이분이 그리스도가 아니냐?"

그녀는 충격과 감동에 동네 사람들을 붙들고 떠들며 다녔다. 이 여인 덕분에 동네 사람들이 모두 나와 예수님의 가르침을 듣고, 수많은 사람들이 그때 믿고 구원을 받았다는 이야기였다.

나는 사실 이전부터 펑펑 울고 있어서 설교 뒷부분은 들리지도 않았다. 이렇게 죄 많은 여자를 예수님이 직접 찾아와 만났다는 사실에 이미 나는 충격을 받고 있었다.
'하나님은 거룩한 사람들만 사랑하는 거 아니었나…?'
'설마… 말도 안 돼… 무슨 죄를 지었어도 하나님이 다 받으시고 용서하신다고?'
믿을 수 없었다. '그럼 그동안 죄짓고 기도하고 또 죄짓던 친구들이 맞았고, 내가 틀렸던 거야?'
나는 하나님에 대한 오해가 엄청나게 컸음을 깨달았다.

내 생각들은 너희 생각들과 같지 아니하며, 내 길들은 너희 길들보다 높으며, 내 생각들은 너희 생각들보다 높으니라. 사 55:9

'설마 그렇게까지 자비가 크실 수 있나…?'
'하기야, 사람이 아니지. 하나님이니까…'
수많은 자문자답이 내 머릿속에서 이어지는 내내 울었다.
'내가 너의 아픔까지 안다.'라는 마음이 내 안에 들어오자, 나를 향한 하나님의 눈물이 느껴졌고, 나는 더 크게 엉엉 소리 내어 울었다.

설교가 끝나갈 무렵, 이제서야 먼 길을 돌아 그분께 나아온 나를 기뻐하시는 그분의 마음이 내 마음 안에 들어왔다. 이런 경험은 정말 처음이었다. 하나님의 영은 나를 정죄하는 대신 위로하셨고, 내 아픔을 그분의 사랑으로 덮으시듯 나와 함께 울어 주셨다.

어릴 적 집을 나가 나쁜 사람들을 만나 몹쓸 일을 당하고, 살아남기 위해 선택했던 많은 죄들과 실수들, 그리고 아무에게도 말하지 못한 채 가면을 쓰며 침묵하며 살았던 세월들, 묵은 때가 잔뜩 묻은 설움과 상처들…. 갈 곳, 쉴 곳이 없어 방황했고, 결국 남들 부럽지 않게 잘 살게 되어도 여전히 채워지지 않았던 내 안의 목마름과 공허함들을 하나님은 다 안다고 하시는 듯했다.

'내가 안다, 지선아. 너의 모든 걸 다 안다, 지선아….'
그분의 마음이 내 마음 안으로 깊숙이 들어왔다.

어느덧 설교가 끝나고 새신자 환영 시간에 "당신은 사랑받기 위해 태어난 사람…"이라는 찬양 가사가 들려왔다. 그 순간 나는 꺼이꺼이 땅이 꺼져라 숨을 제대로 쉬지 못할 정도로 울기 시작했다. 머리를 숙이고 눈을 감고 찬양을 듣는 내내, 어릴 적 한 소녀의 소원이 천사들의 노래로 내 귀에 들려지고 있었다.

나도 사랑받고 싶었다.
아들로 태어났어야 하는데 딸로 태어나 늘 존재감 없이 빚진 마음으로 살아야 할 운명임을 알았다면 나는 태어나고 싶지 않앉으리라. 세상에는 아무도 이해하지 못하는 아픔들이 있다. 아픔이 많은 사람들은 자기 얘기를 하지 않는다. 아무도 이해해 주지 못하는 상황과 이유들도 있다. 사람들은 자신의 경험과 지식, 자신이 처한 상황이나 경험으로 남을 평가하려 들기도 하고, 또 어떤 이들은 변명과 핑계로만 여긴다는 걸 알기에 아플수록 아픈 기억에 대해 입을 다문다. 죄를 지적받기 이전에 공감과 위로가 필요하다는 사실을, 나 역시 그분이 내 마음을 터치하기 전에는 몰랐다. 그냥 내가 울 때 함께 울어주는 한 사람의 위로가 필요했었나 보다.

어리석었다고, 미련했다고, 순진했다고⋯
그땐 정말 몰랐었다고⋯
그때 그게 최선인 줄 알았다고⋯
그땐 그게 진심이었다고⋯
그들도 나에게 진심이라고 믿었다고⋯

도리어 긍휼을 얻게 됨은 내가 믿지 아니하는 가운데 알지 못하고 그것을 하였기 때문이라. 딤전 1:13

내 안의 절규와 애곡은 소리 없이 퍼져나갔고 하나님께 드리는 소리 없는 기도로 변해 갔다. 살면서 아무도 나 같은 것에는 관심이 없었다. 나도 사랑받기 위해 태어난 사람이길 간절히 바랬었다.

하나님이 구하시는 희생물은 상한 영이라. 오 하나님이여, 상하고 통회하는 마음을 주께서 멸시하지 아니하시리이다.
시 51:17

내가 긍휼을 베풀 자에게 긍휼을 베풀고, 내가 불쌍히 여길 자를 불쌍히 여기리라. 롬 9:15

성령세례

이후에도 나와 그 사람의 전반적인 생활은 여전히 어둠 속에 있었지만 교회만은 열심히 나갔다. 아직 우리는 동거 중이었고 결혼 전이라 청년부에 소속되었다. 얼마 후, 난생처음 청년부 수련회에 가게 되었다. 수련회 강사로 담임 목사님이 오셔서 청년들에게 설교를 하신 후, 모두 무릎을 꿇고 안수를 받게 하셨다. 무슨 일인가 싶었지만 남들이 하는 대로 예의상 따라 했다. 목사님이 나에게 안수를 하시며 이상한 말을 따라 하라고 시키셔서 나는 눈치를 보며 따라 했다. 어느 순간 혀가 꼬이더니 이상한 기도가 절로 나왔다. 살다 살다 별일이다 싶었다. 귀신이 들어왔나 무서운 생각이 스쳤지만 나는 절박했고 하나님의 도우심이 간절했었다. 그러나 안타깝게도 이런 경험을 했다고 해서 금세 인생이 180도 바뀐 것은 아니다. 여전히 예전의 나쁜 습관이나 고집스러운 자아는 그대로 남아 있었다.

얼마 후, 3박 4일 동안 진행되는 교회 성령 캠프에 미래 시어머니와 함께 등 떠밀리듯 올라가게 되었다. 이틀 동안은 계속 졸았고, 회개 시간에는 미친 여자처럼 울었으며, 마지막 날에는 세상이 말할 수 없이 아름답게 느껴졌다. 캠프에서 돌아온 후 담배, 술, 마약이 끊어졌다.

사탄은 정말 부지런하다. 길을 가다 장초가 '이래도 안 피워?' 하며 나를 유혹했고, 같이 마약 하던 옛 친구는 선물이라며 친절하게 코카인 봉투를 내밀었으며, 이삿짐을 싸다 옛날 집 속에서 불현듯 마약이 나오는 일도 있었다.

단호히 유혹을 거절했다. 교회 캠프에서 드린 기도가 있었기 때문이다.

"내가 다시 옛날처럼 살게 되면 그냥 지금 나를 데려가셔도 좋습니다. 단, 똑같은 인생이 아니라는 약속을 해주시면 내가 용기를 내보아 믿음인지 무엇인지라도 가져보겠습니다."

이어서 바로 침례도 받았다. 침례를 받으며 새로 사는 인생은 하나님 나라를 위해 사용해 달라고 진심으로 울며 기도드렸다.

길을 잃었던 어린양이 목자의 품으로 이제야 돌아왔다고, 목자는 하늘 문을 열고 기뻐했다.

강권적인 돌보심

그 당시 내 건강은 이미 상당히 악화되어 있었다. 평소 몸무게가 55kg 정도였는데 그때는 48kg도 되지 않았다. 마약 남용으로 잇몸과 치아는 모두 녹아내려 망가졌고, 치료할 돈이나 보험도 없었다. 그러던 어느 날, 수천만 원의 견적을 말하던 치과에서 전화가 와서는 전 남편의 회사 보험에서 전액을 받게 됐다며 당장 치료를 시작하자고 했다. 그렇게 나는 하나님의 예비하심과 도우심으로 무료로 잇몸 치료를 받을 수 있었다. 그때 치료하지 않았다면 나는 치아 하나 없는 마약쟁이 얼굴로 남은 생을 살아야 할 뻔했다. 더 심각한 문제는 그 쯤 나의 기억력은 눈에 띄게 나빠져 도무지 아무것도 기억할 수가 없었다. 성경 말씀을 외우고 싶어 아무리 읽어도 읽은 즉시 기억에서 사라졌다. 마치 깨진 독에 물을 채우는 것 같았다.

'다시는 회복되지 않는 것일까…'
절망적인 마음으로 간절히 기도했다.

"하나님, 제 머리를 회복시켜 주세요. 저는 말씀을 먹고 외워 칼처럼 쓸 수 있는 사람이 되고 싶습니다. 제발 회복시켜 주세요."
"저는 진심으로 하나님의 말씀을 사랑하며, 꿀처럼 제 입에 담니다. 진심으로 말씀이 하나님의 능력임을 믿습니다. 제 안의 하나님의 말씀들이 양날이 선 칼이 되어 악한 영들과 싸울 수 있게 도와주세요. 제발."

그뿐 아니라 오랜 임신 방지용 루프 사용으로 인해 산부인과에서 염증 때문에 냉각 치료를 받아야 한다고 했다. 큰돈은 아니었지만 당시 우리 형편에는 적지 않은 금액이었고, 정확히 기억나진 않지만, 이 돈도 어떻게든 마련되어 치료를 받을 수 있게 되었다. 그때 내 다리를 어루만지시며 위로해 주시던 그 여의사 선생님의 얼굴을 보고 나는 그녀의 얼굴이 '해 같이 빛나네'라는 생각을 했었다. 여호와 라파의 하나님께서 나의 건강을 회복시키신 후 우리는 더욱 열심히 교회 생활에 참여했다.

내 기억력은 기대한 것처럼 하루아침에 회복되지는 않았다. 일대일 제자훈련에서 나오는 암송 구절들을 계속 머리에 넣으려 했지만 금세 잊어버리기 일쑤였다. 새면 주워 담고, 또 새면 또다시 주워 담고… 결국 안 되겠다 싶어 수십 번을 반복해서 쓰고, 읽고, 성경구절들을 적어 방과 화장실에 붙여 수시로 눈이 닿을 때마다 소리 내어 외웠다.

그분은 모든 사람이 구원을 받고 진리를 아는 데 이르기를 원하시느니라. 딤전 2:4

이내 성경 통독을 시작하고, 곧이어 '생명의 삶' 큐티도 시작했다. 새벽 기도를 시작으로 오전 내내 말씀을 공부하고 하루 몇 시간씩 하나님과 대화하듯 기도하며 하루 대부분의 시간을 보냈다. 이 시간들을 통해 처음으로 성령님이 성경으로 말씀하시고 가르치시는 경험을 하게 되었다. 말씀이 살아있다는 의미가 무엇인지 알게 되었고, 하늘 문을 여시고 들으시는 기도가 어떤 것인지 난생처음으로 경험하게 되었다. 이는 초신자의 성령 발현이었다. 성경을 읽는 동안 기도했고, 기도하는 동안 말씀을 읽어 내려갔다. 그때마다 하나님은 성경 구절과 비유를 떠올리게 하시며 대답하셨다. 때로는 성경 말씀으로 내게 질문하시기도 하고, 실천을 명하시기도 하셨다. 나는 내 생각과 입장을 기도로 올려드렸고, 하나님은 다시 성경으로 대답하시거나 불현듯 성경구절들을 머리에 떠오르게도 하셨다.
성경을 읽기 시작하며 내가 받았던 첫 말씀이다.

주 여호와의 영이 내게 임하셨으니 이는 주께서 내게 기름을 부으사 온유한 자들에게 좋은 소식을 선포하게 하셨기 때문이라. 그분께서 나를 보내신 것은 마음이 상한 자들을 싸매고 포로된 자들에게 자유를, 결박된 자들에게 감옥에서 놓임을 선포하게 하려 함이요, 또 주의 받아주시는 해와 우리 하나님의 원수 갚으시는 날을 포고하고 애곡하는 모든 자를 위로하게 하려 함이며, 또 시온에서 애곡하는 자들에게 정하여 주되 곧 그들에게 재 대신 아름다움을 주고 애곡 대신 기쁨의 기름을 주며 근심의 영 대신 찬양의 옷을 주게 하려 함이라. 그리함으로 그들이 주께서 심으신 의의 나무라 불릴 것이요. 이로써 그분께서 영광을 받으시리라. 사 61:1-3

나는 이 구절을 난생 처음 읽어봤다. 구구절절 내 이야기 같아 또 펑펑 울며 읽었던 기억이 난다. 제일 먼저 눈에 들어왔던 구절은 '주의 받아주시는 해'였다. 하나님이 특별히 사면하시는 해에 내가 운 좋게 걸렸나 싶었다.

나같이 세상의 어둠 가운데 울고 있는 사람들, 죄의 종살이 하는 사람들, 세상에서 서럽고 억울해 피눈물을 흘리며 마음에 잿가루만 남은 사람들을 구원하기 위해 이 땅에 오신 예수님에 대한 예언 임이 바로 깨달아졌다.

또한 먼저 은혜를 받고 회복된 우리도 같은 일들을 감당하라고 사명을 주시는 것 같다고 생각했다.

"주님, 아직도 빛을 두려워하여 이전의 나처럼 주님의 자비를 몰라서 주님께 나오지 못하고 있는, 어둠 가운데 울부짖는 자들을 돕는 사람으로 언젠가 저를 사용해 주세요."

만약 내 한을 갚아 주실 수 있다면, 그렇게 선하게 갚아주시길 진심으로 기도드렸다.

> 그분께서 다시 돌이키시고 우리를 불쌍히 여기시며 우리의 불법들을 누르시리니 주께서 그들의 모든 죄를 바다의 깊음 속에 던지시리이다. 미 7:19

용서

어느 날, 여느 때와 마찬가지로 성경을 읽으며 기도하고 있었다. 뜬금없이 **마태복음 5장**의 "예물을 드리기 전에 먼저 형제와 화해하라"는 말씀을 주셨다. 순간, 다퉜거나 내가 상처줬거나 미워했던 사람들의 얼굴이 눈앞에 스쳐 지나갔다. 먼저 엄마, 줄리라는 친구, 그리고 선영이 언니 등을 기억나게 하셨다. 줄리라는 친구는 악의적으로 나를 여러 번 곤경에 빠뜨렸고, 오스카 상을 받아도 될 만큼 천연덕스럽게 변명할 수 있는 두 얼굴의 여자였다. 좋아할 이유보다 미워할 이유가 더 많은 친구였다. 모든 정황상 내가 사과를 받는 것이 합당할 만한 경우였지만 나에게 주신 말씀은 너무나 분명했고, 잘잘못을 따지기를 내려놓고 즉각 순종했다.

'자존심 따위, 개나 줘버려!' 속으로 되뇌며,
"네, 알겠습니다. 하겠습니다."라고 기도를 드리고 바로 실천했다.

그 친구에게 장황한 사과와 간증 편지, 예수님의 초상화 액자를 선물로 포장해 그녀의 집으로 찾아갔지만 만나지 못해 문 앞에 두고 왔다. 그 편지에는 내가 하나님을 만난 것과 용서를 받은 사실, 그리고 그녀도 하나님께 돌아오길 바란다는 내용이 담겨 있었다. 또한 내가 마음속으로 미워했던 것을 용서해 달라는 사과의 글도 남겼다.

그녀의 아파트를 나와 주차된 차로 향하며 무심코 하늘을 보았다. 내 눈에는 비행기가 연기 같은 하얀 곡선을 뿜어내며 쌰악 웃는 모습처럼 보였고, 하나님의 기쁨이 내 마음에 부어지며 나도 기뻤다.

곧 이 친구에게 전화연락이 와 그녀는 "What's going on, Jen?"이라고 물었다. 나는 내가 하나님을 만났고 회개하고 성령을 받았다고 말했다. 그녀는 자기는 아직 준비가 안 됐다며 미안하다며 말을 흐리곤 전화를 끊었다.

또 다른 사람은 전에 내가 참다못해 속에 하고 싶던 말을 다 해버려 상처를 입혔던 선영언니다. 그 당시 그녀가 새벽기도를 다닌다는 소식을 듣고 나는 그녀의 교회로 찾아가 눈물로 용서를 구했다. 나를 흘겨보는 그녀의 얼굴에는 미움과 상처가 숨길 수 없듯 고스란히 드러났다. 나 때문에 괴로워했었나 보다. 하나님께서 그녀의 영혼에 난 상처를 위해 기도하고 용서를 구하라고 하셨고, 나는 그렇게 진심으로 사과하며 그녀의 다친 영혼의 치유를 위해 눈물로 기도했다. 다행히 착했던 언니는 나의 뜨거운 기도를 듣고 놀랐는지 나를 따라 바로 우리 교회로 이적해 왔다. 이후 언니도 성령을 받아 정말 열심히 봉사하며 교회생활을 했다. 그녀의 은사대로 전도도 많이 했다.

가장 용서가 힘든 사람은 역시 엄마였다. 하루에 몇 시간을 기도하며 용서할 수 있게 도와달라고 구했지만 옛날 일이 떠오르면 다시 미움과 증오가 나를 괴롭혀 도루묵이 되어버렸다. 나의 첫 이혼 이후, 엄마와 연락을 한 적이 없었다. 물론 용서한다고 기도했고 축복기도도 했다. 하지만 여전히 미움은 남아있었다. 그러던 어느 날, 두 번째 남편과 샌디에이고로 가는 길이었다. 그는 운전을 하고 있었고, 나는 옆자리에 앉아 엄마가 과거에 나에게 잘못했던 일들을 생각하고 있었다. 또 다시 마음이 아파졌다. 문득 강한 감동으로 엄마를 용서하고 축복하라는 마음이 들어왔다.

"무조건 순종하겠습니다."라는 기도를 드렸기에 의지적으로, 하지만 가능한 최선을 다해 진심으로 차 안에서 엄마를 용서하는 기도를 드리고 축복까지 빌었다.

'하나님께서 명하시면 해야지. 내가 모르는 사정이 분명히 있었겠지…'

기도하는 사이 어느새 또 눈물로 범벅이 되었다.

한 시간 넘는 힘든 기도를 마치고 고개를 들자 나의 시선은 고속도로를 달리는 우리 앞 차에 붙여진 글씨가 눈에 훅 들어왔다. 마치 영화처럼 그 글씨만 확대되어 내 눈 안으로 들어왔고, 나머지 배경은 흐릿해지고 느린 속도로 움직였다.

'You are forgiven.'

이전에도 본 적 없고, 이후에도 보지 못한 플래카드였다. 이후에도 차가 도착지에 멈출 때까지 나는 더 크게 엉엉 울며 하나님께 감사와 감격으로 기도드렸다.

누군가를 용서하는 일은 결코 쉬운 일이 아니다. 특히 가해자가 자신의 잘못을 인정하지 않거나 미안해하지 않는 경우, 일방적으로 먼저 가해자를 용서해야 하는 사람에게는 정말 살을 베는 듯한 힘든 과정이다.

오랜 세월 반복된 내 상처는 엄마를 용서한 후에도 오랜 시간 치유가 필요했다. 이 날 이후에도 몇 년 동안이나 옛 기억이나 예전 감정이 떠오를 때면 분노가 올라왔고, 주님이 이미 빼내신 가시가 남긴 상처 자리를, 나는 또 다시 아파해야 했다.

제발 단 한 번만이라도, 엄마가 "미안했다"라고 말해 주기를 간절히 바라며 기도하기도 했다. 그때는 모르고 순종했지만, 하나님께서 용서를 명령하신 이유는 나를 위해서였다는 것을 나중에 알게 하셨다. 영의 세계에서 더 이상 안 좋게 매여 살지 말라는 뜻이었다. 하나님께서는 심판은 하나님의 것이고, 많이 용서하는 사람이 많이 용서받게 된다고 하셨다.

너희가 사람들에게 그들의 범법을 용서하면, 너희 하늘 아버지께서도 너희를 용서하시려니와, 너희가 사람들에게 그들의 범법을 용서하지 않으면 너희 아버지께서도 너희의 범법을 용서하지 아니하시리라 마 6:14-15

마태복음 18장 23-35절에는 종들로부터 회계 보고를 받는 한 임금의 이야기가 나온다. 왕은 일만 달란트 빚진 한 사람을 불쌍히 여겨 그의 빚을 탕감해 준다. 그러나 일만 달란트 빚을 탕감받은 그 종은 나가자마자 자기에게 백 데나리온 빚진 자를 만나 멱살을 잡으며 돈을 내놓으라 한다. 그 빚진 자가 "시간을 달라, 내가 다 갚겠다"라고 하지만, 일만 달란트를 탕감받은 종은 그를 감옥에 가두어 버린다. 뒤늦게 왕이 이 사실을 알고 진노하며 말한다.

"내가 너를 가엽게 여긴 것 처럼, 너도 네 동료를 불쌍히 여겨야 하지 않았느냐."

왕은 결국 그 일만 달란트 빚진 종을 감옥에 가두어 버린다.

나의 죄 많은 인생도 하나님의 은혜로 회개로 죄 사함과 구원을 받았음에도 과거에 나에게 죄지은 사람들을 용서하기 어려워하는 옹졸함과 위선이 한심하게 느껴지기도 했다. 인간은 자기에게는 자비하고 남에게는 선악의 잣대로 재기를 철저하게 하는 것 같다. 우리는 받은 은혜는 쉽게 망각하고, 남의 죄는 오래 기억한다. 나 역시 사람이라 너무나 쉽게 받은 은혜를 가볍게 여기고 잊어버리는구나 싶었다.

가족구원 – 하나님의 응답

아무리 미워도 가족들이 지옥에 가게 내버려 두는 사람은 없을 것이다. 정말 구원이나 천국, 지옥을 믿지 않고 교회만 다니는 사람이라면 몰라도, 성경의 모든 것을 믿으면서 가족을 전도하지 않을 수는 없다. 그건 원수라도 그렇게 할 수는 없다. 가족과 친족의 전도는 정말 어렵다. 그러나 어려워서 못하는 것보다, 성경말씀 마저도 사람들은 믿고 싶은 것만 듣고, 듣고 싶은 것만 믿는 습관적 편견에서 비롯되기도 한다.

> 한 번 죽는 것은 사람들에게 정해진 것이요 이것 뒤에는 심판이 있나니 히 10:16

불쌍한 엄마의 인생을 긍휼히 여겨 주시고 남동생을 구원해 달라고 매일 눈물로 진심을 다해 기도했다. 내 상처에 대한 보답으로 간구하며, 아이처럼 강청하는 눈물의 기도였다.

남동생의 구원

당시 두 번째 남편은 한국 글로리 캠프에 봉사자로 참여하고 있었고, 어떻게 처남을 설득했는지 남동생도 교회 캠프에 참여하게 되었다. 그것만으로도 기적이었다. 며칠 후, 그런 동생에게서 전화가 왔다.

"누나, 아빠가 천국 가셨을까?"

흐느끼는 소리가 들려왔다. 나는 아무 말도 할 수 없었다. 간신히 입을 열었다.

"누나가 듣기론… 아빠가 예전에 교회도 열심히 다니셨고, 집사까지 하셨대. 엄마가 그러시던데… 누나도 몰라. 아마도 구원을 빼앗기실까 봐, 더 죄짓기 전에 데려가셨을지도 몰라… 하나님만 아시겠지."

남동생은 정말 감사하게도 큰 은혜를 받은듯 했다.

"주님 감사합니다. 진심으로 감사드립니다…" 눈물로 감사기도를 올려드렸다. 한동안 남동생은 정말 교회도 열심히 다니고, 봉사도 열심히 했다. 그러나 안타깝게도, 붙잡아 줄 멘토가 없었고, 교회 내의 위선과 따돌림을 경험하면서 시험에 들어 믿음을 떠나버렸다.

교회는 많지만 예수님의 마음으로 돌아온 탕자들을 환영하고 믿음이 나보다 작은 이들을 배려하며 돌보는 교회는 많지 않은 것 같다. 물론 각자의 죄 된 본성 때문에 시험에 들기도 하지만, 최소한 실족하지 않도록 이끌고 더 인내하며 돌보아주지 못하는 현실이 안타깝게 느껴진다.

온전한 자들에게는 의사가 필요 없으나 병든 자들에게는 필요하니 나는 의로운 자들을 부르러 오지 아니하고 죄인들을 불러 회개 하게 하려고 왔노라. 눅 5:31-32

물론 하나님께서는 선택하신 자신의 양을 놓치지 않고 다시 찾으실 것이라 믿는다. 그럼에도 불구하고 돌아온 탕자의 큰형들이 교회 문을 막고 서 있거나 돌아온 탕자들을 정죄하며 스스로 의인이라 우월감을 가진다면 그들은 바리새인이나 서기관들과 다르지 않다는 생각이 든다.

> 너희가 사람들에게 하늘의 왕국을 닫고 너희도 들어가지 아니하며 안으로 들어가려 하는 자들도 허락하지 아니하는도다.
> 마 23:13

교회를 다니며 시험에 들었다면 하나님께 기도할 수 있다. 이 과정을 통해 하나님께서 무엇을 가르치시려 하는지, 아니면 다른 교회로 옮기길 원하시는지 물어보기를 바란다. 내 마음이 하나님을 진심으로 사랑하고, 말씀과 기도, 성령의 다스림 가운데 있다면 하나님은 반드시 응답하실 것이라 믿는다. 시험에 들지 않으려면 사람을 보지 말고, 선하신 하나님만 바라보기를 당부한다.

> 그러나 누구든지 나를 믿는 이 작은 자들 중의 하나를 실족하게 하면 차라리 연자 맷돌을 목에 매달고 바다 깊은 곳에 빠지는 것이 그에게 더 나으리라. 마 18:6

갓 태어난 아이에게 필요한 것은 엄마의 보호와 젖이다. 성령으로 다시 태어난 모든 사람들이 진리의 말씀을 먹으며 자라날 수 있는 성령이 역사하는 교회들이 늘어나길 기도한다.

새로 태어난 아기들로서 말씀의 순수한 젖을 사모하라. 이것은 너희가 그 젖으로 말미암아 성장하게 하려 함이라. 벧전 2:2

잃어버린 구원, 엄마

한국에서 주최되는 글로리 캠프 코리아에 이번에는 내가 봉사자로 참여하기 위해 한국으로 가게 되었다. 나는 이혼 후 엄마와 한 번도 대화한 적이 없었다. 공항에 도착하자 나를 기다리고 있던 엄마와 마주쳤다. 나는 당황했지만 엄마에게 다가가 말을 걸었다.

"웬일이야, 여기 왜 왔어?"

"너 온다 길래." 엄마는 작은 목소리로 대답했다.

"나 이제 가야 해. 일행이 기다려."

나는 무심한 듯, 무뚝뚝한 목소리로 말했으리라 짐작한다.

엄마는 나를 따라 교회 단체 버스를 타고 경기도 캠프장까지 따라왔다. 봉사자 일정상 엄마가 캠프장에 일찍 도착한 관계로 봉사자들의 방 중 하나에 임시로 배정되었다. 엄마를 혼자 방에 두고 나는 아래층으로 봉사를 하러 내려갔다. 아마도 나의 과거 고통을 회피하고 싶었고, 똥 자존심이 올라온 상태였으리라. 조금 있다 누군가 나에게 이렇게 말했다.

"엄마가 머리도 아프고 배도 아파서 죽겠다며 힘들어하고 계세요."

엄마가 계신 방으로 가보니 미국에서 함께 오신 우리 교회 중보기도 전도사님께서 기도를 해주고 계셨다. 전도사님은 엄마 안에 악귀가 붙어 괴롭히고 있다며 안타까운 얼굴로 나를 바라보았다. 나는 잠시 상황을 확인한 후, 불편함을 느껴 다시 아래층으로 내려갔다. 엄마는 좀처럼 나아지지 않아 몇 시간이 그렇게 흘렀다.

"지선아, 봉사는 나중에 하고 엄마에게 가서 기도하고 돌봐드려라."

지나가시던 담임목사님이 당부하셨지만 나는 여전히 엄마와 함께 있는 시간과 공간을 상상하니 머리를 흔들며 하던 봉사에 집중했다. 여전히 마음으로는 온전히 용서하지 못했나 보다. 그리고 몇 시간 후, 엄마가 도망가셨다는 소식을 들었다. 나는 그렇게 엄마의 구원을 위해 목이 쉬도록 매일 울며 기도했고, 하나님이 응답하셨음에도 눈앞에서 엄마의 구원을 놓쳐버렸다.

지금 생각해 보니 방언으로 화내듯 기도하시는 전도사님의 방언 기도에 겁이 났을 만도 하다. 그때 내가 옆에서 붙들고 "괜찮아, 엄마. 조금만 참아."라고 했으면 되었을 것을…

후회스러웠지만 더 이상 후회하지 않는 것은 과거는 이미 과거이기 때문이다. 캠프를 마치고 수원에 있는 엄마와 남동생 집에 방문했다. 엄마 방에는 용을 탄 여신상과 매일 초와 향을 피우는 상이 있었고, 각종 부적과 주문책이 수북이 쌓여 있었다. 나는 화가 나기도 했고 무섭기도 했다. 어쩌자고 집 안에 신당을 만들어 놓았나… 참 어리석고 답답한 사람이다, 정말.

이미 캠프 도망 사건으로 엄마에게 적잖이 화가 나 있었고, 엄마의 고집은 꺾을 수 없을 거라 여겨 동생 방에만 성경 구절을 써서 도배하듯 벽에 붙여버렸다. 동생에게 제발 말씀 읽고 설교를 들으라고 당부하며 미국에서 직접 가져간 강해 설교 CD 두 박스를 두고 왔다.

당시에는 오직 성경책, 강해 설교 CD, 설교와 기독교 서적이 주를 이루었다. 지금처럼 각종 성경 앱은 없었고, 유튜브는 있었지만 기독교 관련 내용은 거의 없었다. 미국으로 돌아오기 전 나는 남동생과 함께 동네 온누리교회에 가서 손을 붙들고 눈알이 눈물에 녹아내리듯 기도했다.

"하나님, 제 동생은 안 됩니다. 제 동생을 붙잡아 주세요."
"저처럼 이렇게 의미 없이 시간 낭비하도록 버려두지 마세요."

통곡하며 방언으로 기도했다. 동생은 더 이상 방언 기도가 나오지 않는 듯 조용히 나가 담배를 피우고 돌아왔다.

"제발, 제발 하나님… 붙들어 주세요…"

그의 눈빛에는 더 이상 성령 충만이 보이지 않았다. 뭔가 홀린 듯 계속 말을 흘려 들었다.

'이 놈, 사탄에게 다시 붙들렸다…'라는 체념이 들어왔다.

나중에 듣기로 그는 교회를 떠나 방황하다가 어떤 믿지 않는 여자를 만나 글로리캠프에 데리고 갔다고 한다. 하지만 그녀는 별다른 은혜를 경험하지 못했고, 그 사이 임신이 되어 반대하는 부모들을 피해 한동안 잠적해 돌아왔을 때 나는 그에게 직장을 구해줬다. 그와 만삭이었던 그의 아내는 홍콩지사로 발령받아 그곳에서 아기를 낳았다. 이때 나의 기도는 매일같이 그들을 위한 돕는 손길이었고, 당시에 그들은 이 사실을 몰랐다. 그는 나중에야 내 얘기를 듣고 놀라며 그때 당시 출산부터 몸조리까지 어떤 모르는 목사님 가정이 자기들을 물심양면 도왔었다며 눈이 커져 말했다.

치유와 회복

나는 신학교에서 특별한 교육을 받은 적도 없고, 관련 서적을 공부한 적도 없다. 다만 내 삶을 통해 성령께서 알게 하신 것들을 증거하고 내 인생이라는 렌즈를 통해 깨닫게 하신 영적 세계와 그 질서, 법칙들을 간증하려고 한다. 나의 상처와 허물, 병든 몸과 마음을 고치시고 새롭게 하신 그 하나님이 여러분의 삶 가운데서도 동일하게 역사하시길 진심으로 바라며 기도한다.

교만 = 불순종

어느 날인가 성령께서 지금까지의 나의 지식과 가치관, 그리고 안다고 생각하는 교만을 내려놓으라 하셨다. '네 알겠습니다' 하고 그날부터 머리를 내려놓고 배웠다.

성령께서 교만과 열등감은 한 동전의 양면이라 하셨다. 남보다 더 사랑받아야 마땅하고 더 잘나야만 하며 지고는 못 배기는, 우리는 가인의 후손으로서 같은 죄성을 타고 태어난다.

가인과 아벨은 아담과 하와가 낳은 아들들이다. 가인과 아벨 모두 하나님께 제사를 드렸지만, 하나님께서는 동생 아벨의 제사만 기쁘게 받으셨다. 이로 인해 형 가인은 시기와 질투로 동생 아벨을 돌로 쳐 죽인다. 하나님이 가인에게 나타나셔서 동생을 찾으셨지만, 가인은 뻔뻔하게 "내가 동생을 지키는 사람인가요?" 하며 화를 낸다. 이때 하나님께서 말씀하셨다.

> 네가 잘 행하면 너를 받지 아니 하겠느냐? 그러나 네가 잘 행하지 아니하면 죄가 문에 엎드려 있느니라. 그의 열망이 네게 있으리니 너는 그를 다스릴 것이니라 창 4:7

남과 비교하며 열등감을 느끼고, 도리어 지고는 못 사는 불만과 교만이 들어와, 결국 분을 이기지 못하고 살인의 죄를 범한 가인을 통해 하나님은 나의 열등감을 비추셨다.

그전까지는 나 역시 가인처럼 내 행동과 결과는 돌아보고 회개하지 않았고 도리어 남들과 비교하며 시기와 질투를 느끼기도 했다. 숨겨진 열등감 때문에 남들에게 무시당하기 싫어 과장하기도 했고 은근히 사실의 일부를 거짓으로 포장하기도 했었음을 인정하게 하셨다. 또한 거짓 자아의 이미지를 만들어 허영과 위선으로 가득 채워진 가짜 인생을 살았음을 알게 하셨다.

성경에서 결국 가인은 자신의 죄로 인해 땅을 떠도는 도망자가 된다. 나처럼 그에게도 방황과 혼돈이 찾아왔다. 그는 혹시 누가 자신을 죽일까 봐 두려워했다. 죄의 결과로 두려움과 의심, 근심과 염려가 그의 삶을 지배했다. 죄는 우리에게서 하나님의 자녀로서의 담대함을 빼앗고 두려움과 염려에 눌린 위축된 삶을 살게 만든다. 이를 통해 하나님은 나에게 내가 죄를 다스리지 못하면 죄가 나를 다스린다고 가르쳐 주셨다. 또한,

내가 나를 거짓으로 속이기 시작하면 결국 양심에 화인을 맞게 됨도 알게 하셨다. 이것이 지나치면 허언증이나 사이코패스처럼 양심의 가책을 받지 않는 무감각한 상태에 빠지게 되기도 한다. **사도행전 5장**에 나오는 아나니아와 삽비라의 예처럼 자기 스스로는 속일 수 있어도 성령을 속일 수는 없다. 감히 속일 수도 없고, 속지도 않으신다.

우리가 하나님께 나아가려면 반드시 알아야 할 하나님의 속성이 있다. 그것은 사람은 스스로를 높이려 하지만 하나님의 은혜는 지극히 높은 곳에서 가장 낮은 곳으로 흐른다는 사실이다.

그분께서 더 많은 은혜를 베푸시나니, 하나님은 교만한 자들을 물리치시나 겸손한 자들에게는 은혜를 베푸느니라 약 4:6

겸손이란 헬라어로 '타페이노타이'로 내가 죄 된 본성을 가진 한낱 인간에 불과하다는 사실을 인정하는 정직하고 낮은 마음의 상태를 말한다. 영어로는 'Humility'로 사람이 사람다운 존재로서 완벽할 수 없고 오점이 많을 수밖에 없음을 스스로 인정하는 상태를 뜻한다. 이는 상대에 대해서도 동등한 이해와 용납을 의미한다. 겸손한 사람은 자신의 연약함에 정직하며, 다른 사람의 허물에도 관용할 수 있다.

또 하나님께 나아갈 때는 반드시 정직하게 나아가야 한다. 성령께서 문제의 시점을 여러 관점으로 보게 하실 때 잠잠히 인정하는 것도 필요하다. 진리의 영이신 성령이 우리 안으로 들어오시면 모든 것이 정직하게 보이게 된다.

어느 날엔가는 나의 과거의 어떤 장면들이 떠올랐다. 내가 피해자였고, 수많은 가해자들이 떠올랐다. 눈물이 하염없이 나왔고 분노가 다시 올라왔으며, 멍들었던 마음이 기억났다.

'또 속았어, 바보 같은 년'이라는 마음의 소리가 들리고, 이내 마음이 부욱 찢겨 나갔다.

'다시는 아무도 안 믿어!'

영혼에 난 상처들은 굳은살처럼 고집이 되어가고 그 영혼의 밭에는 쓴 뿌리가 자란다.

'어떻게 사람이 이럴 수 있어요?'

'내가 뭘 잘못했죠?'

마음의 목소리로 하나님께 따지던 지난날의 내가 있었다. 이어서 내가 그 상대가 되어 나를 바라보고 있다. 미친 사람처럼 막말하고 분노하던 나, 허세를 부리고 진실하지 못했던 나, 상대의 감정을 이해하려는 노력조차 없던 이기적이고 무심했던 나, 남들이 맞는 말을 해도 똥고집을 부리며 남의 말은 절대로 듣지 않던 나, 부모님이나 선생님이 하지 말라 타일러도 기어코 숨어서라도 하고 마는 잔꾀 부리며 음흉했던 나, 언니들을 질투하고 남들에게 지는 게 죽기만큼 싫었던 나…

이전까지 알지 못했던 또 다른 내가 상대의 눈으로는 보였다.

순간 수치심과 자책감이 밀려왔고, 얼굴이 타오르며 숨고 싶을 만큼 창피해졌다. 진실을 마주할 용기는 없고, 대신 사탄이 심은 비열한 거짓말로 스스로 변명하며 살았었구나, 나는. 치사하게…

우리도 한 때는 어리석고 불순종하며 속임을 당하고 여러 가지 정욕과 쾌락을 섬기며 악의와 시기 가운데 살고 증오하며 서로 미워하였으나 딛 3:3-5

더 이상 변명의 여지가 없어 뚝뚝 눈물을 흘리며 회개를 했다. 그냥 나는 말을 더럽게 안 듣고 고집불통에 불순종의 자녀였었다. 그리고는 하나님의 시선으로 '나'를 보게 하셨다. 어린 소녀로 돌아간 나는 골방에 앉아 무릎을 세우고 양팔로 고개를 묻으며 엉엉 울고 있던 기억이 났다.

'엄마는 나만 미워해. 그냥 엄마가 확 죽어버렸으면 좋겠어.'

질투도 많고 불만도 많고 사람 잘 믿고, 또 사람에게 상처도 쉽게 받는, 어리석고 고집 센 아이. 그게 '나'라고 하시는 듯, 그런 '나'를 바라보시는 하나님의 마음은 안타까움과 분노였다. 진실의 눈으로 다시 바라본 과거는 내가 평생 믿었던 '나'의 기억들과는 사뭇 달랐다.

또 다른 장면이 보이는 듯 떠올랐다. 처음으로 집을 나갔다가 부모님께 붙잡혀 돌아온 나는 내 방에 누워 있었고 내 오른편 머리 옆에는 양반다리를 틀고 앉아 밤새도록 같은 말을 반복하는 엄마가 있었다.

"지선아, 너 이러면 안 돼."

"어쩌려고 이래. 정신 차려. 제발."

엄마는 같은 말을 밤새 반복하고 있었다. 늘 내 속에서 내게 말하던 내가 나에게 말했다.

'이제 와서 왜 관심 있는 척이야? 정말 웃겨.'

'시끄러워, 잠을 못 자겠네. 정말. 지긋지긋해! 그 놈의 잔소리!'

내 안의 자아는 이미 짜증으로 가득 차 내면에서 엄마에게 고함을 치고 있었다.

'미치겠어 듣기 싫어 정말!'

결국 참다 참다 못해 화가 치밀어 올라 소리쳤다.

"내 인생이야. 참견하지 마. 내가 알아서 살아!"

냉정하게 엄마에게서 등을 돌리고 마음의 문을 꽁꽁 다시 걸어잠궜다. 엄마의 속상하고 안타까워하는 근심과 염려가 나에게 느껴졌다.

내가 그들을 거부했었다는 사실은 충격이었다. 생각조차 못했다. 전혀, 전혀 기억하지도 못했다. 나는 가족들이 나에게 무관심하다고, 나를 사랑한 적이 없다고 믿고 살았었다. 서서히 내 안에 나를 속인 사탄의 거짓말들이 보이고, 내 안에 숨겨진 죄성들이 보이기 시작했다. 진실을 마주하기 위해선 성령께서 조명하시는 대로 변명하려 하거나 핑계 대지 않고 사실을 인정할 용기가 필요하다.

이전까지 나는 사탄이 심어 놓은 거짓 기억들을 믿고 있었고, 상대의 진심과 동기를 오해하며, 결국 속았다고 분내하며 증오로 관계를 망치기를 반복하며 살았었다.

이전까지 나는 남을 속이듯 나 자신도 속일 수 있다는 생각을 해 본 적은 없었다. 성령께서는 상대도 사람이라 나만큼 연약하다는 것과 그들도 나와 같이 사탄의 시험과 공격에 노출되어 살아간다 것을 깨닫게 하셨다. 그중에는 이미 사탄의 종으로 살아가는 사람들도 있고, 자책감을 죽이고 양심에 화인을 맞아 습관처럼 악한 일을 저지르고도 스스로 죄를 인식하지 못하고 살아가는 사람들도 있다. 주로 이런 사람들은 내면에 상처가 많다. 사탄은 이미 난 상처들에 소금을 뿌리 듯 상황으로 시험하기도 하고 생각을 통해 왜곡된 해석을 믿게 하고, 결국 분노를 자극해 공격적인 행동으로 반응하게도 한다. 주로 숨겨진 상처를 가진 사람들이 택하는 방어기제로 그들은 더 극단적인 이기주의의 삶을 택하기도 하고, 아예 마음의 문을 닫아버려 자기중심적 사고에 갇혀 살거나 감정이 없는 사람처럼 살게 되어 결과적으로 주변사람들과 깊은 관계와 교류를 본능적으로 회피하기도 한다. 이런 이유로 이들은 사람들로부터 불필요한 오해를 받기도 하고 정직한 표현을 하지 않아 관계의 어려움을 겪기도 한다.

　좀 더 적극적 성향의 사람들은 필요 이상의 공격적인 반응을 보이거나, 심한 경우 본인은 인지하지 못하지만, 주로 그들의 상대적 반응은 분노로 밖에는 표출하지 못하기도 한다. 이들은 대화로 문제를 해결할 수 있는 인내와 침착함이 부족하고, 감정조절과 절제훈련이 잘 되어있지 않은 경우가 많고, 이런 이유로 대화의 기술과 상대에 대한 배려나 예의도 부족할 수밖에 없다. 정말 안타깝게도 이들은 이성보다는 감정의 자극에 본능적으로 반응함에 길들여져 있어서, 사탄의 공격에 늘 노출되어 살아가게 된다. 주로 이런 사람들은 본인이 인식하지 못하는 이 문제들로 인해 사람들에게 자주 오해를 받게 되고, 뜻하지 않는 언쟁이나 다툼에 더 자주 휘말리게 된다. 이런 까닭에 남들보다 더 세상과 사람에 대한 환멸감도 높다.

상처 난 마음은 삐뚤어진 시선으로 남들의 선한 동기와 진심을 의심하게 만들기도 하고, 본능적으로 최악의 경우를 상상하고, 부정적인 생각들로 인한 불신과 의심을 만들어 불필요한 시시비비 언쟁이 잦아 감정소비가 많은 삶을 살게 되기도 한다. 사탄은 이런 청소되지 않은 영혼을 놓치지 않고 공격한다. 이내 우리 안에 '너도 내가 당한 만큼 당해봐라',라는 생각을 집어넣고는 마치 나에게 남을 해해도 되는 권리가 있는 듯 정당함으로 착각해 믿게 만들기도 한다.

첫째, 우리는 모두 죄인이다. 죄가 더 많고 더 적고 따지는 것은 하나님 앞에 의미 없는 일이다. 하나님께는 다 죄인일 뿐이다.

**모든 사람이 죄를 범하였으매 하나님의 영광에 이르지 못하더니
롬 3:23**

둘째, 죄의 시험으로 넘어지면, 사탄에게 "어서 오세요"라고 문을 열어 주는 격이다. 즉시 회개하고 돌이키는 경건이 우리를 지키는 보호막이 된다.

이 일로 인하여 여호와의 원수로 크게 훼방할 거리를 얻게 하였으니 삼하 12:14

셋째, 사탄은 쫓아내고 대적해야 할 대상이지 문을 열고 맞이해야 할 반가운 손님이 아니다. 최선의 공격은 방어다. 머릿속에 들어오는 생각들을 잘 분별해 취할 건 취하고 버릴 건 버려야 한다. 내 생각이 다 내 생각이 아니라 사탄이 뿌린 가라지들도 있다. 성경은 나쁜 생각들을 쳐내고 사탄을 대적하라고 가르치고 있다. 스스로의 내면을 지키는 책임은 본인 각자에게 있다. 악한 생각들이 부정적인 감정들을 만들기도 하고 내가 느꼈다고 다 사실은 아니다. 마음으로 들어오는 미움, 시기, 질투, 탐심, 욕심, 거짓, 잔인함, 음욕등 모두 죄라 성경은 말하고, 그 죄들은 숨기고 묵상하고 탐닉할 게 아니라, 즉시 내려놓고 회개해야 할 죄의 감정들이다.

그러므로 하나님께 복종하라. 마귀를 대적하라. 그리하면 그가 너희에게서 도망하리라. 약 4:7

넷째, 죄로 인해 넘어지고 쓰러져도 칠전팔기 오뚝이처럼 일어나라고 청년부 목사님이 자주 설교하셨다. 하나님 앞에 숨는 것보다 뻔뻔한 것이 차라리 낫다고도 하셨다. 회개하고 다시 일어나면 된다. 나도 자녀가 있지만, 애들이 잘못해 혼냈다고 더 이상 사랑하지 않을 수 없고, 다만 차차 깨닫고 성장해 철들기를 바랄 뿐이다.

오 내 원수야, 나를 치며 기뻐하지 말지어다. 나는 쓰러질지라도 일어날 것요. 어둠 속에 앉을지라도 주께서 나를 위하여 빛이 되시리로다. 미 7:8

다섯째, 하나님의 재판장에서 우리를 기소하는 자가 사탄이라 성경은 말한다. 자책감과 정죄감은 우리를 하나님께로 멀어지게 하는 사탄의 최애 메뉴이다. 성령은 우리 스스로 죄를 인식하게 하시고, 회개하여 죄로부터 돌이키게 하신다. 빛을 알면 어둠은 자연스럽게 떠나간다. 우리들 안에 남을 비판하고 판단하고 심판하는 습관들은 사탄으로부터 온 기질이고, 마땅히 회개로 연결되어야 한다.

우리 형제들을 고소하는 자 곧 우리 하나님 앞에서 밤낮으로 그들을 고소하던 자가 쫓겨 났도다. 계 12:10

여섯째, 우리가 죄에 넘어져도 예수님이 우리를 변호하신다. 하나님의 관심은 '죄'가 아니라, 우리의 '영혼'이다.

만일 누가 죄를 지어도 우리에게 아버지와 함께 계신 변호자가 계시니 곧 의로우신 분 예수 그리스도시라 요일 2:1

일곱째, 하나님은 죄보다 우리의 낮은 마음의 태도를 보신다. 진심으로 죄를 뉘우치는 진실한 마음에 더 관심이 많으시다.

높고 높으며 영원에 거주하고 이름이 거룩한 곳에 거하며 또한 통회하고 겸손한 영을 지닌 자와 함께 거하시나니 이것은 겸손

> 한 자의 영을 소생시키며 통회하는 자들의 마음을 소생시키려
> 함이라 사 57:15

이젠 지난 일이지만 언젠가 교회 세미나에 참여해서 자존감 테스트를 한 적이 있다. 내 점수는 마이너스로 가장 높은 점수였다. 정말 충격을 받았었다. 그 후 하나님은 나의 높은 열등감과 낮은 자존감의 문제를 다루시며 이렇게 말씀하셨다.

    남들과 비교하는 습관을 버리라 하셨다.
    말도 안 되는 완벽주의를 버리라 하셨다.
    나의 거짓된 자아를 버리고, 나의 연약함을 솔직하게 직시하라 하셨다.

    거짓은 달콤할 수 있지만 그 거짓된 자아를 입고 사는 한, 온전한 치유와 성장을 하지는 못한다. 하나님 앞에 그냥 원래 내 나약하고 별 볼일 없는 내 모습 그대로 나아가는 것이 거듭남의 시작이 된다.

정체성과 인생의 목적

자존감이 낮은 사람은 대부분 어릴 때부터 부모나 주변 사람들에게 무시당하거나 거절감을 느끼며 자란 경우가 많다. 나는 "니 까짓게…", "니 주제에…", "네가 그래봤자.", 같은 말을 어려서부터 늘 듣고 자랐다. 실패가 두려울 때마다 나는 이 말들이 떠올랐다. 남들 앞에 나서기가 두렵고 뭘 잘해도 실패할까 불안했고, 남들이 인정 안 할까 늘 망설이고 주춤했다. 설령 실수하거나 실패하면 남들에게 숨기거나 더 완벽해 지려 노력했었다. 부모에게 인정받지 못했고, 부모가 믿어주지 않았던 아이들은 커서 세상에 맞설 용기가 없고, 자아실현을 믿음으로 만들어 내기도 어렵다. 나도 그랬지만 늘 포기가 빠르고 무언가 끝까지 해내는 끈기도 없다. 안타깝게도 자존감이 낮아 인정욕구에 집착하게 되기도 한다.

자주 그들의 말들이 맞을지도 모른다며 자포자기도 했고, 반대로 이 부정적인 세뇌들을 물리쳐 내고 도전하기 위해 혼자와의 싸움을 해야만 하기도 했다. 하나님이 우리를 온전한 자아상으로 회복시키시고, 새 힘으로 우리를 일으키시는 방법은 세상의 방법과는 많이 달랐다.

내가 너를 배 속에 짓기 전에 너를 알았고 네가 태에서 나오기 전에 내가 널 거룩히 구별하였으며 렘 1:5

하나님은 나에게 새로운 신분을 먼저 주셨다. 나의 출생신분이나 과거나 지금의 나의 모습이나 전혀 무관하게 그분이 이미 태초부터 나를 아셨고, 그때부터 이미 나를 거룩히 구별하셨다고 말씀하셨다.

곧 우리가 사랑 안에서 자신 앞에 거룩하고 흠이 없게 하시려고 세상의 창건 이전에 그분 안에서 우리를 택하셨으며 자신의 크게 기뻐하시는 뜻에 따라 우리를 예정하사 예수 그리스도를 통해 자신의 아이로 입양하심으로써 자신의 은혜의 영광을 찬양하게 하셨느니라. 그 은혜 안에서 그분께서 그 사랑하시는 자(예수) 안에서 우리를 받아 주셨으니 그 사랑하시는 자(예수) 안에서 우리가 그분의 풍성한 은혜를 따라 그분(예수)의 피를 통해 구속 곧 죄들의 용서를 받았도다. 엡 1:4-7

하나님은 도리어 그분의 나에 대한 사랑을 깨닫게 하셨고, 막막했던 나의 미래에 대해 큰 소망을 주셨다.

"너는 원래 하나님의 딸이었어. 태초부터 내가 너를 택했고, 너는 거룩하고 흠 없는 자녀로, 하나님의 영광을 위해 살도록 정해진 존재야."
"내 아들 예수가 너의 죄를 대신 갚았어. 이제 괜찮아. 네 죄는 이미 용서받았어."

성령님은 말씀으로 나에게 이렇게 미래의 나의 운명을 약속하셨고 나는 믿었다.

> 그러나, 오 야곱아, 너를 창조한 주가 이제 이같이 말하노라. 오 이스라엘아, 너를 지은 이가 말하노라. 두려워하지 말라. 내가 너를 구속하고 내가 너를 네 이름으로 불렀나니 너는 내 것이라
> 사 43:1

나를 만드신 분께서 자신의 목적을 위해 나를 지으셨단다. 내가 잘났든 못났든 나는 그분의 소유라 하신다. 내 야망과 욕심을 따라 살기 위해 태어난 인생이 아니라, 그분의 목적을 위해 나를 부르셨고, 이 땅에 태어나게 하셨다고 하신다. 감격이었다. 세상 살면서 나는 늘 나를 높이려 수고했고, 남들에게 인정받고 싶었지만, 그러나 정작 아무도 나를 이렇게 까지 높여준 적은 없었다. 난 아무것도 한 게 없을 때, 하나님이 먼저 나의 신분을 높여 주셨다.

> 또 내가 새 마음을 너희에게 주고 새 영을 너희 속에 두어 너희 살에서 돌 같은 마음을 제거하고 너희에게 살로 된 마음을 주리라 또 내가 내 영을 너희 속에 두어 너희로 하여금 내 법규 안에서 걷게 하리니 너희가 내 판단의 법도를 지켜 행하리라.
> 겔 36:26-27

이젠 옛 날처럼 막살지 말라고, 나에게 새 마음과 성령을 주시고 말씀을 따라 살 수 있도록 도와주시겠다고 약속하셨다.

그런즉 누구든지 그리스도 안에 있으면 그는 새로운 창조물이
라. 옛 것들은 지나갔으니, 보라 , 모든 것이 새롭게 되었도다
고후 5:17

'과거는 과거이고, 오늘부터 새롭게 태어나면 되는 거야,
내 딸아.'라고 말씀하시는 것 같았고, 하나님은 나의 지나간 일
을 다시는 기억조차 하지 않으시겠다고 하셨다.

주가 말하노라. 이제 오라. 우리가 함께 변론하자. 너희 죄들이
주홍 같을지라도 눈같이 희게 될 것이요, 진홍같이 붉을지라도
양털같이 되리라. 사 1:18

동이 서에서 먼 것 같이 그분께서 우리의 범법들을 우리에게서
멀리 옮기셨으며 시 103:12

사실 너무 사람에 오래 속고 살았던 나는 자동적으로 의심이
밀려들었다. 사람들이 약속을 안 지킨게 한 두번도 아니었고.
그러나 하나님은 사람처럼 '내가 언제 그랬어?' 하며 치사하게
딴말하지 않으신다는 약속까지 하셨다.

하나님은 사람이 아니시니 거짓말하지 아니하시고 사람의 아들
이 아니시니 뜻을 돌이키지 아니하시는 도다. 민 23:19

가문에 흐르는 죄와 거듭남의 여정

우리 집도 그랬지만, 대부분의 가정 안에는 보편적으로 나타나는 죄의 성향들이 있다. 지나친 음주 습관이든, 도박이든, 폭력성이든, 두려움과 의존적인 성향이든, 이기적인 기질이든, 이성에 대한 음욕이나 바람기든, 이혼의 가족력이든 조상 때부터 회개하지 않고 내려온 죄들이 있다.

성경에는 아브람이 자신의 목숨이 위협받을까 두려워 아내 사래를 이집트 파라오 왕에게 누이라고 속였던 것처럼 그의 아들 이삭도 아내 리브가를 블레셋 그랄 사람들에게 아내를 누이라고 속인 이야기가 기록되어 있다. 이삭이 태어나기 이전이라 아버지를 보고 배운 것도 분명 아닌데, 아들 이삭은 아버지 아브라함과 똑같은 행동을 했다. 유전적이던 후천적이던 자연스럽게 자식들은 알게 모르게 부모와 닮아간다.

흑인 갱들의 범죄우범지역으로 유명한 캄튼에서 미니마트를 운영했던 나로서는 집안에 대대로 이어지는 죄가 무엇인지 알 것 같다. 그들의 경우, 적어도 삼대가 모조리 범죄자들인 집안들도 많다. 간혹 각자의 의지와 부단한 노력으로 죄가 대물림 되지 않는 경우도 있고, 또 성령에게 순종하고 말씀으로 새롭게 거듭나 조상과 부모들의 죄들이 대물림 되지 않게 자기 대에서 끊어내는 사람들도 있다.

> 주는 오래 참고 긍휼이 커서 불법과 범법을 용서하나 결코 죄있는 자들의 죄를 깨끗이 치우지 아니하며 아버지들의 불법을 자손에게 벌하여 삼사대까지 이르게 하느니라 민 14:18

물론 예수를 믿는 사람의 죄값은 예수님이 이미 십자가에서 모두 치르셨고, 이로 말미암아 우리는 모두 깨끗함을 받았다. 그러나 안타깝게도 잡초를 베어냈다고 해서 뿌리까지 뽑힌 것은 아니라서 죄가 다시 싹트기도 하고 의식적 혹은 무의식적으로 하던 대로 죄의 습성들을 다시 따라가기도 한다. 우리가 성경의 가르침에 복종함으로써 죄된 습관들 대신 거룩한 습관들로 대체되어 가게 된다. 교회를 다닌다고 사람이 변하는게 아니라 말씀을 듣고 믿고 실천함으로 사람은 변하게 된다.

모든 성경 기록은 하나님의 영감으로 주신 것으로 교리와 책망과 바로 잡음과 의로 교육하기에 유익하니 딤후 3:16

    죄된 본성에 순종하던 옛 자아를 버리고, 말씀과 성령에 복종함으로 그 죄들로부터 자유해지고, 죄의 뿌리마저 뽑혀 나가게 된다. 나의 경우 교만의 죄, 분노하는 습관, 속으로 남들을 판단하고 정죄하는 죄, 속단과 탐심 등 부모에게 물려받은 죄의 습성들이 단번에 사라지지 않았고, 이 죄들이 다시 올라올 때마다 여러 번 회개하고 금식을 했었다.
    나는 부모가 성령의 인도하심과 말씀의 가르침에 순종하면 아이들도 자연스럽게 성경대로 살게 된다고 진심으로 믿기에 하나님께 우리 아이들에게 부모의 죄성들이 내려가지 않도록 간절히 기도했고 내 대에서 반드시 끊겠다고 다짐했었다.

> 너희 자신을 누구에게 종으로 내주어 순종하게 하면 너희가 순종하는 그 사람의 종이 되는 줄을 너희가 알지 못하느냐? 혹은 죄의 종으로 사망에 이르고 혹은 순종의 종으로 의에 이르느니라. 롬 6:16

세상을 따라 살면서 하나님께 순종하기는 어렵다. 세상의 공중권세를 사탄과 그에게 순복 하는 사람들이 잡고 있다고 성경은 말한다.

> 지나간 때에는 너희가 그것들 가운데서 이 세상의 행로를 따라 걸으며 공중의 권세 잡은 통치자 곧 지금 불순종의 자녀들 가운데서 활동하는 영을 따라 걸었느니라. 엡 2:2

내가 어릴 적 엄마가 아빠를 아이들 앞에서 욕하고 무시하기 시작했을 때, 우리 집안의 권위질서는 무너졌었다. 곧이어 아이들 역시 엄마와 아빠를 모두 무시하고 불순종하게 되었다. 엄마로서 남편의 권위를 세워주고 그의 뜻에 순종함의 본을 보임으로, 아이들은 보고 배운 대로 권위에 순종함을 배우며 자라게 된다.

사탄이 하와를 속여 하나님이 먹지 말라고 하신 선악과를 먹게 했듯, 사탄은 꾸며낸 성경 속 영적 존재가 아니라 실존하는 악한 영이고, 이들은 우리 삶의 모든 영역에서 언제나 우리를 속이고 하나님의 뜻에 불순종하게 만들고 결국 관계들을 쪼갠다.

아무도 헛된 말들로 너희를 속이지 못하게 하라. 이것들로 인하여 하나님의 진노가 불순종의 자녀들에게 임하나니 엡 5:6

마태복음 4장에서 예수님을 시험하는 사탄의 시험들이 나오듯, 이 땅을 살아가는 동안 우리도 동일한 시험들을 받고 살아간다.

세상에 있는 모든 것 즉 육신의 정욕과 안목의 정욕과 인생의 자랑은 아버지에게서 나지 아니하고 세상에서 나느니라. 요일 2:16

하나님은 본능이 아닌 말씀을 따라 살라고 하신다. 보암직하고 먹음직한 (**창 3:6**) 육감과 탐심을 따라 살지 말고 성령의 인도를 따라 살라고 하신다. 하나님은 스스로 자랑하고 높이지 말고, 예수님을 따라 겸손과 온유함을 (**마 11:29**) 배우라 하신다.

너희는 너희 아비 마귀에게서 났으므로 너희 아비의 욕망들을 행하려 하느니라. 그는 처음부터 살인자요 자기 속에 진리가 없으므로 진리 안에 거하지 아니하고 거짓말을 할 때 자기의 것으로 말하나니 이는 그가 거짓말쟁이요 거짓의 아비이기 때문이라 요 8:44

하나님의 속성은 정확히 사탄의 속성과 반대다. 무엇이든 선하게 하시며 살리시고 격려하시며, 정직하고 진실되게 하시고, 사랑과 용서와 긍휼로 임하시며, 그 안에서 성령하나님이 역사하신다. 우리가 사탄의 편에 서서 그들과 함께 일하고 있지 않는 한, 예수님과 베드로를 시험했던 사탄이 우리라고 그냥 내버려 두지는 않는다.

> 또 주께서 이르시되, 시몬아, 시몬아, 보라 사탄이 너희를 밀까 부르듯 하려고 너희를 갖기 원하였으나 내가 너를 위하여 네 믿음이 쇠하지 않도록 기도하였은즉 너는 돌이킨 뒤에 네 형제들을 강하게 하라, 하시니 눅 22:31

정말 기쁜 소식은 구약의 모든 율법과 저주는 우리가 성령의 인도하심에 순종할 때 끊어진다는 사실이다. 흔히 말하는 예수 안에서 모든 저주가 끊어지고 가문의 죄들마저 끊어진다는 의미는 그냥 교회 다니고 믿는다고 끊어진다는 의미가 아니다. 진심으로 말씀의 가르침을 믿고, 성령의 다스림을 따라 순종하며 살아감으로 끊어진다는 하나님의 약속이다.
다시 말해 내 삶의 주인이 내가 아니라 성령님으로 바뀌어야 한다는 뜻이다.

> 너희가 성령의 인도를 받으면 율법 아래 있지 아니하니라. 갈 5:18

내 마음대로 살면 여전히 율법의 저주 아래 있다는 뜻이고, 성령을 따라 살면 하나님의 은혜의 법 아래 산다는 의미이기도 하다.

인본주의

몇 년 전, 한국에서 큰언니가 미국을 다녀갔다. 언니는 나의 믿음에 대해 "나는 나를 믿어."라는 말을 몇 번 반복했다. 우리 집안사람이고 아빠의 자식이라면 그 말은 잊을 수 없을 만큼 많이 들었고 나에게도 구원 이전까지 각인된 하나의 사상이다.

내가 서른이 넘어 우연히 엄마로부터 아빠가 한때는 교회 집사였다는 말을 듣게 됐다. 무슨 이유였는지 아빠는 실족했고, '자아'를 믿는 다른 사상에 빠지셨다.

"착하고 정직하게 살면 돼."
"아무도 믿지 말고 너 자신을 믿어."
이런 말들을 늘 자녀들에게 하셨었다.

착하다는 정의도 정작 내가 만들고, 정직의 기준도 내가 만들기에, 이런 자아중심적 사고는 오류가 많을 수밖에 없다. 한없이 모순투성이인 '나'라는 인간을 어떻게 믿을 수 있을까?

내가 기준과 법을 만들고, 내가 심판자가 되어야 하는, 수많은 '나'들로 가득한 세상을 상상해 본다. 모두를 위한 정의와 공의, 공평이 존재하기 어렵고 기준도 모호해진다. 결국 이런 세상에는 교만과 다툼, 분쟁과 위선이 끊어질 수 없게 된다는 생각을 왜 아빠는 하지 못하셨을까 궁금해졌다.

사람은 선악의 기준이 될 수 없다는 걸 증명하듯, 인간은 주로 자신의 잘못과 죄에는 관대하면서도 남의 잘못에는 정확한 저울과 잣대를 들이 대곤 한다. 이러한 편파적이고 왜곡된 기준을 믿으셨기에 아빠는 진리를 버리셨고, 사탄의 미혹되어 자신을 우상 삼아 돌아가셨다. 심판과 구원의 문제마저도 스스로 해결하지 못하는 인간은 진리가 될 수 없다.

큰언니는 "사람은 죽으면 사라지는 거야, 흙처럼."이라는 말을 여러 번했다. 마치 본인이 죽어 보았더니 저 세상이 없더라는 듯 확신에 차서 말했다. 저 세상을 가보지 않은 건 언니나 나나 마찬가지인데도 천국을 믿는 나는 틀렸고, 본인은 맞다고 주장하고 있었다. 만약 내가 맞다면 나는 얻을 것이 크지만 언니는 영원히 잃을 것이 크다. 합리적인 사고와 지적인 판단을 추앙하는 큰언니치곤 계산이 참 느리다는 생각을 했다.

나는 속으로 웃음이 나왔지만 숨겼다.

'그럼 매년 부모님 제사는 왜 지내?'라고 묻고 싶었다.

'조상님들과 부모님 귀신이 들으면 서운할 텐데…' 하고 생각했다.

정작 영이 없다고 주장하면서 엄마 아빠 산소는 열심히 찾는 큰언니의 모순된 말들에 나는 할 말을 잃었다. 유기적으로 살다가 무기적으로 사라진다는 불교의 허무주의적 사상도 주장했지만, 정작 큰언니의 삶을 보면 정말 악착같이 살아왔다. 죽을 때 가져갈 것도 아니면서…

기껏 백 년도 못 사는 자신의 삶에 대해 스스로에게 진지하게 사후를 질문해 본 적은 없는 듯했다.

앞뒤가 안 맞고 논리도 증거도 없는 주장에 나는 더 이상 맞서지 않았다. 결국 '왜 사는가?'에 대한 질문은 당사자들의 몫이다. 성령이 역사하지 않는 한, 영적 장님과 귀머거리 상태에서 진리를 듣고 믿고 구원을 받기는 어렵다는 사실을 나는 많은 전도의 경험들로 알고 있다. 그런 이유로 나는 전도 이전에 잠잠히 성령의 때를 위해 계속 기도를 쌓는다.

그렇게 과학적이고 이성적인 사람들이 점들은 왜 보고 다녔는지 묻고 싶다가 간신히 참았다.

기도묵상 가운데 하나님께서는 나에게 '착한 사람 신드롬'을 버리라고 하셨다.

> 어떤 치리자가 그분께 여쭈어 이르되, 선한 선생이이여, 내가 무엇을 하여야 영원한 생명을 상속받으리이까? 하매 예수님께서 그에게 이르시되, 네가 어찌하여 나를 선하다 하느냐? 한 분 곧 하나님 외에는 선한 이가 없느니라. 눅 18:18-19

죄가 없으신 예수님 조차 본인이 선하다고 불리길 거부하시는 데 도대체 내가 착해 봐야 얼마나 착하겠는가? 대부분의 사람들은 자신이 선하다고 착각하며 살아 가지만 하나님의 기준은 많이 달랐다.

나 역시 "지선이는 그래도 애가 착해."소리를 자주 듣고 살았었지만 속으로는 남들을 미워하고 판단하고 때론 욕도 했었다. 결국 나는 겉과 속이 다른 위선적인 삶을 살고 있었다.

또 평소에 싫은 소리 잘 못하고 하고 싶은 말들을 많이 참고 살았던 만큼 내 안에는 분노도 많았다.

이제는 사람들의 인정이나 칭찬에 매여 살지 않고 자유 하게 살아간다. "예스"면 그냥 "네'이고, "노"면 그냥 "아니오"다. 사람 눈치 보느니 하나님 한 분 눈치 보는 게 삶이 훨씬 단순해지고 투명해진다. 우유부단한 것과 선한 것과는 다르다. 사람을 눈치 보거나 인정욕이 있는 사람들은 늘 남의 눈치를 보게 되기에 가면을 쓰고 살아야 하지만 하나님께 선한 것은 믿음대로 살기만 하면 되는 자유함이 있다. 다른 이들이 나를 착하다는 이유로 이용하고 과도한 요청을 하게 되면 기분 좋을 사람은 없다. 나의 불분명한 표현과 거절 못함은 도리어 나의 약점이 되었고, 피해망상과 자기 연민으로 오랜 세월 나를 괴롭혔다. 내가 착한 사람이라는 착각을 벗고 서야 비로소 나에게 정직해지고 자유할 수 있게 되었다.

믿음이 없이는 하나님을 기쁘게 하지 못하나니 히 11:6

우리가 하나님을 믿는 것이 하나님께는 최고의 선이다. 하나님께서는 나에게 모든 사람이 나를 밟고 다니게 스스로 발닦개가 되어 줄 필요는 없다고 하셨다. 본의 아니게 나의 우유부단함 때문에 다른 사람들을 도리어 나쁜 사람으로 만들기도 한다. 물론 진실과 존중이 없는 가식적인 관계를 억지로 끌고 갈 의무는 나에게 없다고도 하셨다.

예수님을 "호산나!" 하며 칭송하던 사람들이 며칠 뒤에는 "십자가에 못 박으소서!" 하고 빌라도에게 외쳤듯, 인간의 마음과 생각은 갈대처럼 수시로 변한다. 변덕스런 인간의 판단과 칭찬에 신경 쓰느니 불변하신 하나님의 진리를 붙들고 그 분 한 분의 판단에 맡기는 삶에는 내면의 평화가 찾아온다.

내가 너희에게 판단을 받거나 사람의 판단으로 판단을 받는 것이 내게는 매우 작은 일이니라. 참으로 내 자신을 판단하지 아니하노니 나는 판단 받을 만한 것도 스스로 알지 못하노라. 그러나 이로써 내가 의롭게 되지는 아니하였나니 오직 나를 판단하시는 분은 주시니라. 고전 4:3

얼마나 기쁜 소식인가!
사람들 눈치 보랴, 자기 양심 눈치 보랴, 우리는 이미 너무 많은 짐들을 지고, 너무 많은 우리를 억압하는 것들에 묶여 살아가고 있다.

어떤 신이 주와 같으니이까? 주께서는 불법을 용서하시고 자신의 상속 백성 중 남은 자들의 범법을 지나치시나이다. 그 분께서는 긍휼을 기뻐하시므로 자신의 분노를 영원토록 품지 아니하시는 도다. 그 분께서 다시 돌이키시고 우리를 불쌍히 여기시며 우리의 불법들을 누르시리니 주께서 그들의 모든 죄를 바다의 깊음 속에 던지시리이다. 미 7:18

하나님은 그분의 자비하심과 우리를 향한 사랑 때문에 우리를 긍휼히 여기시고 용서하기를 기뻐하시는 분이시다. 설상 반복되는 나의 죄로 인해 하나님이 징계를 하실지언정 벌주는 게 목적이 아니라, 우리가 죄를 깨닫고 돌이키는 게 목적이시다.

또한 우리에게 있던 우리 육체의 아버지들이 우리를 바로잡아도 우리가 그들을 공경하였거늘 하물며 영들의 아버지께 우리가 더욱 복종하고 이로써 살아야 하지 아니하겠느냐? 히 12:8

나도 두 아이를 기르며 훈육을 위해 매를 든 적이 많다. 그렇다고 아이들이 나를 미워하지는 않는다. 징계의 목적이 내 분을 풀기 위해선지, 아이들을 위한 사랑의 훈육이었는지 아이들도 다 안다.

내가 사랑하는 자들을 다 책망하고 징계하노니 그런즉 열심을 내고 회개하라. 계 3:19

나도 아이들이 "잘못했어요, 용서해 주세요. 다음부터 안 할게요."라고 말하면 더 이상 혼내지 않는다. 다만 진심여부는 확인한다.

아이들이 내 말을 경청해 듣고, 배운 대로 따라 하려는 노력이 보이면 나는 내심 흐뭇하다. 그러나 간혹 묻지도 않고 가르쳐 줘도 대충 흘려듣곤 자기 멋대로 무언가를 할 때나 고집을 부리면 화가 나기도 한다. "엄마"라고 부르면 바로 대답할 때도 있고 아닐 때도 있지만 귀로는 다 듣고 있다.

두번째 결혼

두 번째 결혼에 앞서 준비를 하는 동안, 어느 날 운전 중에 나는 성령님께 성경적 가정으로서 축복받는 길에 대해 여쭈었고, 생각으로 기도하는 중, 마치 머릿속에 보이듯 삼각형이 그려졌다. 제일 위 꼭짓점에 성령님이 계셨고, 아래 두 꼭짓점 양쪽에는 각각 나와 남편이 있었다.

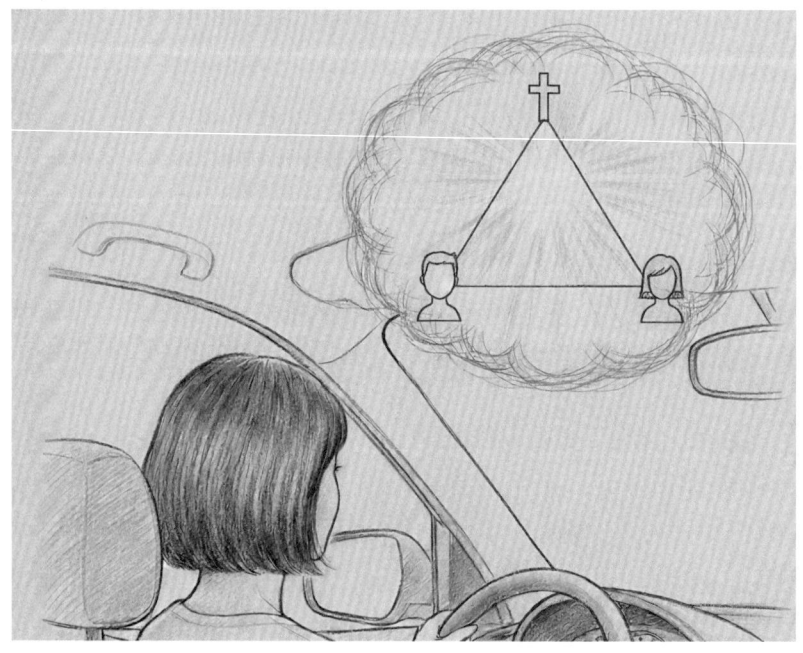

나중에 어느 교회 한 세미나에서 이 똑같은 그림을 보고 깜짝 놀란 적이 있다.

며칠 후 우리는 다니던 교회에서 결혼식을 올렸다. 돈에 여유가 없어 미루던 결혼식은, 거의 대부분 교회 분들과 청년부 형제자매들의 무료 봉사로 아름답게 치러졌다. 이때 엄마가 결혼식 참석을 위해 며칠 동안 미국을 방문하시며, 우리 집에서 며칠 머무셨다. 엄마는 결혼식 당일에도 교회 안에 있는 것 자체를 힘들어하셨다.

용서가 참 뒤끝이 길다. 하나님 앞에서 엄마를 몇 번이고 용서했지만 여전히 엄마를 보면 과거의 기억들이 떠올라 분노가 올라와 괴로웠다. 그래도 은혜를 받은 첫날부터 나는 엄마의 구원을 위해 몇 년간 꾸준히 기도를 해 왔기에 저절로 제 발로 걸어 들어온 전도의 기회를 또다시 놓칠 수 없다 생각했다.

"제발 교회 가자, 엄마. 하나님을 믿어야 해. 내 평생소원이니 단 한 번만 나를 믿고 한 번만, 제발.."이라며 사정하고 애원했다.

그럼에도 불구하고 내 얼굴 쪽으로 고개조차 돌리지 않는 엄마에게 난생처음으로 무릎을 꿇고 눈물을 흘리며 졸라댔지만 엄마의 대답은, "너나 믿어. 종교는 자유야."였다.

엄마는 결혼식을 마치고, 다음 날 하객들에게 인사차 주일예배에 참석했지만 머리가 아프다며 고개도 못 들고 계셨고, 안타깝게도 그 다음날 바로 한국으로 돌아가셨다.

남편과 나는 신혼여행 대신 케냐 단기 선교를 다녀왔다. 나는 하나님 일이라면 최선을 다했고, 이내 청년부에서 목자로 시작해 간사가 되어 부지런히 교회에서 주최하는 모든 성경학교 과정들을 수료했다. 새벽기도 후에는 중보기도 모임을 만들고 큐티 모임도 하면서 새벽부터 교회에서 살다시피 했다. 하루 세끼를 교회에서 해결하고 집에 돌아오면 밤 11시가 넘는 경우도 많았다.

어느새 청년부는 20명 남짓에서 시작해 200명을 훌쩍 넘어서 300명을 향해 가고 있었다. 직장에서도 '걸어 다니는 전도사'로 불릴 만큼, 나는 직장을 옮길 때마다 누군가는 꼭 전도하고, 누군가는 꼭 성령 세례를 받게 했다. 이전에 함께 밤마다 놀던 친구들도 여러 명 전도했고, 그들을 통해 그들의 아는 사람들까지 연결되어 또 다른 전도의 가지가 뻗어 나갔다.

사탄에게 속아 20년의 세월을 방황했던 나의 청춘의 시간들을 생각하며 나보다 나이가 한참 어렸던 청년부 형제자매들을 섬겼고, 그들의 삶에는 나처럼 **메뚜기가 먹어버린 세월들 (요엘 2:25)**이 생겨나지 않도록 진심으로 기도했다.

나는 예배가 너무 좋아서 대예배, 새벽예배, 수·목·금·토 예배를 가능한 모두 드렸고, 청년부 간사직 외에도 선교팀으로도 섬겼다. 글로리 캠프 봉사자로도 여러 번 참여했고, 전도는 일상이었으며 교회 내 서점도 운영하게 되었다. 그냥 맡기시면 다 순종했다는 표현이 더 맞을 것 같다. 죄인들과 사귀며 죄 가운데 살았을 때 느끼지 못했던, 세상에 태어나 가장 행복한 시간들을 이 몇 년간 느꼈다. 당시에 만났던 청년부 동생들은 지금까지도 나에게 있어 가장 소중한 형제와 자매들이다.

차차 남편은 재정이 여유치 않았는지 나에게 취직을 권유해 일자리를 찾아 나서야 했다. 이전까지 나는 회사라는 조직에서 다른 사람들과 함께 일하는 직장생활을 해 본 적이 없었기에 두려움이 앞섰지만 몇 군데 지원을 하고 그중 살고 있던 집 근처 무역회사에 취직을 했다. 그곳에서 하나님을 전혀 모르던 조선족 자매를 전도해 지금까지도 우리 가족과 만남을 유지하고 있고, 감사하게도 그녀는 남편과 아들과 함께 교회를 다니고 있다.

처음 다니던 직장은 입사 1년 후, 회사의 경영난으로 다른 회사로 옮겨야 해서 이전보다 훨씬 큰 회사에 이력서를 냈다. 미국 전역에 총 500여 명의 직원을 둔 한인 중소기업의 어카운팅 부서에 지원했다. 일하면서 배우겠다는 마음으로 희망 월급은 최저 수준으로 제시했는데 HR 이사님과 영어 인터뷰를 한 후 월급도 내가 원하던 금액보다 높게 책정이 되며 바로 취업이 되었다. 문제는 그 다음이었다. 우리 부서 대부분은 어카운팅 전공 대졸자였고, 나는 컴퓨터조차 다룰 줄 모르는 수준이었다. 그나마 한글 타자는 이곳에 오기 위해 교회 자매에게 속성으로 배웠다. 워드나 엑셀은 사용해 본 적도 없었다. 회계용 퀵북(QuickBooks) 소프트웨어에 데이터를 입력하는 것이 나의 주 업무로 정해졌고, 각종 지출 점검, 수표 발행, 고지서 정리와 보관업무가 나의 일이었다.

출근하자마자 업무 지시는 내려졌지만 아무도 가르쳐 주지 않았다. 나는 식은땀을 흘리며 두근거리는 마음을 감추고, 스스로 방법을 찾아내야 했다.

서류함은 엉망이었다. 날짜별로 정리되어 있지 않았고, 청구서의 지급 여부도 불분명했다. 삼 년치 자료를 모두 조사하고 다시 정리했으며, 틈틈이 이전 내역을 공부하며 동시에 퀵북을 배워갔다. 업무는 점점 쌓였고, 상사의 눈치를 보며 3개월을 버텼다. 거래처에 청구서 재발급 요청이나 지불 내역 확인 등, 영어로 따져야 하는 전화 업무는 거의 내 담당이 되었다. 3년 치 서류를 정리하면서 같은 내역이 여러 번 중복 지불된 사실을 알게 되어 몇만 달러를 크레딧으로 돌려받기도 했다. 나는 점차 회사동료들에게 베스트 직원으로 추천되기도 했었다.

하나님은 이 과정들을 통해 작은 일에도 충성된 청지기의 자세를 훈련하시고 계셨다. 못한다는 두려움과 핑계와 포기대신, 할 수 있다는 믿음과 해내고야 마는 끈기를 가르치시고 계셨었다.

능치 못함이 무슨 말이냐. 믿는 자에게는 능치 못함이 없느니라. 막 9:23

고난-믿음의 시험

두번째 이혼

직장생활은 어느덧 다음 해로 넘어가며 일 년 차가 되어 이제는 일이 전혀 부담되지 않는 수준이 되었다. 이때 서브프라임 사태가 발생해 회사에서 잘려 나가며 우는 직원들을 매일같이 여러 명 봤다. 어느 날부턴가 회사로 나를 찾는 전화들이 왔다. 신용카드 빚 독촉 전화들이었다. 망신도 망신이지만, 도대체 무슨 일인가 두려움이 밀려왔다. 당시 남편이 경제적으로 힘들어하고 있음은 눈치채고 있었다. 그 사람은 어느 날부턴가 한국바이어들과 무역트레이드를 한다며 그 사람들과 어울려 집을 자주 비웠다. 무슨 사업을 밤에 하는지 궁금했지만 물어보진 않았다. 그는 한국 대형 인터넷 회사의 하청으로 함께 일하게 되었고 그럴수록 더 출장이라며 며칠 씩 집을 비웠다.

난 처음부터 한국서 온 그 사람들을 좋아하지는 않았다. 그러던 중 일 년 정도 이 회사를 다니다 남편이 다운타운 자바에 가게를 내며 나에게 회사를 그만두고 와서 자기 일을 도우라 했다. 이사님은 붙잡으셨지만 사정 얘기를 다 드릴 순 없어 그동안 감사했다고 말씀드리고 퇴사했다. 남편은 가게를 전혀 와보지 않았고 그는 내 전화를 피하는지 직원이 연락할 때만 전화를 바로 받았다.

나는 계속 꿈자리가 안 좋았다. 남편이 술집에서 다른 여자들을 만나고 망가져 가는 꿈이 계속 됐다. 그날도 그가 또 출장이라며 집을 비운 날이었다. 그의 컴퓨터를 켰다. 그의 컴퓨터에는 수 백 가지 음란영상들이 있었다. 손이 부들부들 떨렸다. 어쩐지 결혼 기간 동안 우리는 잠자리를 한 적이 없었다. '내가 살이 많이 쪄서 그러나?', 그런 생각도 했었다. 아이를 갖고 싶은 나의 소원은 컸지만 나는 잠자코 기다려 주고 있었다.

또 뭔가 숨기는 게 있을 거라 생각이 들어 집 안을 뒤지기 시작했다. 이 전에는 이런 남편에 대한 불신이 나쁜 것이라 생각하며 물어보고 싶은 마음을 억지로 참으며 프라이버시를 존중하려는 멍청한 노력을 했었다. 소파 밑에 뭔가를 발견했다. 마켓 봉투들이었다. 그 안에는 붉은 글자의 독촉 고지서들이 가득 나왔다. 집에 대한 은행 융자 고지서, 관리비 밀린 것, 각종 세금에 신용 카드 독촉장들 등… 교통위반 딱지들.. 전기세 물세만 안 끊겼지, 나머진 다 밀려 있거나 이미 붉은색 글씨로 되어있고 신용불량으로 보고 하겠다는 협박성 고지서들도 많았다.

그는 자기가 타고 다니는 차에 대해서만 돈을 내고 있었다. 신용카드 내역을 보니, 온통 사업을 한 답 시고 긁어댄 룸살롱과 나이트클럽 술값이었다. 모두 내 이름으로 된 카드들이다. 술을 다시 마시고, 담배를 다시 피우는지도 몰랐다.

어느날 그에게 숨긴 사실들을 물었지만 그는 아무런 대답이 없었다. 나는 너무 화가 나서 그를 밀치며 언성을 높였다. 참았던 분노가 폭발했다.

"어떻게 교회간사라는 사람이 이렇게 거짓스럽게 살 수 있느냐" 울며 따졌다.

그날, 그런 나를 위아래로 쨰려보더니 집을 나가 다시 돌아오지 않았다. 아무리 기다려도 돌아오지 않는 남편을 밤마다 기다리는 나에게 구역 목사님은 **잠 31장**을 읽으라 하셨고, 저녁 상을 차려놓고 기다리라 하셨다. 말씀을 읽으며 나의 아내로서의 모습을 되돌아보며 그 사람에게 미안함을 느끼며 부족했던 아내로서의 내 모습을 깨닫고 뉘우쳤다. 성경을 몇 번이나 통독했었지만 이런 내용은 생소했다. 아마도 관심이 없어 대충 읽었나보다. 나 정도면 아무 문제없다 생각했었나 보다.

목사님의 권면 대로, 순종하며 며칠을 저녁상을 차려 놓고 기다리다 며칠이 되도록 차리고 치우기만 하는 내가 한심하고 억울한 마음에 밥상을 뒤집어엎고는 엉엉 울었다. 제사 상도 아니고…

어느 날 홧김에 소주와 담배를 사 집에 왔다. 육개장 사발면이 내 저녁밥이었다. 소주 반 병을 마시고, 시어머니에게 용기를 내 전화를 했다.

"어머니, 그이가 집에 안 들어와요. 어머닌 그 사람 어디 있는지 아시죠? 연락 좀 해 주시면 안돼요? 나한테 연락 한 번만 하라고…" 눈물과 콧물을 함께 들이키며 물었다.

"아이고 야, 지선아,.. 너 혹시 술 마셨냐? 아니 애가 이제 막 나가네!"

마치 더러운 사람이랑 통화한다는 듯, 버럭 화를 내며 냉정하게 전화를 끊으셨다. 할 말이 없으셨는지, 순간 교회 권사님 가면을 쓰고 그렇게 나를 혼내셨다. 다시 몇 번을 전화를 해도 어머니는 전화를 받지 않으셨다.
어머님은 평소에 비밀이 많으셨고, 사람들 눈치를 아주 많이 보시던 그런 분이었다. 어머님은 평생 교회를 다니시던 분이셔서 남편이 아기였을 때부터 그를 엎고 새벽기도를 다니셨다는 이야기도 하셨었다. 한 순간에 모든 것을 읽고 무너져 버렸고 너무 고통스러워 새벽기도를 다녔고, 금야 예배도 다녔다.
어느 날 금야 예배 때 담임 목사님이 다가오셔서 안수하시며 말씀하셨다.
"내가 너의 믿음을 시험하겠다. 시험이 끝나면 네가 정금같이 나아오리라"
나는 엉엉 울었다.
'어떻게 지금보다 더 큰 시험이 있지? 나는 이미 죽어가고 있는데…'
내 평생소원이 '행복한 가정'이란 걸 주님이 모르실 리 없다. 다른 건 몰라도 이런 시험을 받아들일 수가 없었다. 우리 부부 문제는 교회 안에서 이미 소문이 나고 있었다. 어느 날, 권사님 한 분이 다른 집사님에게 나를 소개하시며, "이 집도 이혼했어" 하셨고 나는 분노가 치밀었다. 아직 이혼을 한 것도 아니고 남의 사정도 모르면서 함부로 말하고 소문을 내는 그분 덕분에 완전 시험이 들어 버렸다.

집으로 돌아와 집 안에 붙여놓은 말씀들을 모두 떼어 버렸다. 남편이 이 전에 선물했던 내가 가장 좋아하던 '예수님과 다시 찾은 어린양' 액자도 갖다 버렸다. 집 안의 모든 종교를 갖다 버렸지만 하나님은 여전히 내 안에 계셨다.

당시 며칠간 근심으로 식욕을 잃어 자동 금식을 하며 매일 간절히 기도드렸다.

"하나님, 이 사람을 한 번만이라도 만나서 얘기라도 들어볼 수 있게 해 주세요, 제발"

그리고 며칠 후, 볼 일 때문에 차를 타고 고속도로에서 출구로 내리려고 차 선을 옮겼다. 바로 앞에 그의 차 콜벳이 보였다.

나는 그의 차를 쫓아가기 시작했는데 그는 처음에는 몰랐는지 정상속도로 시내를 운전하고 있었다. 얼마 안 되어 내 차가 따라오는 걸 눈치챘는지, 영화처럼 이리저리 차선을 바꿔가며 내 차를 따돌리려 골목을 누비며, 차로 곡예를 했지만 나는 악착같이 따라잡았다.

포기할 수 없었다. 끝까지 따라잡았던 곳은 다운타운 자바 시장의 막다른 골목이었다. 그는 마침내 포기했는지 차를 멈췄다. 그가 차에서 내려 나에게 걸어왔다. 나는 얼른 속으로 기도했다.

'주님, 할 말을 용기 있게 할 수 있게 도와주세요.'
이미 주님은 내가 어떤 조건으로 그에게 선택의 기회를 주어야 하는지 내 안에 확실하게 말씀하셨다. 나는 차에 타라 했고, 그에게 물었다.

"내가 과거는 더 이상 묻지 않을게. 다시 집으로 돌아오면 빚들을 같이 갚아줄게. 다시는 그 일에 대해서는 책임을 묻지도 따지지도 않을 거야. 단, 다시 돌아오면, 하나님의 방법으로 돈에 대해 다스림을 받아야 하고, 주님 방법으로 다시 일어나야 해. 당신 방법으로나 세상의 방법으로 돈을 좇는 이런 식은 더 이상은 안돼."

그의 표정을 읽고 싶었지만 그는 고개를 숙이고 아무런 말이 없었다.

"다시 같이 살기 위해 노력할 생각이 있어?"
혹 거절의 말을 들을까 두려워하며 힘들게 물었는데, 그는 잠시 머뭇거리더니, "나는 없어."라고 짧게 대답했다.

이미 그의 마음을 나는 알고 있었던 것 같다. 하지만 직접 듣고 싶었다. 집으로 돌아가는 차 안에서, 내내 절규하듯 통곡하며 엉엉 울었다.

한 번만 보게 해 달라는 나의 기도에 응답해 주신 하나님께 감사드렸다. 우리의 결혼은 그렇게 끝났다.

그는 마치 기다렸다는 듯, 곧바로 이혼 서류를 보내왔고 물론 줄 것도 받을 것도 나눌 것도 없다는 그가 작성한 터무니없는 이혼 자산부채보고들을 읽으며 나는 또 밤새 울었다. 본인 명의가 아니었으니 본인은 빚진 게 없겠지… 나는 하루아침에 70만 불이 넘는 빚을 진 빚쟁이가 됐는데…

이때 나의 정신상태는 미친 여자였고, 건강상태는 먹지도 자지도 못해 급격히 몸무게가 다시 줄었다. 이제 법원에서 편지들이 날라 오기 시작했다. 카드회사들이 나를 소송했고, 집 은행과 관리사무소까지도 나를 소송했다. 모든 것은 나의 명의로 되어있었다. 내가 그를 처음 만났을 때, 그는 이미 신용불량자여서 그의 이름으로 할 수 있는 것은 아무것도 없었다. 그는 나의 명의로 한도액이 높은 카드들을 여러 개 만들어 쓰고 다녔다.

드디어 집에서 나가라는 법원 통보를 받았지만, 나는 갈 곳도 없었고 새 집을 구할 돈도 없었다. 전 재산이랄것도 없었다. 모아둔 저축도 없었다. 그는 돌아오지 않았고, 그의 짐들은 고스란히 있었다. 짐 정리나 할 셈으로 그의 옷장을 열어보니, 그의 옛날 가방과 서류 더미들이 나왔다. 그의 전 아내에게 받은 손편지들과 이혼 서류 등이 그의 백팩 안에 숨겨져 있었다. 내용을 읽어보니 하루아침에 말없이 사라진 남편에게 하소연하는 내용이었다. 연락도 되지 않고 한마디 말도 없이 집을 나가버린 이유를 묻고 있었다.

나에게는 자기가 전 재산을 포기하고 모두 그녀에게 주고 이혼을 했다고 말했는데, 모든 게 다 거짓말이었구나… 또 다 거짓말이었구나…

그녀와 남편이 함께 찍은 사진을 보며 또 통곡했고, 내 마음은 또 다시 부욱 찢겨 나갔다.

혼자 있다가 미쳐 버릴 것 같았다. 같이 동업을 하자며 유난히 나를 좋아했던 교회 간사 동생이 갈 곳이 없다길래 우리 집에서 쫓겨날 때까지 같이 살아보자 셈 치고 그녀와 룸메이트를 하게 되었다.

어느 날, 그가 타고 나간 콜벳의 자동차 보험을 내고 있던 나는 화가 치밀어 올랐다. 내가 이 놈을 잡아서 차라도 찾아와 팔고 빚이라도 줄여야겠다 마음을 먹고, 시어머니가 살던 노인 아파트를 찾아갔다. 그녀는 이미 이사를 가버리고 없었다. 엄마나 아들이나 죄짓고 숨는 게 유전인가 싶었다.

곰곰이 생각해 보니 내가 어렵게 신청 서류를 넣어뒀던 어머니의 드림 노인아파트가 생각났다. 그 아파트를 찾아가 인터콤 이름을 하나하나 찾아보았다. 시어머니 이름의 약자가 보였다. 인터콤을 눌렀다.

"누구세요?" 어머님의 목소리였다.

나는 호흡을 가다듬으며 말했다.

"어머님 저예요, 지선이"

당황하셨는지, 특유의 연기 가면을 쓰시곤 아무 일 없다는 듯 말씀하셨다.

"어머나, 지선아. 지선이가 왔어? 가만있어봐라. 내가 내려 갈게 지금."

시어머님은 반기는 척 내려와 나를 집으로 데리고 들어갔다. 그녀는 마지막 내가 건 전화를 일방적으로 끊어버리신 후, 단 한 번도 나의 안부를 묻는 전화 조차 하지 않았고 교회마저 소리소문 없이 옮겨 버리셨다.

들어서자마자 나는, 다 필요 없고, 아들의 행방과 연락처나 내놓으시라고 했다. 끝내 그녀는 주지 않았다. 몇 시간을 진을 치고 서서 버텼다.

"분명히 말씀드리는데, 전 제 차를 찾아 돌아가기 전까지는 이 집을 나가지 않을 거예요."

한 밤 중이 되어도 망부석처럼 서 있는 내가 무서웠는지, 그녀는 방으로 들어가 어딘가로 전화를 걸었다. 시 형부가 집으로 찾아왔다. 여기서 이러지 말고 같이 나가 자며 나를 그 집에서 데리고 나가려 했다. 나는 독이 잔뜩 올라 '경찰이라도 불러라 그럼, 나는 차 도둑맞은 거 신고도 하게' 내친김에 깡으로 맞섰다. 어차피 차도 다 내 명의였다. 시 형부는 밤이 늦어 지쳐 돌아갔고 나는 그대로 그 자리에 있었다.

어디선가 전화가 걸려와 그녀는 방에서 전화를 받았다.

"응, 아냐 아냐, 내가 알아서 할게. 오지 마 넌."

그 아들에 그 엄마였다. '정말 이래도 된다고 생각하나 이 사람들은?' 기가 막혔다.

'부모는 다 큰 자식한테 자기가 저지른 일을 와서 해결하라고 해야 하는 게 당연한 거 아닌가?', '내가 이상한 건가? 뭔가 이상한 집구석이구나.' 이해할 수 없는 그들의 작당을 보며, 더욱 분노했다. 그곳에서 새벽이 될 때까지 나는 버텼고, 드디어 이른 새벽에 그는 열쇠로 문을 따고 들어와 그제야 얼굴을 비췄다. 그는 차 키를 집어던지며 소리쳤다.
"야!, 이제 엄마 집에서 나가! 너 이렇게 까지 해야 하니?"
도리어 그는 나에게 고함을 질렀다.
나는 얼른 키를 챙겨 그 집을 나오며 차로 걸어가는 내내 서글퍼 엉엉 울었다.
'그럼 나는… 써보지도 못한 니 빚 갚느라 밥도 굶으며 빚 갚는 나는…'
내가 너무 불쌍해 나는 펑펑 울었다.

그렇게 결국 차를 찾아와 중고 거래 웹사이트를 통해 차를 팔고 그 차에 대한 빚을 갚고 보험회사에 통보해 보험료를 재조정받았다. 매달 나가는 보험료를 줄이는 것만도 감사했다.
지금 생각해도 그는 나에게 참 잘못을 많이 했다. 이혼 과정에서 그가 하도 전화를 피해 그에게 이메일로 빚에 쫓기는 사정을 구구절절 설명하고 조금이라도 책임을 같이 지자 했지만 그는 답장을 하지 않았다. 그대로 모든 빚을 모두 짊어질 수 없어 기독교 무료봉사 이혼 변호사 상담을 찾아가 변호사님의 도움을 받아 이의제기를 할 수 있었다. 이혼 법원 판결 날에도 남편은 나타나지 않았고 법원은 그가 나에게 8000불씩 매달 지불해야 한다고 판결을 선고했다.
그에게 이메일로 법원의 판결문을 보냈다. 그의 말은 '니 맘대로 해라. 돈은 못 준다. 어차피 나는 결혼은 다시 안 할 거라 상관없다.' 배 째라였다.
역시나 그는 한 번도 나에게 돈을 보낸 적이 없었다. 이 일에 대해 유료 이혼법률변호사들과 상담을 했지만 돌아온 대답은 그가 정말 돈이 없거나 정말 줄 마음이 없어 돈을 숨기는 사람에게 돈을 받아내는 일은 쉬운 일이 아니라며, 몇 년의 소송을 끌고 갈 돈이 나에게 있느냐고 도리어 물었다. 수중에 가진 돈이 없는 나는 그렇게 절망하고 포기했다. 양아치 인 줄은 알았지만, 법도 무시하는 상 양아치인 줄 그때 알았다. 얼마 전 친했던 교회 동생이 라스베가스에서 그 당시 그가 어떤 여자와 함께 있는 걸 봤었다며 이미 그때 바람을 피우고 있었던 것 같았다며 말했다.

    이혼 후, 다시 일자리를 구해 다운타운 옷 공장에 어카운팅 어드민으로 들어가 일하기 시작했다.
버는 돈은 식비를 아끼며 모두 빚 갚는데 쓰고, 언제 쫓겨날지 모르는 그 집에 살고 있었다. 버거 킹 쿠폰을 모아, '하나 사면 하나 더' 햄버거로 두 끼를 해결했다. 이때 진심으로 절규하며 하나님께 드렸던 나의 기도는, "하나님, 저는 돈이 원망스럽습니다. 돈이 뭐길래 이렇게 사람을 배신하게 하고 사람을 속이고 이용하게 만듭니까?"였다.

    기도 가운데 돈으로 나를 배신한 가족들의 얼굴과 그 사람의 얼굴과 여러 사람들이 떠올랐다. 부모 자식 없게 만들고 사랑도 없게 만드는 그놈의 돈이 뭐길래, 서로 속이고 버리고 배신하게 만드는지… 돈이 원망스러웠다 진심으로.

    "저는 이 돈이라는 놈을 알고 싶습니다. 돈을 다스리고, 경영하는 능력을 저에게 가르쳐 주세요. 난 반드시 알아야겠습니다." 당시에 새벽기도마다 그렇게 기도했었다.

    난 이 놈의 돈의 정체를 알고 싶었고, 진심으로 더 이상 돈에 종살이 당하지도, 돈 때문에 사람에게 배신당하지도 않고 싶었다.

그러는 가운데 퇴거 명령 딱지가 문 앞에 붙은 그 콘도에서 같이 살던 교회 자매가 무슨 일인지 관리소 사람과 밀치며 몸싸움을 했고 관리사무소는 이 때다 싶어 경찰에 신고를 했다. 교회 자매는 여전히 경찰 앞에서도 거칠게 나왔고, 결국 경찰들은 집주인인 나에게 수갑을 채워 함께 경찰서로 가자고 했다. 나는 너무 억울해 눈물이 나왔고, 숨이 넘어가게 흐느꼈다. 갑작스러운 이혼과 몰랐던 전남편의 부채를 떠안게 된 나의 사정을 설명하며, 갈 곳이 없어서 이 집에 사는 것뿐이라 설명했지만, 그들은 관리사무소의 편만 들며 나에게 더 이상 말하지 말라고 했다. 미국이 언제부터 돈이 없으면 수갑 채워 내쫓아도 되는 나라냐, 내가 무슨 죄인이냐, 이렇게 수갑까지 차야 하는 그런 큰 현행범이냐며 고래고래고함을 치기도 했다. 너무 서럽게 숨이 넘어갈 듯 우니 경찰들은 서로 뭐라 뭐라 하면서 "니 룸메이트 앞으로 조심시켜."라고 경고하곤 돌아갔다.

이 일이 있은 후 마음을 정해 이사 갈 돈을 마련해야겠다는 급선무가 정해졌다. 그녀와 나는 자바 옷들을 타 주에 있는 옷 가게로 대신 보내주는 서비스를 구상해 그녀와 내가 합쳐 3500불 정도의 초기 자본금을 마련해 일을 시작했다. 그녀도 나만큼 처지가 좋지 않아 초기투자금도 내가 더 많았고, 그녀가 영어가 안 되는 이유로 사업계획, 미팅, 세일즈 모두 내가 주도해야 했었다. 그냥 그녀가 불쌍해서, 의리 때문에 그녀를 내치지 못해 동업으로 끌려가는 중이었다.

우리는 LA근교 2-3시간 거리 웬만한 몰들에 있는 옷 가게와 액세서리 가게들은 안 가본 데가 거의 없을 정도로 열심히 명함을 돌리고 서비스 설명을 하고 다녔다. 그럼에도 불구하고, 잘 알지도 못하는 사람의 전화에 선 듯 미팅을 잡아주는 사장들은 거의 없었다. 경력도 없는 우리를 믿고 큰 오더를 주는 회사도 없었다. 결국 자금이 바닥이 났고, 가지고 있던 샘플 옷들을 주말에 자바 길바닥과 스왑밋 구석에서 팔며 얼마만이라도 일부 자금을 회수해야 했다. 동네 벼룩시장에도 다니며 팔았지만 여전히 재고는 남았다.

결국 그녀와의 동업을 접고 나는 보험을 파는 일을 시작했다. 이유는 단 하나, 돈을 많이 빨리 벌 수 있다는 사실에 끌렸다. 이런 식의 세일즈를 해 본 적도 없고, 재정 상식이 워낙 없어, 공부를 하며 보험사 자격증도 따야 했었다. 보험판매원이 된 나는 모르는 가게들에 무작정 들어가 인사를 하고, 어쩌다 직원이 맘이 약해 들어주면 듣던 안 듣던 보험상품 설명을 해댔다. 나는 남들처럼 미국에 가족들도 없었고 아는 지인들도 많지 않아 친한 사람들이라고는 주로 청년부 동생들이었기 때문에 보험을 들어줄 만한 사람들이 없었다.

하나님께서 그나마 나에게 남아있던 체면과 자존심 마저 버려야 먹고살 수 있다고 훈련하시는 것 같았다. 이제 나는 다니던 교회에 서서히 나가지 않았다. 4년 동안 끊었던 술도 마시고, 다시 줄담배도 피우기 시작했다. 하나님께서 왜 나를 이렇게 까지 내버리시는지 도저히 이해할 수 없다는 사실이 더욱 나를 힘들게 했다. 이제야 나를 사랑하는 분을 만났다가, 도리어 내쫓기는 그런 느낌이었다.

왜 이렇게 침묵하시는 지 도저히 받아들일 수 없었다.

세 번째 결혼, 나의 아픈 반쪽

지금의 남편을 만난 것도 보험을 팔기 위해 친구의 소개로 우연을 가장해 그가 일하는 가게로 찾아가면 서다. 내가 경제얘기를 꺼내자 그는 반갑다는 듯이 마치 외운 사람처럼 자기의 소견을 주욱 늘어놨다. 듣고 있는데, 정말 이 사람은 박식한 지식이 놀랍다는 생각을 속으로 하고 있었다. 그때 마침 나를 그의 가게로 소개했던 나의 친구가 전화가 왔고, 그 역시 그녀와 안면 식도 있는 사이여서 같이 저녁식사를 함께 하자고 물었다. 그는 바로 가방을 챙겨 매고 나를 따라왔다. 저녁 식사를 마치고, 우리는 노래방까지 갔다. 나를 뚫어지게 바라보는 그의 시선을 계속 느꼈지만, 그때 나의 관심은 오로지 보험과 돈이었다.

며칠 후 그를 다시 만났고, 그는 보험엔 전혀 관심이 없다고 단호히 말했다. 대신 경제적으로 힘들어하는 나에게 부업으로 자기 가게 회계 일을 해 달라고 제안하며 꽤 높은 시급을 제안했다. 나는 동의했고 주말마다 출근해 일을 했다. 그 덕분에 카드 빚을 더 빨리 갚아 나갈 수 있게 되었다. 그러는 사이, 우리는 사랑하는 사이로 발전되어갔다.

그때쯤 보험회사에 직속상관과 커미션 문제로 관계가 어려워져 결국 커미션을 떼였다. 나는 보험 일로 만나야 하는 남자동료들과 손님들이 많았는데, 이혼으로 혼자된 여자를 노리는 이리들 때문에 정신적으로, 영적으로 마침 지쳐가고 있었다. 나도 나의 이혼한 외할머니처럼 남자가 싫어졌고 빚 갚는 것 외에는 다시 재혼은 생각조차 하지 않았었지만 이 사람에게는 뭔가 특별한 끌림이 있었다. 나와 대화가 통하는 사람을 이 전까지 만나 본 적이 없었고, 그가 나를 진심으로 사랑하는 것만큼은 의심되지 않았다.

그와의 만남은 날로 발전되어 갔고, 데이트를 하는 날에 자주 밥을 먹다가 잠드는 그를 이해하기 어려웠다. 그의 얘기를 들어보니 그는 새벽같이 일어나 어머니 미니마트를 열어주고, 어머님이 오시면 이내 자기 가게 문을 열기 위해 또 출근하는 생활을 해온 지 오래였다. 점차 본인의 사업이 확장되며 더 이상 어머니를 도와줄 수 없는 처지가 되었고, 그 사이 어머님은 당뇨로 병세가 악화되었다.

어느 날 그는 나를 데리고 어머니가 계시던 응급실로 갔다. 그의 어머님은 당뇨로 인해 코끼리처럼 부어 있으셨다. 인사를 드리고 어머니는 나에게 몇 가지를 물으셨고, 어머니와 나는 이전부터 서로 알았던 사이처럼 수다를 떨었고, 그의 어머니는 나를 좋아라 하셨다. 이 남자는 신기하다며, 어머님이 원래 자기 여자친구는 아무도 좋아하지 않으셨다며 머리를 갸우뚱 거렸다.

그때 당시 내가 살고 있던 콘도를 급매로 팔아 집에 대한 부채를 줄이려 했지만, 해당 은행의 부당한 세일즈 조건으로 전체현금매매를 요구해 여러 번의 매매 시도는 실패로 돌아가게 되었다. 결국 집은 은행의 차압으로 강제 매매로 넘어가 이제 정말 이사를 나가야 했고, 나는 지금의 남편의 집으로 이사를 들어가게 되었다. 이 전까지 임시 동거 중이었던 그 교회 동생도 친한 목사님 댁으로 이사를 가며 우리는 헤어졌다.

갑작스럽게 이사를 들어간 그의 집은 2층 집으로, 2층은 그의 방과 거실이 있었고, 아래층에는 어머님 아버님이 쓰시는 공간으로 분리되어 있었다. 아래층 그의 부모님 침실에는 부적과 주문서들이 가득했고, 그의 어머님은 매일 아침마다 초와 향을 펴시며, 알지 못하는 영에게 기도하셨다. 이 집도 한국 우리 엄마 집 못지 않게 살고 있는 집이 신당이었다.

이층 그의 방에는 어항 안에 불상이며 각종 크리스털이 있었고, 책장에 책들을 보니, 동기부여 책들과 세상사람들의 믿음들을 증명하려는 여러 가지 지식서적들이 즐비하게 있었다. 차차 나는 그에게 신앙에 대해 물었고, 그는 자기의 하나님이 계시지만 너랑 믿는 방법은 다르다고 했다. 문득문득 그는 신과 영의 세계에 대해 자신의 지식을 말했고, 나는 조용히 들으며 그의 믿음 안에서 부지런히 하나님의 영을 찾고 있었다.

어느 날 그와 대화 중에 그를 바라보는 내 눈에 하나님이 창조하신 그의 본연의 영이 보이는 듯 느껴졌다. 그의 영혼은 순수했고 착했고, 사람들에게 보이는 그의 강한 깡패 같은 이미지 와는 아주 많이 달랐다. 마치 나의 옛 삶을 바라보듯, 그가 어쩌다 이렇게 멀리 왔는지 안타까웠다. 불쌍한 마음도 들어 본래의 자신을 다시 찾아주고 싶다는 생각을 했다.

그는 어릴 때 초코파이를 받아먹기 위해 교회를 다녔었지만, 청소년기 방황의 시간들 쯤에는 가끔 예배를 참석하는 정도였고, 그러던 중 한 교회의 전도사님이 더 이상 교회에 나오지 말라고 했다며 교회에 대한 증오감을 보이기도 했다. 이후 동부로 전학을 가게 되어 안식교 고등학교를 다닌 적도 잠깐 있었다고 했다. 점차 다른 종교들의 예배도 참석하며 결국 믿음을 떠났고, 예수님만 빼고 다른 진리들을 찾으며 혼자 열심히 공부한 듯했다.

그는 구원의 길이 예수 말고도 여러 길이 있다고 주장했다. 본인이 이슬람, 힌두, 고대신들까지 모두 공부했다는 걸 자랑하듯 나에게 여러 번 강조하며 그 이론들을 나에게 세뇌하듯 설명했다. 그는 가끔 기도를 했지만, 영적인 우주에 계신 어떤 신에게 기도했다. 그에게는 하나님 영은 희미하게 비치고, 다른 영들은 참 많았다.

어느 날 이 사람은 오랫동안 아주 자주 같은 꿈을 꾸었다고 말했다. 어두운 실내에 양옆으로 많은 문들이 있는데 하나를 열어 보면 그 문이 아니었고, 또 다른 문을 두렵고 떨리는 마음으로 열어 보면 그 방도 아니었다고 한다. 그는 밤새 문들을 열다가 잠에서 깬다고 했다.

그 말을 듣는 순간, 나는 하나님께서 이 사람의 영적 상태를 꿈으로 보여 주고 계시다는 생각을 했다. 그때는 바로 설명하지 않았고 듣고 기억만 하고 있었다. 언젠가 때가 되면 꿈을 해석해 줄 수 있을 때가 오리라 믿었다. 나는 그가 선택받은 양이란 걸 그렇게 확신했다. 본인 자신만 모를 뿐. 세상의 신들이 나가야 들리게 된다는 걸 내 경험으로 알고 있었고, 대적 기도를 열심히 해야겠구나 싶었다.

차차 그와 나는 각자의 미래의 소망에 대해 이야기했고, 그도 나처럼 가정을 꾸리고 아이들과 행복하게 사는 꿈을 가지고 있었다. 하지만 이때까지만 해도 그 원하는 행복을 이루는 수단이 '돈'이라고 믿는 것 같았다. 결혼에 대해 서로가 대화하기 시작했을 때, 그의 말로는 그는 원하는 아내를 위해 기도해 왔고, 나를 처음 보는 순간 기도의 응답임을 알았다고 했다. 그가 말한 그 알지 못하는 신도 영권은 있나 보다 싶었다. 그때까지는 서로의 믿음에 대해 문제 삼아 크게 싸우고 싶지 않을 만큼 서로에게 끌려 나는 내심 그를 차차 전도하면 된다고 믿었다.

이사 후 몇 달이 흐른 후, 결혼에 대해 얘기하던 어느 날, 나는 하나님을 믿지 않는 사람과 멍에를 같이 맬 순 없다고, 하나님을 믿느냐 다시 물었는데 그는 믿지만 너와는 다르게 믿는다고 다시 말했다. 받아들였다. 차차 진리를 찾아주면 된다고 생각했다. 만약 하나님이 나를 쓰겠다 언젠가 부르시면 나는 순종해야 한다. 그래도 좋으냐고 진심으로 물었고, 그는 승낙했다. (이 전에 하나님의 동역자로 쓰임 받을 거란 예언을 여러 번 들었고 나도 기도 중에 서원했던 것들이 있기에 혹시나 해서 나는 그 점을 그에게서 확실히 약속받아두어야 했다.)

그는 동의했고, 우린 그날 하나님을 증인으로 서로에게 결혼을 서약했다. 결혼식은 하지 않았지만 그날 밤 그는 나의 남편이 되었고, 나는 그의 아내가 되었다. 나는 그 때부터 하나님께 남편과 그의 가족들을 전도하겠다는 다짐을 약속 드리며 기도하기 시작했다.

얼마 후 새벽에 시어머님은 또 응급실로 실려 가셨다. 의식을 찾자마자 신장 투석을 위해 팔에 튜브를 꽂는 수술을 하시고 나서야 며칠 후 퇴원하셨다. 이런 위급 상황들을 이 전에 겪어 보지 않았던 나는 벌렁거리는 심장을 누르며 애써 침착하려 했다. 이런 상황을 견뎌야 하는 어머니의 인생이 가엽게 느껴졌다.

어머니는 전라도 시골 출신이셨고, 6남매의 장녀였다. 굶어 죽기 싫어 서울로 일자리를 찾기 위해 상경하신 후 아버님을 만나 결혼하셨다. 아버님은 부잣집 도령이었으나 재산 다툼 중 빠져나와 미군부대 냉장 수리공으로 일 하셨고, 월남전도 다녀오셨다. 아버님은 재혼이셨고, 어머니와 결혼 후 아들을 낳자 미국 미군으로 플로리다에서 냉장 수리공으로 오셔서 근무하셨다. 몇 년 후, 아버님은 플로리다가 너무 덥다며, 캘리포니아 LA로 이사를 하셨다. 단칸방에 매트리스 하나만 장만하신 후, 한국에서 시어머니만 불러오게 하셨고, 외아들은 당분간 시골에 있는 시어머니의 친정식구들과 살게 하셨다고 한다. 생전에 시어머니의 말로는 시아버님은 일평생 술과 친구를 좋아하셨다고 한다.

    미국에 오자마자 시어머니는 샌드위치 가게에 취직을 하셔 돈을 저축해 가족이 함께 살만 한 적당한 아파트를 얻은 후, 외아들을 미국으로 데리고 오셨다고 한다. 당시 어머님은 새벽부터 밤까지 두 군데 직장을 다니며 악착같이 돈을 모으셨다고 한다. 어머님은 샌드위치 샵 주인에서 리커 스토어 주인 그리고 미니 마트 사장으로 미국에서의 대부분의 삶을 오직 돈 버는 데만 거의 다 보내셨다.

    방탄유리 안 쪽의 삶이 어머니의 아메리칸드림이었다.

    어머님은 나에게 신세한탄을 자주 하셨다.

    "부자 집에 시집간 줄 알았는데 돈도 한 푼 없을 뿐 아니라 한량같이 살고…"

    그런 이유로 재정 문젠 늘 당신의 책임이었다며, 한탄 섞인 말씀도 몇 번 하셨고, 외아들이 결혼하자 평생을 참고 살았지만 이제는 시아버님과 이혼하기를 원하시며 나에게 이혼에 대한 의중을 물으셨는데 나는 이렇게 말씀드렸다.

    "어머님, 제가 보니 아버님이 어머님을 사랑하지 않거나, 악용하려는 마음이 있는 그런 분이 아니에요. 다만 사랑하지만 다른 사람을 사랑하는 법을 모르고, 자기의 이기심과 게으름을 못 이기셨던 것뿐이에요. 진작 버리시지 이제 와서 병들고 나이 들었다고 버리실 수는 없어요. 어머님이 끝까지 보살펴 주세요. 죄송해요."

　시어머님은 신장 투석을 하시기 시작하며 여러 곳의 병원들을 다니셔야 했는데 주로 미국 병원이었다. 남편은 나에게 어머니를 전담해 병원을 모시고 다녀 달라고 부탁했다. 나는 그의 가게의 일들과 보험 일을 고만두고 그렇게 했다. 나도 일단은 사람은 살려야 한다고 생각했다. 알고 보니 그때까지 어머님은 정부혜택을 받을 수 없는 나이셔서 본인이 병원비를 부담하셔야 했기에 경제적으로 어려워하셨다. 나는 제일 먼저 메디컬과 메디케어를 받으실 수 있게 해 드린 후, 병원 여러 군데를 어머니와 함께 동행했다.

　어머니께서 투석을 받으시는 새벽 시간에 처음 몇 달은 같이 다녔지만, 시간을 새벽 2시로 바꾸시면서 더 이상 같이 가지는 못했다. 이 후로는 병원에서 제공하는 셔틀 차로 다니셨다. 어머니는 억척스러우셔서 투석을 마치고는 가게로 직접 운전해 다니셨다.

　같은 여자로서 시어머님의 인생을 돌아보면 늘 불쌍한 인생으로 느껴졌다. 먹고 살만 해 지니 건강이 나빠져 투석 기계에 의지해 연명하셔야 하고, 이틀마다 투석을 받아야 하시기에 멀리 여행도 가시지 못하게 되었다. 악착같이 벌어 모은 돈은 뜻밖의 병치레로 다 쓰셔야 했고, 병환으로 가게도 망해가고 있어서 매달 집 대출금 내기도 빠듯한 어머님의 현실의 인생이 안쓰러웠다. 시어머님은 본인의 외할아버지가 점을 보시는 분이셨는데 어머니가 재벌 사주라 하셨다며, 병든 후에도 나와 함께 할 사업을 생각하시기도 하셨다. 나는 어머님께 "저는 한 가정의 아내와 엄마로 사는 것이 제 소원이에요. 돈이 아니라요."라고 말하며 포기하시라는 뜻을 돌려 전했다.

시어머님의 가게는 매달 큰 손해를 보고 있었고, 어머님은 병환 중에도 가게를 놓지 못하셨다. 주 7일, 가게 승용차로 직접 운전하시며 출퇴근을 하셨는데 어느 날 새벽, 운전 중 도로에서 차가 뒤집혔다는 연락을 받았다. 새벽이라 어두웠고, 당뇨로 인해 눈이 보이지 않아 언덕으로 달려 차가 뒤집혔던 것 같다. 또 며칠이 지나지 않아 어머님은 평소 선생님으로 모시던 그 이상한 우주 에너지를 믿는 점쟁이 아저씨 집에서 나오시다, 강도를 맞아 온몸에 멍이 들어 돌아오셨다. 들어보니 가방을 빼앗기지 않으려고 질질 끌려 다니고 밟히셨던 것 같았다. 어느 날은 가게 앞에서 쓰러져 응급차로 실려 가시기도 했었다. 그 당시 남편은 나를 불러 어머니 가게에 함께 나가 일하라고 했다. 나중에는 나더러 어머님 가게를 맡고, 어머님은 은퇴하시게 해야 한다고 했다. 물론 미니마트 운영은 내가 원하던 바는 아니었지만, 나는 어머님 은퇴에 대해선 동의했고 그대로 순종했다.

처음엔 어머니와 함께 출퇴근을 했다. 어머니 가게는 흑인 동네 캄튼(Compton)에 있었는데 위험지역이라 밤 9시면 모든 가게가 문을 닫는 곳이었다. 마약과 살인사건도 자주 일어나는 흑인 갱단 지역이었다. 어머님은 나와 함께 가게를 다니는 걸 너무 기뻐하시며 신이 나서 본인의 가게를 자랑하셨다. 그리고 종종 "애들은 내가 다시 건강해져서 기강을 바로잡아야 해"라며 언뜻 들으면 인종차별적인 발언을 자주 하셨다. 어머님은 본인이 '갑'이고, 손님을 '을'로 생각하시는 것 같았다.

"이 동네 애들은 친절하면 무시하고, 깔아뭉개면 두려워해"라는 조언도 자주 하셨다. "애들은 계산을 못하는 애들이니까 정확히 계산해 줄 필요가 없어"라고도 가르쳐 주셨다. 실제로 어머니는 손님마다 다른 가격을 받으셨다.

　나는 수개월 동안 쌓인 먼지와 묵은 때를 대청소했고, 유통기한이 지난 제품들은 어머님 몰래 모두 폐기했다. 어머님은 괜찮다 하셨지만 그건 어머니의 생각일 뿐이었다. 어머니가 편찮아졌다는 소문이 동네에 돌자 복수라도 하듯 동네 좀도둑들이 몰려왔고, 어머님이 카운터를 보는 시간에는 유난히 좀도둑이 많았다.

　처음 몇 달간은 그들의 눈에는 내가 애송이로 보였는지 속이고 장난치고 사기를 치기도 했고, 가끔은 살해 협박까지 하기도 했다.

　어느 날 한 십 대 청년이 여덟 살 즈음으로 보이는 어린 소년과 함께 가게로 들어왔는데 소년이 카운터에 있는 내게 여러 가지 질문을 했다. 나는 친절히 설명하다가 느낌이 이상해 카운터 밖으로 나가 보았다. 그때 십 대 청년이 열심히 도둑질을 하고 있었다. 나는 어린 소년을 보내고, 청년을 불러 혼을 냈다. 진심이었다. "너 혼자 이러는 것도 안 되지만, 어린 동생에게 도둑질을 가르치는 건 절대 용납할 수 없어. 다시 여기서 같은 짓을 하면 경찰을 불러 둘 다 감옥에 보낼 거야."

　나는 진심으로 울며 말하고 있었다. 이 동네에선 도둑질이 장난처럼 여겨지는 게 더 속상했고, 이들의 미래가 안타까웠다. 몇 달 후, 그 청년이 나를 찾아와 사과를 했다. 다시 도둑질하지 않겠다는 약속과 다시는 어린이에게 나쁜 짓을 가르치지 않겠다는 약속도 받았다. 그 청년은 나에게 고맙다는 말을 여러 번 했고, 나는 다시 가게에 오는 것을 허락했다. 이 동네에는 사랑으로 조언하는 어른들이 많지 않았다. 부모님들도 대부분 감옥에 있는 가정이 많았고, 삼촌, 이모, 할아버지까지 전 가족들이 전과자들인 경우도 많았다. 이들의 대부분은 집에 전기가 없었고, 한 집에 여러 가정들이 함께 살며 서로가 서로의 물건과 돈을 훔치고, 더러는 목사님이 자기 집 물건을 훔쳐 갔다는 이야기를 웃으면서 하기도 했다. 그 어두움의 세상 한가운데서 두려움에 나는 매일 성경을 펴 읽으며 마음속으로 기도하며 일을 했다.

그러던 어느 날, **사도행전 10장**에 베드로의 환상을 성령께서 내 마음에 상기시키시며 지적하셨다. 말씀을 통해 내 내면에 인종차별과 위선과 교만이 있음을 깨닫게 하셨다. 내가 편견과 선입견으로 가득 차, 차별된 시선으로 이 사람들을 대하고 있었다는 것을 알게 되었다. 과거의 나 역시 사람들에게 무시당했던 경험도 떠올랐다. 그럼에도 불구하고 내가 과거에 당했던 수모와 멸시를 이들에게 똑같이 하고 있음을 알게 되었다.

하나님께서 '내가 만든 피조물을 함부로 평가하지 말라'고 말씀하시는 듯했다. 회개한 후, 이제는 어머님의 조언들 대신 그 가게에서 오래 일했던 남편에게 조언을 구하기 시작했다. 남편은 그들의 형편과 사정을 그들의 눈높이로 이해하고 있었고, 나와 다른 사정들을 정죄하거나 판단하지 말라고 조언도 했다.

이전까지는 허구한 날 모자라는 돈을 들고 와 물건을 사가려는 사람들과 나는 자주 다퉜었다. 남편은 담배 한 개비를 사려고 그 50전을 만들기 위해 하루 반나절을 땅만 보고 다니다

온 손님도 있다며, 조금 모자라도 그냥 주던가 아니면 카운터 앞에 동전함을 만들라고 조언했다. 이 동전함은 먼저 계산한 손님이 잔돈을 넣어 돈이 모자라는 다른 손님들이 쓸 수 있게 하는 용도였다. 기적처럼 내가 다시 채울 필요가 한 번도 없이 동전함은 차고 넘쳤고, 나는 더 이상 '돈 독 오른 냉정한 동양년'이라는 소리를 들을 일도 없어졌다.

어머님의 재산을 지켜야 한다는 불독 같은 원칙주의 태도를 내려놓고, 은혜가 흐르게 하자 손님들도 서로를 도울 수 있어 도리어 기뻐했다. 그렇게 나는 동네사람들과 주인과 손님이 아니라 친구 사이가 되어 갔다. 하나님을 믿는다는 나보다 남편이 더 하나님의 마음으로 이웃을 사랑할 줄 아는구나… 부끄러웠다.

어느 날에는 그 동네 흑인 목사님이 물을 사러 와, 우리는 서로 하나님을 이야기하며 찬양했다. 그는 반짝반짝 빛나는 눈으로 나를 보며,

"당신이 지금 이곳에서 이 일을 감당하는 것이 우연이라고 생각하지 마세요."라는 말씀하신 후, 물을 다 채우고 돌아가셨다.

그때는 이런 후진 삶 속에서 주님의 뜻을 찾으라는 말씀을 이해하지 못했다. 20대 초반 동거하던 남자친구의 리커 스토어에서 일해야 하는 삶이 싫어 도망을 쳤던 나였지만, 또다시 남편 부모의 미니 마트에서 때 묻은 동전들을 세며 돈을 벌어야 하는 나의 인생이 기막힌 재방송 드라마 같아 속으로는 서글퍼하고 있었다.

시간이 흐르며 가게는 점점 나 중심으로 경영되어 갔고, 어머니는 그냥 자리만 지키시거나 주무셨다.

나는 추수감사절을 맞아 동네 사람들을 위해 바비큐를 요리해 나눠주기도 했고, 최초로 흑인을 현금 캐셔로 승진시켜 월급도 한인 수준으로 올려주었다. 동네에 소문이 나자 구경 오는 사람들도 있었고, 일자리를 달라는 구직 요청도 많았다. 교만과 편견을 내려놓으니 그 동네 사람들이 점점 친구로 다가왔다. 매일 가게 앞에 서서 마리화나만 펴 대는 백수들에게 마당 쓸기를 시켜 담배 값이라도 벌게 했고, 이들은 가게 문이 닫힌 시간에도 우리 가게를 지켜주는 든든한 무급 경호원이 되어 주었다.

　동네사람들이 가게에 들어오며, "이 가게가 나의 최애 가게다."라는 말도 자주 들어 내심 흐뭇했다.
이제 매출은 이전의 서너 배로 올랐다. 나는 어머님께 "이제 나오시지 마세요. 제가 알아서 팔아드릴 테니 이제는 쉬셔야 해요"라고 단호히 말씀드렸다.

　가게의 모든 수입은 매일 어머님께 모두 드렸기에 내 수중에는 돈이 없었다. 어머님께서 장보라고 주시는 금액만으로 물건을 제대로 구비하기에는 턱없이 부족했기에 고민 끝에 남편에게 돈을 빌려 일단 가게 물건들을 채워 넣었다. 장사가 잘되자, 평소 어머님 가게에 눈독을 들이던 어머니 친구분이 매입 오퍼를 보내왔다. 어머니께서 원하는 가격을 받고 가게를 팔아드렸다. 어머니는 수고했다며 3천 불을 주셨고, 나는 남편에게 빌린 돈을 갚았다. 어머님 친구분이 새 주인이 된 후, 연달아 강도와 도둑을 맞았고, 매상도 현저히 줄어들어, 마치 어머님에게 속아서 산 것처럼 험담하고 다니신다는 이야기를 들었다. 그분은 가진 것이 없는 흑인들에게 가장 중요한 것은 '존중'이라는 사실을 아직 모르시는구나 생각했다.

하나님께서는 이전까지 돈에 집착하던 나에게 돈의 유혹을 이기고 순수한 동기를 오염시키지 않고 끝까지 돕는 훈련을 하시고 계셨던 것 같다.

그때쯤 남편과의 사이에서 임신이 되었지만 이내 유산이 되었다. 행복한 가정을 꿈꾸던 나는 또다시 낙심하며 며칠을 울었다. 그때 나이가 38살쯤이었다.

엄마의 죽음

이 무렵부터 엄마와 다시 통화를 하기 시작했다. 그러나 엄마는 여전히 신세 한탄뿐이었다. 첫 이혼 전에 엄마가 나에게서 받았던 돈은 모조리 사라졌고, 결국 자기 집도 없어졌고 가게도 망했다. 함께 일하던 아들도 가게를 그만두더니 차라리 집에서 노는 한이 있어도 엄마와는 다시 일하지 않겠다고 했다.

엄마는 전처럼 내가 돈이라도 보낼까 싶으셨는지, 자주 병원비 이야기를 꺼내셨다. 심지어 요즘 같은 세상에 믿기 어렵게 뜨거운 물이 나오지 않아 찬물로 설거지를 한다는 둥, 무릎 수술을 해야 하는데 돈이 없다는 말도 하셨다. 또다시 돈 얘기였다. 그럼에도 불구하고 엄마와의 연락을 단절할 수 없었던 이유는 전도 때문이었다. 우리 집 안은 나 외에는 복음의 불모지였기 때문이다.

엄마는 언니들과도 돈 문제로 오랫동안 절교 중이었다. 나에게 자기 입장의 주장을 열심히 설득하려 했지만 나는 몇 년간 언니들과도 연락을 하지 않았고, 영 앞 뒤가 맞지 않아 상황을 정확히 판단하기는 어려웠다.

엄마는 "내가 죽기 전에는 그 년들 얼굴 안 본다."라고 몇 번이나 분을 내며 말했고, 결국 말씀하신 대로 되었다.

엄마가 돌아가시고, 몇 년 전 큰언니에게서 어떻게 된 일인지 듣고 나서야 비로소 퍼즐이 맞춰졌다. 뭔가 부정직하게 중간에서 언니들 돈을 가로채려다가 언니들이 눈치챘고, 오히려 엄마가 그 엄마친구 사기꾼 아저씨에게 돈을 물어줘야 했던 모양이었다.

남동생과는 가끔 통화를 했는데, 그 역시 엄마처럼 나의 동정심을 자극해 돈이라도 받아내고 싶어 하는 눈치였다. 오래 함께 살더니 그대로 배운 듯했다. 남동생에 대해 나는 기도했고, 하나님께 받은 감동은 나의 모든 원조를 단호히 끊으라는 것 같았다. 그의 의존적인 삶의 태도를 고난을 통해 다루시고자 하시는데 내가 자꾸 그 일을 방해한다고 빠지라는 감동을 주셨다. 나는 동생에게 전화를 걸어, "500불이 누나가 해 줄 수 있는 마지막 돈이야. 다시는 세상 누구에게도 손 벌리고 살지마. 없으면 없는 대로 살아. 빌려서 사는 습관은 끊어내야 해. 그래야 물질의 축복도 받을 수 있는거야."라고 단호히 혼내 듯 말하고 끊었다. 내 평생 아들처럼 늘 아끼고 보살폈던 남동생을 잘라내야 하는 내 마음은 아팠고, 그래서 몇 주 동안 많이 울었다. 안타깝지만 그는 진리를 알고 싶어 하기보다는 하나님과 사람들의 도움과 돈만 원하는 것 같았다. 사실 도와줄 돈도 없었지만, 이전 같았으면 빚을 내서라도 가족들을 도왔을 나였다. 하지만 하나님의 뜻에 순종하기로 마음을 먹었다.

이제 나는 만 39살이 되었고, 아기를 위해 여전히 기도하고 있는 가운데 마침내 다시 임신이 되었다. 임신 5-6개월쯤부터 부부싸움이 잦아졌고, 그날은 몸싸움까지 번졌다. 억지로 이를 악물고 할 말을 참고 있는데, 내 눈빛이 싸가지가 없다며 나를 공격하기 시작했다. 몇 마디 말이 오가다 그가 무서운 표정으로 쌍욕을 하며 나를 붙잡아 흔들었다. 나는 온 힘을 다해 그를 밀쳐내려 했고, 그러자 그는 임신한 내 배를 걷어찼다. 나는 냉장고에 부딪혀 바닥에 쓰러졌다. 배는 상당히 아팠지만, 다행히 아이는 무사한 듯했다.

그 무렵 나는 하나님께 침묵의 훈련을 받고 있었다. 하고 싶은 말을 참고 삼키는 훈련이었다. 그래서 정말 억울하고 분하고 사실을 설명하고 싶은 마음을 꾹 눌러 담으며 살고 있었다. 그럼에도 불구하고 눈빛까지 들먹이며 시비를 거는 그의 태도는 너무 기가 막혔다. 나는 아이가 잘못될까 봐 너무 무섭고 서러워서 아래층으로 도망치듯 내려갔다. 그리고 어머니께 무슨 일이 있었는지 엉엉 울며 말씀드렸다.

그러자 시어머니는,

"네가 무슨 맞을 짓을 했겠지. 내 아들은 내가 잘 알아."라고 말씀하셨다.

그 순간, 머리에 망치를 맞은 듯, 마음은 순간적으로 닫혀 버리는 충격을 받았다. 내가 그들을 위해 헌신했고 희생했던 일들도 떠오르며 사람인가 싶었다. 이 집안에서는 여자에게 폭력을 휘둘러도 아들 편을 드는구나.

남편의 가게에서 일하면서 남편의 예전 지인들을 통해 그가 과거에 감옥에 다녀온 전과자였다는 사실을 우연히 알게 되었다. 나 역시 아무에게도 말하지 않은 과거가 있고, 과거보다는 지금이 중요하다고 믿었기에 애써 생각하지 않으려 했지만, 이 당시에는 그 생각이 다시 나를 사로잡았다.

너무 서러웠고 억울했다.

'내가 이런 깡패랑 살려고… 그 모진 일들을 겪으며 여기까지 살아온 건 아닌데… 어릴 적에도 나 좋다고 결혼하자는 깡패들이 줄을 섰었는데… 결국 이게 내 인생인가…'

그만큼 헌신하고 참았고 순종했음에도 이런 대접을 받는 내가 너무 한심해서 울었고 인간에 대한 배신감 때문에 울었다.

그날 나는 집을 바로 뛰쳐나왔다. 아무것도 챙기지 못한 채, 지갑과 성경책만 들고 무작정 차를 몰아 북쪽으로 향했다. 목적지는 없었다. 두 시간쯤 달리다 큰 물가가 보이는 산등성이 한쪽에 차를 세우고, 그제야 통곡하며 울었다. 성경을 펴 들고 눈으로 계속 읽어 내려갔지만 그날따라 하나님께서는 어떤 위로의 말씀도 주시지 않았다. 너무 상심이 크면 기도도 나오지 않고 성경을 통해 성령의 메시지를 받을 집중조차 되지 않는 것 같다. 그러다 문득 엄마가 떠올라 카톡으로 전화를 걸었다.

"엄마, 나 지금 여기 산에 왔는데, 여기… 아빠가 참 좋아하셨을 것 같아. 낚시꾼 천국이야. 아빠가 아직까지 살아 계셨으면 모시고 왔을 텐데… 아빠는 너무 빨리 가셨네…"

억지로 울음을 삼키며 말했다.

엄마는, "그러게…"라고 말하신 후, 기억에 잠기신 듯 잠시 말을 잇지 않고 계셨다.
"엄마, 나 한국 나갈까? 그냥 엄마랑 살까?"
억눌렸던 설움이 복받쳐 올라와 엉엉 울음을 터뜨렸다. 엄마는 뭔가 눈치를 챘는지, 나름 최선의 위로를 건넸다.
"그래 와, 지선아. 와서 엄마랑 살자."
엄마는 무슨 일인지 묻지 않았고, 나는 자세한 사정 얘기를 하고 싶지 않아 둘러대며 전화를 끊었다. 나도 무조건 내 편이 되어 주고 나를 반겨 주는 사람이 있기를 바랐었나 보다.
'나도 엄마 있어, 너만 엄마 있어?'
엄마가 처음으로 내 편이 되어주었고, 그것만으로도 위로가 되었다.
그 와중에도 엄마와 통화하는 동안 내 머릿속에는 여러 가지 생각이 떠올랐다. 자녀들에게 외면당해 혼자가 되어 버린 엄마와 애 아빠 없이 아이를 혼자 키우는 나. 그리고 아빠 없이 할머니와 홀엄마 손에 자라는 아이를 생각하니 그런 삶은 너무 어둡게만 느껴졌다. 행복하기 위해 사는 것이 아니라 그저 살아야 하니까 살아갈 것 같았다. 게다가 엄마의 부정적인 생활 태도와 어두운 내면을 내가 감당할 수 없다는 생각에 나는 고개를 저었다. 엄마는 우울증으로 오랜 세월 약을 먹고 있었다. 엄마와 오래 통화를 하지 못하던 이유는 단 두 가지였다. 돈 이야기 아니면 원망과 증오의 이야기뿐이었기 때문이었다.
더 운전하다가 산속에 있는 모텔이 보이길래 무작정 들어가 이틀 치를 지불했다. 어두운 방 안에서 많이 울었고, 아무것도 먹을 수 없었으며, 그냥 성경만 계속 읽었다. 슬프고 억울한 생각들을 멈추기 만을 기도했지만 여전히 하나님은 응답이 없으셨다. 당연히 잠은 자지 못했다.

"엄마가 미안해…"

배를 어루만지며, 배 속의 아이에게 말했다.

배 속의 아이에게 이런 태교 밖에 해주지 못하는 내 자신이 싫었고 가련했다. 자기 연민이 밀려왔다. 내가 어릴 적 누리지 못했던 행복한 가정을 내 아이에게는 누릴 수 있도록 선물하고 싶었는데…

그 남자에게서 좋은 아버지의 모습보다는, 분노하고 공격적이고 매사에 의심하고 악의로 사람을 판단하는, 으르렁대는 미친 들개 같은 모습만 기억났다. 자기 분을 주체하지 못하고 목이 터져라 괴성을 지르며 아이들을 말로 학대하던 나의 아빠의 모습과 그의 모습이 겹치며 내 머리는 복잡해졌다. 내가 겪은 불행을 아이에게 절대로 물려주지 않겠다는 결심과 동시에 엉엉 울며 다짐했다.

"엄마가 너를 지킬 거야. 절대로 그런 일 당하며 살게 하지 않을 거야. 엄마가 약속할게…'

이틀이 지나 그에게 전화를 했다. 여권과 내 짐을 찾으러 가고 싶다고 말했다. 사실, 미안하단 말과 함께 돌아오라는 말을 기대했다.

"왜 전화했어?"

그는 전화를 끊어 버렸다. 다시 전화를 걸었다.

"잘못했다 빌기 전엔 돌아 올 생각도 하지마."

또 끊는다. 세 번째 다시 걸어, 내가 화낸 거 미안하다는 말을 전했다. 잘잘못을 따지고 싶었지만, 그때는 이미 그는 대화할 수 없는 사람임을 알게 되었다.

말다툼을 할 때마다 느꼈지만 그의 기억과 나의 기억에는 상당한 차이가 있었다. 내가 미쳤거나 그가 거짓말쟁이이거나. 아이가 아빠 없이 태어나지 않기 만을 바라며, 나는 억울한 마음으로 용서를 구했다. 나의 아빠는 살아생전 엄마와 다투신 후 자주 하신 말씀이 있다.
. "지선아, 져주는게 이기는 거란다."
하나님께서는 모든 것을 아신다는 것을 간절히 믿고 싶었다.
그의 집으로 돌아와 그의 다그침과 뻣뻣한 태도, 그리고 당당함에 기가 찼다. 하지만 가치관이 다른 사람들과 논쟁할 이유가 없다고 생각해 감정을 더욱 숨기며 억지로, 정말 억지로 이를 악물고 참기를 감내했다.
'정말 미친 놈이었구나'라고 마음속으로 믿었다.
자기의 행동을 전혀 기억하지 못하거나 편리하게 거짓으로 믿거나 유리한 것만 기억해 내는… 성령이 계시지 않는 사람들에게 흔히 있는 일이다. 언제나 그랬듯 그는 그랬다. 나를 미친년으로 만들고 자신이 이겨야 집 안은 조용해졌다. 가출 후 돌아와 시부모에게 내려가 이를 악물며 말했다."제가 경솔하게 행동했습니다. 죄송합니다."라고 사과했다.
아빠 말처럼 지는 것이 이기는 거라 되새기며.
어머님은,
"다시는 그러지 마. 어딜 감히 집을 나가."라고 하셨다.
나의 행동으로 인해 심기가 불편했을 어르신들의 마음을 생각했고, 성인은 자기 행동에 책임을 져야 한다고 스스로 타이르며 용기를 내어 미안한 마음 없는 사과를 했다. 다윗이 블레셋 가드에서 미친 사람인 척했듯, 내 이성의 동의 없이 최선이라 믿는 쪽을 선택하기로 했었다. 어차피 이들은 빛이 비치기 전에 자기들의 잘못을 보지 못함을 알기에, 전도와 구원에 더 노력해야겠다는 다짐을 속으로 반복했다.

　아직은 죽을 만큼 심각한 상황은 아니다. 여기가 최선의 노력도 아니다. 태어날 아이를 위해 여전히 할 수 있는 노력이 있다. 스스로 세뇌하며… 내 참을성과 인내의 한계를 뛰어넘기를 바라시는구나, 하나님은…

　얼마 후 엄마와 통화를 하던 중, 엄마는 또 언니들 욕을 하고 있었다. 나는 듣기 싫어 언성이 점점 높아지기 시작했다. 내 문제만으로도 간신히 버티고 있는데 엄마의 문제까지 얹으면 정말 더는 견딜 수 없을 것 같았다. 듣고, 설득하고, 위로해도 여전히 자기주장만 하는 고집스러운 엄마가 숨 막히게 느껴져 나는 언성을 더 높여 말했다.

　"엄마, 가만히 생각을 해봐. 오죽하면 자식들이 피하겠어. 엄마, 솔직히 엄마 주변에 돈을 안 빌린 사람이 어디 있어? 엄마가 빌린 돈을 갚은 적 있어? 엄마가 도움 안 받은 사람이 누가 있어? 누굴 만나든, 그 사람들 사정이 어떻든, 엄마는 늘 자기 사정만 급하고 중요하다며 결국 돈을 빌렸잖아. 갚지도 않을 거면서… 이젠 정말 입장을 바꿔 생각해 봐야 해, 엄마. 엄마의 문제 아닐까 생각은 안 해? 왜 사랑하는 사람들이 엄마를 피해야만 하는지, 그런 생각해본 적 없어?"

　나는 기어코 평생 묻어둔 진심을 따지듯 물었다.

　"나도 엄마를 사랑하지만, 엄마 때문에 힘들어. 내가 엄마를 용서하기가 얼마나 힘들었는지 알아?"

　엉엉 울기 시작했다.

"엄마… 예전부터 하나님이 엄마를 용서하라 하셔서, 억지로 아파 죽을 것 같아도 했던 거야. 그런데… 내가 생각을 해보니까… 내 맘을 알게 하셨어 요즘."

정말 그랬다. 나에게 닥친 남편과의 어려움을 경험해 보지 않았다면 엄마의 고통과 한을 이해하진 못했을 거란 생각도 하게 되었다.

"엄마가 내 인생에 나한테 무슨 짓을 했던 상관없어. 나는 그래도 엄마를 사랑해. 내가 엄마를 사랑하는 마음은 절대 변할 수 없다는 걸 하나님께서 알게 하셨어."

울먹이며 진심으로 말했다.

그때 즈음, 하나님은 내가 엄마를 사랑했기에 속는 걸 다 알면서도 그렇게 했던 거라는 걸 알게 하셨다. 몰라서 그런게 아니라, 알면서도 속아 준 거라고… 사랑하니까… 내 마음을 가족들이 알던 모르던 상관없어서 그렇게 했었던 거라며 가려졌던 나의 진심을 깨닫게 하셨다.

사실 어떤 용서가 필요 없었다. 사랑은 모든 허물을 덮는다. 사랑이 모든 것의 이유가 되면, 용서할 일도 없어진다. 그냥 엄마가 행복해지면 좋겠다는 마음이었다.

"하나님께 내가 예전에 이런 기도도 드렸어. 하나님 하라 하시는 대로 용서는 하지만, 내가 사는 동안 단 한번 만이라도 엄마가 나한테 미안해라고 말했으면 좋겠다고 기도드렸어. 아주 오랫동안. 엄마가 그때 내 마음을 알아?"

과거의 나는 내가 엄마를 사랑한다고 생각하지 않았었다. 그러나 정작 엄마가 나를 사랑하든 아니든 내가 엄마를 사랑할 수 있다고는 생각해 보지 못했었다.

엄마는 한 동안 말이 없었다.
'우시는 건가?.. 설마..?'
당황스러웠다. 늘 본인 말만 하셨던 엄마는 한 번도 내 진심 따위 들으려 하지 않았는데… 엄마가 내 말을 들었나 보다. 처음으로. 충격이었다.
"지선아, 엄마가 미안해"라는 말과 함께 흐느끼는 엄마의 삶의 무게가 내 안으로 전달되었다. 가슴이 무언가가 툭 떨어져 나가는 느낌, 내 안에 오래된 한이 떨어져 나갔다.

"엄마도 사랑해"

엄마가 말했다. 태어나 처음 듣는 말이었다.
하나님은 그렇게 엄마를 통해 내 평생의 한을 갚아 주셨다.

"나도 사랑해, 엄마. 그 사실은 무슨 일이 있어도 절대 변할 수 없어, 엄마"

전화를 끊고, 하나님께 엉엉 울며 감사기도를 드렸다. 평생 소원을 또 하나 갚아 주셨다.

우리는 사랑한다는 말을 아끼고 서로 오해하고 미워하고 서로를 탓한다. 정작 진심으로 사랑을 보게 될 때, 모든 허물은 덮어진다는 걸 깨달았다. 며칠이 지나 엄마에게서 카카오 메시지가 왔다. '엥? 엄마가 이런 것도 쓸 줄 알았나' 놀라며 엄마가 보낸 문제 메시지를 읽어보았다.

'지선아 엄마가 미안한데, 동생을 부탁한다.'

이전부터 엄마는 나에게 늘 남동생 걱정을 하며 푸념을 늘어놓았고, 혹시나 내가 미국으로 데려와 일자리라도 줄 수 있냐고 여러 번 물어보았다. 당시 나는 돈도 없었고, 빚 문제도 여전히 남아 있었다. 동생네 가족을 데리고 올 돈도 없었고, 살 곳도 마땅치 않았다. 게다가 두 번째 남편과의 이혼소송도 종결되지 않아 골치를 앓고 있었기에 지금은 안 된다고 단호히 말했다.

"기회가 없어 그렇게 사는게 아니라, 하기 싫은 걸 안하려고 그렇게 사는 사람은 미국에서 살아남을 수 없어."라고도 덧붙였다. 엄마에게 내 지금 사정을 다 말하고 싶지 않았던 것도 있었다.

왠지 모를 불안감이 엄습해, 당장 전화를 걸었다. 엄마가 전화를 받자마자 나는 이 메시지가 무슨 소리냐고 물었다.

"그러니까… 네 동생 좀 네가 책임져 주면 안 되겠니?'

엄마는 간신히 물었다. 염치가 없다고 생각하는 것 같은 목소리였다.

"엄마, 다 큰 아들 걱정을 왜 해. 자기 인생은 자기가 사는 대로 결국 책임져야 하는 거야. 더 이상 엄마의 책임이 아니야. 내려놔. 다 큰 아들은 엄마의 짐이 아니야."

그렇게 단호하게 마치 아빠가 살아있었다면 했을 말을 대신 했다.

"설마 내가 엄마 걔가 정신 차리면, 동생이라고 세상에 딱 하난데, 내가 업어 키웠는데 내가 모른 척 할거 같아? 나도 내 동생을 사랑해. 돕는 것도 때가 있고 방법이 있는 거야."

진심이었다. 엄마가 물었다.

"약속해 줄 수 있어?"

"당연한 얘기 좀 그만해. 알았어. 난 또 무슨 일인가 했잖아!"라고 화를 내듯 전화를 끊었다.

전화를 끊고 몇 발짝을 떼는 데, 문득 이상하단 불안이 밀려왔다. 당장 남동생에게 카톡을 보내 당장 엄마에게 가보라고 부탁했다. 뭔가 좀 이상하다고.

며칠을 기다려도 남동생은 연락이 없었고, 일주일이 지나서야 연락이 왔다. 전화기 너머로 우는 소리가 들렸다. 가슴이 쿵하고 내려앉았다.

'엄마가 결국 일을 쳤구나…'

"누나, 엄마가 돌아가셨어… 장례식 치르고 연락하는 거야. 누나 임신 중이라 태아에게 나쁠 가봐…"

"누나 연락받고 삼일쯤 후에 엄마한테 가보니 엄마가 이미 돌아가셨었어."

사인은 묻지 않았다. 엄마가 기어이 일을 쳤음을 나는 그냥 알았다. 엄마의 자살 타령은 내가 국민학교 때부터 평생들은 소리였다. 그래서 무뎌졌었나 보다… '또 그러려니…' 나도 엄마 말들을 흘려 들었다.
우리는 평생 서로의 말들에 귀를 닫고, 마음도 닫고, 서로에 대해 알기를 거부하며 의미 없는 말들만 주고받으며 서로를 안다고 착각했었다.
"누나… 우리 엄마 천국 못 갔을까?" 남동생은 흐느끼며 물었다. 평소의 나답지 않게 담대하게 말할 수 없었다. 그 이후 몇 달간 남동생의 가족은 공포에 질려 밤낮으로 불을 켜고 살아야 했고, 나는 그들을 위로하고 격려를 해야 했다. 남동생의 아내는 한동안 귀신 음성을 듣는다며 괴로워했고, 남동생은 도와 달라며 울며 간청했다.

　나는 한국에 계시던 아는 목사님을 통해 그들을 다시 영접 기도를 하게 했고, 나도 꾸준히 복음과 말씀을 전하며 한동안 귀신을 내쫓는 대적 기도를 계속해야 했다. 몇 주간 나는 남동생 가족들을 전화로 달래고 붙잡아 주었고, 한동안 아래층 시부모를 찾아 뵐 여력은 없었다.

　이층 침대에 누워 울며 하루를 보내고, 지치면 잠시 눈 붙이고, 또 생각 나 하루 종일 울다가 또 탈진해서 잠이 들었다. 하나님을 원망하며 말했다.

　"왜? 꼭 그러셨어야만 했어요? 왜 그때 그 통화가 마지막이라고 알려주지 않으셨어요?"

　정말 무언가 듣기를 바랐지만 하나님은 아무 대답도 없으셨다. 2주 정도 흐른 후, 눈물이 서서히 마르기 시작했다. 애써 기운을 차리려 노력하고 아래층 시부모님께 내려갔다. 시부모님은 나를 안쓰러운 표정으로 쳐다보시며 어떤 위로의 말도 선뜻 꺼내지 못하셨다.

　"지선아, 너 괜찮냐?" 어렵게 어머님이 물으셨다.

　또 다시 눈물이 주르륵 흘렀다.

　"어머님, 저 괜찮아요. 엄마는 천국에 가셨는지 저는 몰라요. 하지만 하나님이 평생 제 소원을 또 하나 들어주셨어요. 엄마한테 '미안해'라는 말을 듣고 싶다 평생 원했는데… 돌아가시기 전에 그 말을 듣게 하셨어요. 저는 이제 괜찮아요, 어머님, 아버님. 다만 하나님께 감사할 뿐이 예요."

　어머님 아버님의 눈들을 번갈아 쳐다보았다.

"하나님은 정말 좋으신 분이에요 어머니. 저 같은 믿는 사람들 때문에 어머님 아버님 같은 분들이 하나님을 오해하시지만 우리 하나님은 정말 좋으신 분이에요."

어머님의 여동생 중 한 분은 목사님이셨는데 어머님은 늘 그분에게 불만이 많으셨다. 이전에는 이모님의 개척교회도 잠시 다니셨다고 들었다. 어머님은 이모님의 위선적인 믿음을 늘 경멸하셨고 나중에는 여호와 증인으로 옮겨 가셨다가 우주에너지 선생님이 만드신 새로운 믿음으로 옮겨 믿으셨다. 돈을 너무 자주 밝히는 이모 목사님에 대해 "내가 걔 하나님이야!"라는 말을 분을 내시며 언성을 높여하시기도 했다.

문득 입 밖으로 나와버린 나의 신앙 간증에 시부모님은 서로 얼굴만 쳐다보시며 당황해하셨다. 나는 눈물을 강같이 흘리며 시부모님께 진심을 전했다.

엄마가 돌아가신 후 나는 하나님께 매일 기도드렸다.

"이 생에서 고생은 고생대로 다하고, 살아서 생지옥에서 살았던 엄마의 인생이 죽어서도 편히 쉬지 못하면 안 됩니다. 하나님. 불쌍히 여겨 주세요. 저를 봐서라도 주님… 주 예수를 믿으라 그리하면 너와 네 집이 구원을 얻으리라 하셨잖아요… 제가 살아있는 동안 시키시는 거 다 할게요… 저를 봐서라도 긍휼 하게 우리 엄마의 영혼을 바라봐 주세요…"

하나님께 늘 떼쓰듯 강청하던 어린아이 같던 나의 기도가 바뀌었고, 이제는 하나님을 경외하기 시작했다.

"그리 아니하실지라도 하나님 당신은 선하십니다." 계속 되뇌었다.

죄 많았던 나를 불쌍히 여기셨듯, 거지 나사로를 천국으로 보내주셨듯, 이 기구한 한 여인의 영혼을 받아달라고 간절히 마음으로 기도했다. 동시에 그동안 깨어있지 못했던 나 자신이 한심했다. 더 기도하지 못했던 나의 게으름도 오랫동안 원망했다. 현실의 문제와 내 삶의 고난에 매여, 하나님 앞에 깨어있지 못했던 나의 얕은 믿음이 원망스러웠다. 가족 구원 기도를 하다 지쳤고, 끝까지 기도하는 걸 내려놓고 현실에 휘둘리며 살고 있었다.

이미 지나간 일들을 돌이킬 수는 없다. 하나님은 살아있는 사람들을 위한 하나님이라는 말씀이 떠올랐다. 아브라함의 하나님, 이삭의 하나님, 야곱의 하나님은 이미 죽은 자들을 위한 하나님이 아니라 지금도 살아 계시고 살아 있는 자들의 구원을 위해 일하시는 분임을 다시 일깨워 주셨고, 추수 때가 지나 이미 휘어진 곡식들을 보고도 깊은 잠에 빠진 게으른 농부 같은 나 자신이 미웠다.

인생의 주인이 결국 하나님이신 것과 결과는 하나님께 온전히 맡기는 걸 배웠다.

첫 아이를 선물로 주심 그러나 고난의 연속

첫째 아이가 세상에 나왔을 때 나는 만40세였다. 자기 주장이 강했던 남편에게 세뇌되어 산파의 도움으로 자연분만을 하겠다며 집에서 힘겹게 생으로 고생했지만 하루가 꼬박 지나도 아이가 나오지 않자 결국 병원으로 옮겨 이틀 만에 아이가 나왔다. 드디어 나에게도 아이를 선물로 주셨고, 엄마가 되게 하셨음에 더할 나위 없는 감사의 기도를 하나님께 진심으로 드렸다. 소중한 한 인생이 가고, 또 다른 소중한 생명을 선물로 받았다. 아이는 나의 삶의 이유이자 목적이 되었다. 남편도 막상 아이를 보니 엄청난 책임감을 느끼는 듯 예전보다 덜 사나워졌다.

시어머니도 삶의 이유와 목적을 발견했다며 이 전에는 이렇게 살다 죽으면 그만이라며 방관하시던 병원 지시 사항들도 지키는 척하셨다. 어머님은 손녀를 너무 좋아해 몇 시간을 꼬박 안아 들고 잠들 길 기다리다 내려놓자마자 다시 깨어 우는 아이를 지친 몸을 부들부들 떨며 손으로 받아 안아주셨다. 물론 아버님도 본인의 생일 선물로 받으셨다며 할아버지 너털웃음소리를 내며 기뻐하셨다. 최고의 효도 선물이라며 두 분 다 엄청 기뻐하셨다. 한 아이를 통해 채워지는 가정의 생명력은 참으로 기이하다.

몇 개월이 지나자 남편은 본연의 모습으로 돌아와 또다시 삐뚤어진 의심과 악의적인 비아냥을 늘어놓았고, 무슨 말을 하든 툭하면, "또 미친년처럼 군다. 임신하고 나면 호르몬 때문에 정신이 이상해진다더니… 내가 참는다."라는 말을 자주 했다. 호르몬 때문이 아니라 힘들어서 짜증이 치솟은 것이었다. 모든 육아와 살림이 내 몫이었고, 잠도 부족했으며 하루 종일 두 시간마다 해야 하는 모유수유 때문에 몸은 지칠 대로 지쳐 있었다. 그는 옛날 남자라 여자 일에는 손도 대지 않았다. 기저귀를 몇 번 갈아준 것 외에는 기억이 나지 않는다. 애가 울어 대도 그는 잠을 깨지 않고 참 잘 잤다.

아이가 생후 오 개월쯤 되었을 때, 자세한 이유와 정황은 기억나지 않지만 그날도 그는 소리 지르고, 욕하고, 협박하며, 물건을 던졌다. 말 한마디라도 대꾸하면 백 마디로 덤비며 누가 이기나 끝장을 보자 식이었고 그날도 마찬가지였다.

'저 놈의 양아치 새끼.. 역시 사람은 안 변해'라는 생각이 들어오며, 공포에 질려 속옷도 없는 잠옷 바람으로 길거리로 도망쳐 경찰을 불렀다. 아이를 두고 나와 버렸기 때문이다. 경찰이 오는 동안 나는 옆 집 아줌마네 집에서 기다리면서 무슨 일이 있었는 지를 설명한 후, 그들에게 아이를 데리고 와 달라고 요청했다. 그는 경찰에게 조사를 받고 있었고, 나를 찾으러 오지는 않았다. 시어머님이 아이를 안고 그 집으로 들어오셨다.

"너네들 문제는 모르겠고, 아이는 내가 키우마."라고 하셨다.

'나를 씨받이쯤으로 아시는 건가?' 순간 욱하는 분노가 올라왔다.

"절대로 안 돼요, 내 눈에 흙이 들어가기 전에는 아이는 내가 키울 거예요!"

어머님을 밀쳐 버리고 아이를 안고 이웃집 소파에 앉아 많이 서럽고 또 분해서 울었다. 이후에 어떻게 화해했는지는 기억이 나지 않는다. 억지로 기억에서 밀어낸 아픈 상처들을 다시 떠올리는 것은 쉬운 일이 아니다. 남편은 전과기록 때문인지 경찰을 극도로 싫어했고, 다음에 또 경찰을 부르면 아이를 빼앗길 수도 있다며 도리어 나를 미련하고 나쁜 엄마를 만들며 협박했다. 이 일들을 겪으며 나는 이 남자가 왜 이렇게 밖에 행동하지 못하는지 알 것 같았다.

그가 나에게 무심코 했던 이야기들이 조각조각 모여 퍼즐처럼 맞춰지며 나에게 설명하듯 완성되어 갔다. 아들이 무슨 잘못을 하든 다 남의 탓으로 돌리시고, 거짓 핑계를 대더라도 감싸주시는 어머님의 영향도 컸다. 또 어머님의 아들에 대한 교육방침은 그가 아주 어렸을 때부터 "남자는 무조건 싸워 이겨야 한다. 지면 남자가 아니다. 깽 값은 엄마가 내주마."라며 폭력을 격려하셨다고 들었던 기억이 났다. 어떤 경우에도 남에게 지면 남자가 아니라고 가르치셨다고 한다.

과거의 일화로 어머님은 남편이 어릴 적 동네 형들에게 맞고 돌아오면, 어린 아들을 밤새 문 밖에 두고 밖에서 떨며 애걸하다 잠들게 두셨다고 한다. 아침까지 문을 열어 주지 않으셨다고 한다. 또 아들의 팔이 부러져도 남자는 고통을 참아야 한다고 하시며 병원에 데려가지 않으셨고, 며칠이 지나 아버님이 보다 못해 병원에 데리고 갔지만 너무 치료가 늦어 지금도 그 팔은 바깥쪽으로 굽어 있다. 내가 이 사람에게 마음을 열었던 그날, 내 눈에 보였던 그의 순진하고 정직했던 한 어린아이의 모습에서 어떻게 지금과 같은 포악하고 고집스러운 모습으로 변하게 되었는지 나는 그때서야 알게 되었다.

어머님은 동네에서 유명한 여자 깡패셨다고 한다. 정읍에서 소문난 여자 깡패였는데 어머님이 두목이었고 여동생들도 모두 깡패였다고 한다. 남편은 어릴 적 어머님의 친정집에 살면서 동네 어르신들에게 종종 어머님의 과거에 대해 들었다고 말했다. 어머님은 평소 무술 영화를 사랑하셨고, 본인이 남자였으면 무술을 배워 이름을 날렸을 거라고 자주 말씀하시기도 했다. 그래서인지 어머님은 남편에게 무술을 가르쳤고, 본인도 시간이 날 때마다 함께 배우셨다고 하셨다. 남편은 어머님의 교육방침대로 한때 유명했던 싸움꾼이 되었다. 어머님은 시아버지를 집어던졌던 이야기들을 자랑삼아 자주 들려주시기도 했었다. 남편은 말보다는 주먹으로 모든 사람을 평정하며 살아왔고, 어둠의 자식들을 친구 겸 부하로 삼아 어울리다 결국 소년원도 다녀온 사람이었다. 이 사람의 옛날 친구들은 대부분 이미 죽었거나, 한국으로 쫓겨났거나, 아직도 감방에 있다.

나중에 들었지만, 그는 공동체의 화평을 위해 참고 침묵하거나 남에게 져주는 것을 부모에게서 배운 적이 없다고 했다. 아빠로부터 지는 것이 이기는 것이라고 배웠던 나와는 많이 달랐다. 그는 이기기 위해서는 수단과 방법을 가리지 않았고, 늘 '갑'이 되어야만 했다고 한다. 오랜 시간 어둠 속에서 살아온 탓에 평소 의심이 지나쳐 모든 것을 삐뚤게 보는 습관도 있어 자주 생트집과 생사람을 잡기도 했다. 물론 그 이후로도 그는 자신의 말투나 태도에 문제가 있다고 전혀 생각하지 않는 것 같았다. 나는 그냥 더욱 침묵하는 훈련을 했다. 남의 말을 들어주는 인내심도 없었고, 자기 멋대로 미리 결론을 내버리거나 상상으로 상대의 의도를 부정적으로 파악해 화부터 내곤 했다. 모든 대화의 이유와 동기가 상대가 자기에게 싸움을 건다고 믿는 듯했다.

많이 병들어 있구나… 생각했던 거보다 훨씬 심각하다고 느꼈다.

나도 어둠 속에서 살았고, 내면과 육체 모두 병들었던 사람이어서 이해는 할 수 있었지만 아이의 아빠로는 용납할 수 없었다. 그럴수록 이 사람에게 예수님이 필요하다는 생각이 점점 더 커졌다. 두 번째 이혼 후부터 나는 교회에 가고 싶지 않았다. 사람들 앞에서는 가면을 쓰고 거짓말을 해야 했고, 내 사정을 누구에게도 알리고 싶지 않았다. 그가 출근하기를 기다렸다가 말씀을 읽고 기도하며 찬양을 했다. 그가 잠든 후에는 조용히 화장실로 가 성경을 읽고 기도했다. 방언 기도조차 제대로 나오지 않게 속삭이듯 기도했던 기억도 있다. 그에게 들키기라도 하면 그는 나의 하나님을 비웃었고, 나를 광신자이자 미친년이라며 핍박했다.

하나님은 이 시간들 동안 침묵하셨고, 나는 그때 그때 위로와 지혜의 말씀을 찾아내고자 성경에 더욱 매달렸다. 그는 나보다 먼저 교회를 다녔고, 본인이 나보다 교회를 더 오래 다녔을 것이라며 자신도 성경을 다 읽어봤고 한때는 선교도 다녀왔다고 했다. 내가 무지하고 몰라서 그렇지 자신은 다른 종교 공부도 많이 했고, 본인의 믿음이 더 우월하다고 주장했다. 나처럼 성경을 절대 진리로 믿는 어리석은 믿음을 비웃었고, 스스로 여러 방면으로 종교를 공부한 자신의 믿음이 더 옳다는 것이었다. 그는 예수가 진리가 아니라고 내 귀에 대고 노래하듯 했고, 밤낮으로 다른 이단 교리들을 전도하듯 설명했다.

정말 괴로웠고 영이 눌려 힘든 시간들이었다.

그는 '다른 신들도 모두 God'이라며, 나를 인간이 만든 교리에 세뇌당한 무지한 중생으로 취급하기도 했다. 그 당시만 해도 그의 한국어는 도저히 알아들을 수 없어 그는 영어로 자기 지식을 열정적으로 설명했다. 나는 그의 이론과 지식을 검증하고자 몰래 확인하기도 했고, 혼자 찾아 공부하기도 했다. 그 덕분에 서양의 종교들에 대한 지식이 상당히 늘었고, 이후 다른 사람들을 전도하는데 도움이 되기도 했다.

물론 지금 돌이켜 생각해 보면 그의 비판에 일리가 전혀 없던 건 아니었다. 교회 따로 현실 따로 사는 종교인들에 대한 비난이었고, 나도 그중의 하나였음을 인정하기 때문이다. 편견과 위선이 버려지지 않은 나를 통해 비추어지는 하나님은 성경책과 교회 속에 갇혀 계신 분이었고, 죄인인 나로 인해 그와 세상 사람들의 눈에 보이는 하나님의 형상은 왜곡되게 보여질 수밖에 없었다. 다시 언급하겠지만, 하나님께서 이 기간 동안 나의 믿음을 시험하고 금을 정련하듯 불순물을 제거하고 계셨음을 나중에는 알게 되었다.

어머님은 이제 살 만 해 지셨는지, 아래층에서 또 열심히 부적을 쓰고 향을 피우며 주문을 외우고, 아침마다 기도를 하셨다. 나에게 우주 에너지를 전도하시려 여러 번 시도하셨지만 나는 거절했다. 모든 영의 세계와 종교들을 통달하셨다는 어머님의 선생님에게 나를 데리고 가 소개하시기도 했다. 이렇게 나는 위아래로 영적 공격이 벌어지는 전쟁터 한복판에 살고 있었다.

그 사이 시아버님도 오랜 당뇨로 신장이 망가지셨고, 이제 두 분 모두 신장 투석을 받아야 하는 처지가 되어 새벽마다 함께 나란히 투석을 받으러 다니시게 되었다. 어머님은 외아들에게 재융자로 빚이 한참 남은 집을 유산으로 주시겠다며 주택 융자를 갚는 것을 도와달라고 하셨다. 우리는 유산을 거절하고 그 집을 처분하는 것으로 합의했다. 집을 팔아 정리해 드리고 은행 빚을 모두 갚은 후 차액을 고스란히 어머님께 전해드렸다. 어머님이 하고 싶은 것, 먹고 싶은 것, 사고 싶은 것을 다 하시면서 모든 것을 다 쓰고 돌아가시라고 당부했다. 그동안 수고 많으셨으니 이제는 안식하시는 연습을 하시라고 했다. 앞으로는 나라에서 나오는 연금으로 생활하실 수 있도록 신청을 도와드리고 작은 다세대 월세로 옮겨드렸다.

　　이때에도 하나님은 내가 과거에 드렸던 기도를 기억하시고 나를 재정적으로 훈련하고 계셨다. 우리는 동네를 돌아다니며 버려진 가구들을 주워 와 사용했고 불필요한 지출을 전혀 하지 않았다. 나는 남편에게 생활비 외에 돈을 더 요구하지 않고 그가 준 돈을 쪼개 쓰며 부지런히 미래를 위해 모았다. 원하는 것과 필요한 것을 분별하는 훈련도 거쳤다. 이때부터 십 년 가까이 옷이나 신발을 사거나 쇼핑을 다닌 적이 없었고, 친구가 주는 옷, 신발, 가방으로도 부족함 없이 잘 살았다. 아이들의 옷이나 아기 용품, 장난감 역시 돈을 주고 산 적이 거의 없었다. 세상에는 공짜로 넘치는 물건들이 너무나 많았다.
이 당시 자족을 훈련받고 배우지 않는 한 인간은 만족의 한계가 없다는 것을 배웠다.

　　돌이켜 생각하면 행복은 돈의 많고 적음과 상관없다는 것을 깨닫는 소중한 훈련의 시간들이었다. 돈을 쓰지 않고도 행복해지는 훈련에 남편도 기꺼이 함께 동참했고, 우리는 아끼고 절약하는 일에 적극적이었으며 그 과정을 서로 즐겼다. 어머님의 집을 팔아드린 후 남편과 나는 상의 끝에 LA를 떠나 아리조나의 시골 마을로 이사를 가기로 결정해 시간을 내어 틈틈이 매입할 땅을 보러 다니기도 했다. 한편 시부모님을 돌보는 간병인으로 어머님의 친동생을 지정해 두고 병원에 모시고 다니는 일과 심부름 등을 부탁드렸다.

아리조나로 이사, 자급자족에 도전하다

시부모님도 이사를 나가시고, 우리도 아리조나로 이사 가면서 집 안 살림을 모두 정리해 가능한 필요한 것들만 챙겨 떠났다. 이전부터 마음먹었던 독립을 드디어 실현할 수 있게 되었다. 그때까지만 해도 잘되던 남편의 가게는 직원 둘에게 맡기고, 우리는 아리조나에 40 에이커의 산을 사서 그곳으로 이사를 갔다. 언젠가 이곳에 우리 집을 짓고 농사를 지으며 자급자족하겠다는 계획에 우리 둘은 마음이 부풀어 있었다. 첫 아이가 만으로 한 살이 되기 전이었다.

전기도 수도도 없는 트레일러 생활은 만만치 않았다. 여름에는 더웠고, 겨울에는 추웠다. 물은 커다란 물탱크로 차를 타고 한참을 나가 받아와야 했고, 겨울에는 얼음을 깨고 설거지를 하며 손빨래를 했다. 여름에는 속옷만 입고 수건을 적셔 목에 매달고 다니며 트레일러 안팎의 일을 해야 했고, 아기는 여름에는 홀딱 벗겨 키우고, 겨울에는 매서운 추위 속에서 꽁꽁 싸매서 키웠다. 날씨가 좋은 날에는 이제 막 종종걸음을 배운 첫 딸과 함께 남편과 내가 한 시간 넘게 산책하는 것이 나에겐 유일한 기쁨이었다.

일주일에 한 번, 한 시간이 넘게 운전해 시내로 나가 장을 봤고, 나는 트레일러의 작은 간이 부엌에서 모든 삼시 세끼를 요리했다. 그 덕분에 요리 실력이 크게 늘기도 했다.

세상에는 하기 싫어도 일단 하면 얻게 되는 것들도 있었다.

시어머니의 죽음

나와 시어머니는 매일 전화 통화를 했다. 어머님께서 적적해하시기도 했고, 투석 중이시라 건강 상태와 안부도 확인해야 했기 때문이다. 무뚝뚝한 남편과는 통화를 원하지 않으셔서 어머님은 나와만 대화하셨다. 어머님은 아이가 너무 보고 싶으셨는지 한 번은 같이 투석하시는 어떤 분을 설득해 운전을 부탁하셔 우리가 살던 아리조나 산으로 직접 방문하신 적도 있다. 어머님, 아버님, 어머님 친한 동생, 그리고 그 선생님이 모두 오셔서 한 끼 식사를 하신 후 밤새 운전해 집으로 돌아가셨다.

어머님은 우리가 두세 달에 한 번 정도 LA를 방문하는 것으로는 만족하지 못하시고 손녀를 기다리는 데 지치셨었나 보다. 어느 날 밤, 늘 그랬듯 나는 저녁식사 후 어머님께 전화를 걸어 간단히 통화하며 조만간 가겠다고 말하고 전화를 끊었다. 그런데 새벽에 전화가 와서 받았더니, 아버님께서 울면서 어머님이 돌아가셨다고 전하셨다. 우리는 바로 준비를 하고 그 새벽에 LA로 향했다. 간밤에 주무시다가 급격히 혈압이 떨어져 심장마비로 돌아가신 것으로 추측된다는 병원 측의 설명을 들었다. 어머님은 최근 혈압 약이 맞지 않아 새로운 약으로 바꾸셨다는 얘기를 하셨었다. 어머니의 갑작스러운 죽음으로, 하나님께 약속했던 가족 전도는 지켜지지 못했다. 시아버님은 내 눈을 보시며 흐느껴 우시며 물으셨다.

"너희 엄마, 천국에 갔을까?"

어머님께서 살아계셨을 때는 묻지 않으시던 질문. 사람들은 꼭 가족의 죽음 후, 이 같은 질문을 한다.

나는 "모르겠어요… 하나님은 자비하신 분인데…"라며 말을 흐렸다. 차마 내가 알고 있는 기독교 교리에 따른 구원에 관한 사실들로 나이 드신 아버님을 더 상심시키고 싶지 않았다. 내가 어머님의 장례 절차를 도맡아 장례식까지 모두 마쳤다. 남편은 여전히 정신을 차리지 못했다. 혼자되신 아버님을 모시고 살겠다고 시어머님 쪽 가족들에게 말했다가 도리어 제지를 받았고, 결국 시아버님은 요양원으로 들어가셨다. 신장 투석으로 인한 위급 상황에 대한 염려도 있었고, 아버님의 까다로움을 이모님들이 오래 지켜보셨기에 절대 꿈에도 생각하지 말라고 당부하셨다.

우리는 다시 아리조나로 돌아왔다. 이후 나는 계속 영적으로 눌리며 알 수 없는 공포에 시달렸다.

금식기도와 하나님의 대답

그때쯤 남편과의 다툼이 다시 심해졌고, 한 번은 집을 나와 아이와 함께 LA에 있는 교회 동생 집에 머물렀다. 며칠 후 예전에 알던 청년부 간사 동생이 자기 교회에 와야 한다며 강력히 졸라서 나는 억지로 그녀의 교회 주일 예배에 의리상 참석했다. (이 동생은 이후 전도사가 되었고, 남편은 전도사였다가 후에 목사 안수를 받으셨다. 이들에게는 아이가 둘 있었다.)

그 교회 여자 목사님은 나를 기다렸다는 듯 예언의 말씀을 해주셨는데 운전해 오는 길에 차 안에서 머릿속으로 혼잣말로 했던 내용들을 고스란히 따르며 나를 깜짝 놀라게 했다. 그리고는 자기 밑으로 와서 금식하며 기도하며 말씀을 다시 배워야 한다며, 하나님께 사명에 대한 불순종의 죄를 받고 있다고 말했다. 또 지금 남편 말고도 더 좋은 남자가 기다리고 있다며 아이를 데리고 남편을 떠나야 한다고도 했다. 나와 남편 간의 갈등은 내가 평범한 아내와 엄마로 살 운명이 아니기 때문이라는 말도 했다.

교회 안을 둘러보니 남편을 떠나 혼자 지내며 해골처럼 금식하고 있는 자매들이 눈에 들어왔다. 전도사로 그 교회에서 사역한다는 그 동생 역시 남편과 별거하고 이 분 밑에 몇 년째 교육을 받고 있다고 했다. 무언가 꺼림칙했지만 만약 하나님의 부르심에 내가 불순종하고 있다면 안 될 것 같았다.

"제 안에도 성령님은 계셔요. 제 나름대로 아리조나에서 금식 기도를 해서 대답을 직접 들을게요." 하며 아리조나로 돌아갔다.

이후에도 이 전도사 동생은 하루가 멀다고 전화를 했고 나를 위해 중보기도팀을 세웠다며 기도를 마치면 돌아오라고 나를 설득하려 했다. 남편에게도 이 여 목사에게 들은 말들을 전하며 나는 금식 기도하러 왔음을 알렸다. 그는 그러든지 말든지 했다. 그래도 내 눈치를 보았는지, 이때는 무슨 바람이 들었는지 동네 미국 교회에 가자고 나에게 권유해 그 역시 주일예배에 같이 참석했다. 하지만 남편뿐만 아니라 나도 그 교회의 예배를 통해 기억날 만한 은혜를 받지는 못했다.

이때까지도 남편이 억지를 부려 모유수유를 하고 있던 터라 금식 기도는 나에게 많은 어려움을 주었다. 모유는 갈수록 물처럼 묽어졌고, 그나마도 점차 거의 나오지 않게 되었다. 아이가 젖을 빨 때마다 머리가 지끈거리고 뼛속에서 뭔가 빠져나가는 느낌을 받았지만 나는 계속 강행했다. 금식 기간 중에도 남편에게 혼나기 싫어 그가 원하는 집 안팎의 모든 일들을 했고 맛있는 음식으로 세끼를 차려 남편에게 제공했다. 남편의 눈에 거슬리지 않기 위해 몰래 성경을 읽고 화장실에서 기도를 하며 밖에 나가 하늘을 우러러보며 방언으로 기도하기를 반복했다. 삼일 금식하고 삼일 쉬고, 또 삼일 금식으로 약 일곱 바퀴를 돌았을 즈음 하나님의 응답의 역사가 시작되었다.

그날도 잠시 잠들었다가 악몽과 두려움에 눌려 새벽에 깨어났다. 잠든 남편과 아이를 깨우지 않으려고 눈으로 조용히 핸드폰 성경 앱으로 성경을 읽고 있었다. 마음이 무겁고 왠지 불안하며 뭔가 눌리는 느낌이 사실 몇 주째 계속되고 있었다. 불현듯, 어머님의 유물 중 이삿짐에 따라왔던 어머님의 부적 글씨들이 떠올랐다. 땔감으로 불 붙일 때 쓰려고 상자에 담아 온 그 종이들을 어디다 두었더라… 두려움에 부들부들 떨며 새벽녘에 짐칸으로 들어가 미친 사람처럼 그 상자를 찾았다.

'찾았다!'

상자를 들고 가능한 멀리 펜스 밖으로 나가 버리고 돌아왔다. 나중에 돌아와 불태워야겠다고 생각하며.. 그리고 후에 모두 불태워 버렸다.

이른 아침이었고, 돌아와 트레일러 밖에서 성경을 읽고 기도하고 있던 중 새하얀 비둘기 한 마리가 저만큼 거리의 나무에 앉아 있다가 나를 보더니 어느새 철조망 문 위로 날아와 앉았다. 한참을 지켜봐도 그대로 나만 주시하며 꼼짝하지 않았다. 나는 그 비둘기가 성령이라고 짐작했다. 달려가 무릎을 꿇자, 방언 기도가 막 터졌다.

"잘못했습니다, 주님… 경건하지 못하게 살았습니다. 하나님께 삐쳤다고 또 전처럼 돌아가 살아왔습니다."

눈물로 회개하며 기도했다. 나는 가인처럼 마음으로 하나님께 불만을 품고 있었다. 하얀 비둘기가 왜 더 가까이 안쪽으로 날아오지 않는지 궁금해하던 순간, 아직도 트레일러 안에 있던 음란 비디오들이 떠올랐다. 남편이 가지고 온 불상과 우상의 모형들도 떠올랐다. 나는 즉시 일어나 돌아다니며 생각나는 대로 성령님이 싫어하시는 것들을 잡히는 대로 찾아 쓰레기봉투에 넣어 멀리 버리고 돌아왔다. 그 비둘기는 여전히 철조망 문 위에 있었고, 나는 성경책을 들고 나와 무릎을 꿇고 기도를 시작했다.

그 당시 성령님께서는 내가 바리새인이라고 반복적으로 말씀하시는 듯했다. 계속 머릿속에 '바리새인'이라는 말이 떠올라 나는 이 말씀이 무슨 뜻인지 곰곰이 생각해 보고 있었다.

내가 교회를 떠나기 전, 나는 많은 봉사에 지쳐 있었다. 제자 교육으로 머리만 커져 영적으로 위선을 떨고 있었으며 예수님에 대한 사랑이나 영혼에 대한 사랑은 이미 식어 있었다.

나는 첫사랑을 잃어버렸었다.

처음 은혜를 받았을 때에는 받은 은혜가 너무 감사해서 정말 순수하게 하나님께 충성했고, 형제자매를 진심으로 사랑했었다. 하지만 성경 지식이 쌓이자 선악을 분별하게 되었고, 나를 재는 데 그치지 않고 속으로 남을 재는 잣대까지 들이대고 있었다.

또 나는 나의 과거를 아무에게도 말하지 않았다. 청년부 목사님은 "지선 자매님, 교회에서 자기 얘기를 너무 하지 마세요. 그러다 자매님도 시험 들고 남도 시험 들어요."라고 의미를 담아 조언해 주신 적도 있었다.

간증하라며 격려하는 교회의 가르침과 내 이야기를 하지 말라는 청년부 목사님의 상반된 가르침 사이에서 혼란스러웠다. 또한 당시 두 번째 남편과 유교적 가치관과 기독교적 가치관을 동시에 가지고 계신 시어머님의 두 얼굴의 체면 때문에 그들에게 수치감을 줄 수 없어 입을 다물어야만 했다. 남들보다 말씀을 늦게 배우기 시작한 나는 나보다 성경을 모르는 다른 성도들에 대해 안타까움을 넘어 잘못된 신앙이라고 내심 판단하기까지 했다. 내 안에 바리새인 같은 교만과 위선이 들어 있음을 이제야 깨달았다. 마치 교회가 시키는 것을 다했으니 종교적 책임을 다했다고 착각했다. 그렇게까지 순종했건만 '내가 평생 소원했던 가정을 왜 깨셨냐, 왜 나를 빚쟁이로 만드셨냐' 하는 기도로 따지듯 반항했고, 가인처럼 분노했던 내 안의 종교인의 의를 하나님은 보게 하셨다.

율법은 지식이 되어 나를 교만하게 만들었고, 내 영은 메말라 가고 있었다. 나는 은혜로 시작했지만, 결국 다시 율법으로 돌아갔다. 그만큼 했으니 당연히 형통하고 복을 받아야 마땅한데, '나하고 장난하세요, 하나님?' 내 마음속 소리가 재연되어 다시 나에게 들려오는 듯했다.

나의 신앙은 기복 신앙이었다. 나는 은혜를 망각했고, 종교 생활에 물들어 갔다. 펑펑 울며 나의 죄를 회개했다. 이어 성령님은 성경을 통해 나에게 '은혜의 법'에 대해 가르치셨다.

너희가 율법 아래 있지 아니하고 은혜 아래 있으므로 죄가 너희를 지배하지 못하리라 롬 6:14

무슨 뜻일까 생각해 보니 내가 교회에서 하지 말라는 술과 담배를 다시 시작하면서부터 왠지 위선자 같아 교회를 나가지 않았고, 어차피 내 고난이나 고통을 이해하기보다는 판단하기 좋아하는 교회 사람들도 싫어져 일부러 피했었다. 그렇게 서서히 거룩을 잃으며 하나님 앞에 담대히 나아가지 못했었다. 물론 너무나 익숙한 구절이고 교리였지만, 그날은 의미가 다르게 내 안에 전해졌다. 나는 나도 모르는 사이 은혜보다 종교적 행위를 붙잡았고, 그 틈을 타 교만해졌으며 사탄이 넣은 정죄감에 속고 있었음을 그때서야 뒤통수를 얻어맞은 듯 깨닫게 하셨다.

성령님은 행위로 구원받는 것도 아니고, 행위로 의롭게 되는 것도 아니라는 사실을 다시금 분명히 성경말씀을 통해 각인시키셨다. 내가 더 이상 죄를 짓지 않아서도 아니고, 설사 교회 가르침대로 살았다고 해도, 그 '의'로 하나님 앞에서 의인이 되는 것이 아니라는 것을 내 영혼 깊이 깨닫게 하셨다.

이제 의인은 믿음으로 말미암아 살리라 히 10:38

일을 하지 아니할지라도 경건치 아니한 자를 의롭다 하시는 이를 믿는 자에게는 그의 믿음을 의로 여기시느니라. 이르되 자기 불법들을 용서받고 자기 죄들이 가려진 자들은 복이 있으며 주께서 죄를 인정하지 아니하실 사람은 복이 있도다 함과 같으니라 롬 4:5-8

귀가 따갑도록 외치던 청년부 목사님의 '은혜의 법'과 '이신칭의'를, 나는 그저 대충 흘려 들었나 보다. 나도 남들처럼 복 받는 길에 대한 설교만 골라서, 편식하듯 듣고 있었는지도 모른다.

> 위로자 곧 아버지께서 내 이름을 보내실 성령님 그분께서 너희에게 모든 것을 가르치시고 내가 너희에게 무엇을 말하였든지 너희가 모든 것을 기억하게 하시리라. 요 14:26

성령께서 말씀을 다시 가르쳐 주셨을 때에 비로소 그 의미가 온전히 깨달아졌고 내 심장에 깊이 새겨졌다. 오직 '믿음'이었다. 하나님은 내 믿음을 보시고 나를 '의인'이라 칭하셨다. 이는 전적인 하나님의 은혜임을 마음으로 깨닫게 하셨다.

나는 잠옷 차림으로 벌떡 일어나 온 산을 뛰어다니며 하나님을 소리 높여 찬양했다. 그렇게 하나님은 말씀을 통해 또다시 사탄에게 포로 된 나를 다시 자유케 하셨다. 나는 마치 날아오르는 듯 기뻐하며 하나님을 찬양했다. 사실 그 몇 주 전부터 내 머릿속에 야곱을 떠올리셨고, 나를 야곱이라 부르시는 듯했다. 왜 내가 야곱이지?' 아무리 야곱의 이야기를 머릿속으로 되새겨 보아도, 왜 내가 야곱인지 이해할 수 없었다. 형 에서를 피해 도망치던 야곱이 천사와 밤새 씨름하던 장면이 떠오르긴 했지만 그게 나와 무슨 상관이 있는지 도저히 해석할 수 없었다.

'모르겠다. 나중에 설명해 주시겠지…' 그렇게 생각하며 넘어갔다.

어느새 날이 뜨거워져 그늘 아래로 기도 자리를 옮기고, 성경을 앞에 두고 무릎을 꿇었다. 그때 어디선가 바람이 '후욱' 불어와 성경의 페이지가 저절로 넘어갔고, 내 눈에 요한복음 4장의 우물가 여인 이야기가 펼쳐졌다.

예수님께서 그녀에게 이르시되, 여자여, 내 말을 믿으라. 너희가 이 산에서도 아버지께 경배하지 아니하고 예루살렘에서도 경배하지 아니할 때가 이르느니라. 요 4:21

나에게 주시는 말씀인지 나는 단번에 알았다. 처음 설교를 통해 은혜받고 펑펑 울었던 그날의 말씀이 이 사마리아 여인이었기에, 나에게는 이 장의 의미가 늘 특별했다. 교회는 건물이 아니라 내가 '교회'라고 상기하신다 생각했다.

그러나 참되게 경배하는 자들이 영과 진리로 아버지께 경배할 때가 오나니 곧 지금이라. 이는 아버지께서 자기에게 그렇게 경배하는 자들을 찾으시기 때문이니라 요 4:23

하나님은 진심으로 하나님을 찾는 그 마음을 찾으신다고 하셨고, 지금 이곳이 '벧엘'이고 내가 곧 그 '교회'라고 말씀하고 계심이라 생각했다. 내가 하나님께 진심일 때, 하나님도 나에게 진심이라고 말하시고 계신 듯했다. 나는 다시 궁금해졌다.

"하나님, 도대체 사마리아 여인에게 바라시는 것이 무엇입니까? 저더러 전도하라는 말씀입니까?"

나는 성경을 읽으며 한동안 묵상했고, 답을 찾고 있었다. 그때 바람이 또 좌우로 불어와 책장이 파드닥 넘어갔고, 열린 장을 읽었다. 내 눈에 들어온 구절은…

그러나 시온은 이르기를, 주께서 나를 버리셨으며 내 주께서 나를 잊으셨다 하였거니와 여인이 자기의 젖 먹는 자식을 잊을 수 있겠으며 자기 태에서 난 아들을 불쌍히 여기지 않을 수 있겠느냐? 참으로 그들은 혹시 잊을지라도 나는 너를 잊지 아니하리라. **사 49:14-15**

"이건 또 무슨 말씀이신지…?" 곰곰이 생각하는데, 바로 유치원 때부터 만나 주셨던 하나님이 떠올랐다. 돌아보면, 나는 엄마의 사랑을 받았던 기억이 별로 없다. 어려서부터 할머니 손에 자라다가 유치원 나이가 되어서야 엄마와 함께 살게 되었지만 엄마는 늘 돈 벌기에 바빴고 내가 자라서는 친구들을 만나느라 바빴다.

나는 가족들과 달랐고 늘 미운 오리새끼 같아 외로웠다. 엄마의 관심은 돈과 남동생 그리고 작은 언니에게만 향해 있었다. 소원대로 아들을 낳고 나서는 마치 나를 부려먹기 위해 밥을 먹이는 것 같다는 생각이 들 때도 있었다. 엄마는 나에 대해 불공평했고, 말과 행동으로 어린 나를 무시하며 경멸했다.

그래서 나는 자주 방에 들어가 서럽게 울곤 했다. 나는 늘 겉으론 강한 척했지만, 내면으로 상처를 받았었나 보다.
'왜 맨날 나만 미워하지…?'
'그럼 왜 낳았어… 흑흑.'
'태어나서 미안해….'
어릴 때는 이런 혼잣말을 참 많이 했었다.

국민학교 내내 육성회비 밀려 망신당하게 하고 선생님이 오시라고 해도 끝끝내 나타나지 않아 도리어 나만 더 미움받아 혼났던 기억이나, 학교에서 학교폭력 사건이 있었을 때 피해자에게 위약금을 주지 않겠다며 도리어 감옥에나 가서 다 갚고 나오라던 엄마.

어릴 적 술집에 팔려 8개월간 사라졌다가 돌아와도 찾기는커녕 말없이 이사 가버린 엄마.

교통사고로 다친 딸의 병원비조차 주지 않으려고 전화를 피했던 엄마.

미국으로 고려장 치르듯 속 썩이는 딸을 내다 버린 엄마.

타지 생활 내내 단 한 번도 먼저 안부를 묻지 않고 자기 필요할 때만 찾았던 엄마.

물심양면으로 경제적 지원을 했는데도 내가 주는 돈만 사랑했던 엄마.

행복이나 자존감 따위는 바랄 자격 없는 년이라며 세뇌하던 엄마.

내 행복보다 자기의 미래가 더 소중하다던 엄마.

나는 '괜찮다, 괜찮다' 하며 버텼지만, 사실은 괜찮지 않았던 것 같다. 아빠가 살아 계셨다면, 내 공부만큼은 절대 빚을 내서라도 포기하지 않게 하셨을 텐데….

하나님은 내 눈물을 알고 계셨다. '내가 너를 돌보고 있었다'라고 말씀하시는 것 같았다. 밀물처럼 하나님의 위로가 내 안에 퍼져왔다. 내 인생을 돌이켜 생각해 보면 수시로 꿈에 나타나셨고 때마다 환상으로 경고하셨고 죽음의 위협에서도 나를 지키셨고, 결국 다시 살게 일으키셨다. 그러나 내가 늘 그분에게 등을 돌렸고 도망 다녔었다.

부모도 포기한 '나 까짓 거'를 끝까지 찾아내고야 마셨다.

사마리아 여인

시간이 얼마나 지났는지 모르지만, 남편이 트레일러 안에서 나를 불러 들어갔다. 무슨 일이냐고 눈빛으로 묻기에 "음… 하나님이 말씀으로 나한테 사마리아 여인에 대한 감동을 주시네… 또…"라고 그냥 지나가는 혼잣말처럼 말했다. 남편은 '뭔 소리야?' 하는 표정을 지었다.

나는 다시 밖으로 나가 기도했다. 잠시 후 남편이 또 불러 트레일러로 들어갔더니 그는 위성으로 연결된 TV에서 우리가 예전부터 즐겨 보던 'The Pawn Shop'이라는 프로그램을 보고 있었다. 그러더니 나에게 "아까 네가 말한 사마리아 여인이 이 여자야?" 뭔 소린가 싶어 TV 화면을 보니 예전에 도둑맞아 세상에서 사라졌던 렘브란트의 「우물가의 여인」을 찾았다는 이야기를 하고 있었다.

그 사라졌던 그림을 누군가 이 가게로 감정을 받으러 가져왔고 이 계기로 오랫동안 세상에서 자취를 감췄던 그 그림이 다시 대중 앞에 드러나게 되었다고 전당포 주인이 설명하는 동안, 그림이 화면에 비쳤다. 우물가의 여인 옆에는 예수님이 앉아 대화하고 있는 장면이 담겨 있었다.

그 순간 조용히, 내 두 눈에서 뜨거운 눈물이 도르르 흘러내렸다. "응… 교회 가서 처음 은혜라는 걸 받았던 날도 이 여인에 대한 설교였고 그 후로도 하나님은 계속 나를 그렇게 부르시는 것 같아."

"그게 왜 너야?"
"음…"
그때 하나님께서 사실을 말하라고 마음을 주셨다. 나는 용기를 내어 말했다.
"내가 할 말이 있어…내가 미리 말하지 않았던 거, 정말 미안해… 내가 아주 어릴 때, 동네 건달들에게 속아 술집에 팔려 갔었어… 그리고…"
쉽지 않았다. 내 안에서 어떤 놈이 억지로 진실을 붙잡고, 빼앗기지 않으려 막고 섰다. 나는 성령이 주시는 용기로 그 진실을 밖으로 끌어내야 했다. 나는 아무에게도 나의 과거를 이야기하지 않았었다. 그 순간 이미 무너져 펑펑 울고 있었다.
"하나님이 나의 과거를 다 아신다고 하셨어. 그런데도 나를 사랑하신대… 부모도 하지 못하는 그 사랑을… 그래서 나도 주님을 사랑하게 됐고… 많이 죄 사함 받은 자가 더 많이 사랑하게 된다는 말씀처럼…"

나는 계속 숨 넘어가듯 통곡하며 울었다. 더 자세한 설명을 그는 묻지 않았다. 그 순간 내 마음속에는 늘 속으로 그를 '깡패, 양아치'라고 무시하고 경멸했던 내 태도가 떠올랐다.

정말 나는 위선자구나…성령의 지적대로 나는 거짓되고 위선적인 바리새인이 맞았다.

남편에게 용서를 구했다.

"내가 이런 사람이었어. 자기 허물은 감추고 남은 죄인 취급하는… 나는 그런 위선자가 맞았어."

그는 내가 불쌍해 보였는지,

"살다 보면 그럴 수도 있지. 다 지나간 거야. 괜찮아…"

하며 말을 흐리며 나를 위로했다. 그의 마음이 정말 넓고 착한 건지, 아니면 믿음이 나보다 더 깊거나 진실된 건지 하는 생각도 들었다.

그때 나에게는 또 다른 기도제목이 있었다. 우리가 아리조나로 이사 오면서 직원들에게 가게 운영과 경영을 맡기고 두세 달에 한 번 들러 확인만 하고 있었다. 평소에는 주로 전화로 보고를 받고 최종 결정을 주고받았다. 그러나 그들은 회계를 보고를 할 때마다 운영자금이 더 필요하다는 말을 했고 결국 우리는 어머님이 남기신 얼마 안 되는 생명보험금으로 구멍 난 자금을 메우고 있었다. 엎친 데 덮친 격으로 직원들 간의 갈등 때문에 한 직원이 여러 차례 퇴직 의사를 밝혔고 나는 그를 설득해서 붙잡고 있었다. 아무리 매니저 아줌마를 타이르고 달래도, 그녀의 입으로는 부정적인 말들만 반복해 나왔다. 권사님이시고 시동생들이 모두 목사님들이신 이 분은 의리로 교회를 다니셨고 여러 번 성경 말씀으로 부정적인 생각과 믿음을 버리라고 타일렀지만 못 알아들으셨는지 여전히 실천하지는 못하셨다.

　돈은 계속 들어갔고 다시 회복되지 않는 상태의 사업에 대해 남편은 이제 접어야 할 것 같다고 했고 나는 기도해 보겠다고 했다. 우리가 가게를 포기하는게 맞는지, 아니면 돌아가서 가게를 다시 살리려 노력하는 것이 맞는지를 두고 나는 기도하고 있었다. 그리고 이 말씀을 기도 중에 받았다.

너희는 먼저 그의 나라와 그의 의를 구하라. 그리하면 이 모든 것을 너희에게 더하시리라. 마 6:3

　하나님께서 돌아가서 복음을 증거 하라는 뜻으로 깨닫고 내 할 일을 하면, 가게 문제나 먹고사는 문제는 하나님께서 알아서 하실 것이라고 약속하신 것이라 믿었다.
　"네 알겠습니다."
　다음 날 이른 아침, 나는 남편에게 조심스럽게 LA로 돌아가자고 했던 것 같다. 아마 응답을 받았다고 말했을 것이다.
　그러자 남편의 분노의 화산이 또다시 폭발했다. 아마도 내 하나님 이야기와 기도 응답 운운함에 지쳤고 갑자기 아리조나를 떠나 LA로 가야 한다는 말에 황당했을 것이다. 지금 생각하면 그의 입장도 충분히 이해가 간다.
　응답은 내가 받은 것이지, 그 사람이 받은 것은 아니었다. 성령과 대화하는, 귀신 들린 여자의 미친 소리라고 생각할 수도 있었다. 이때까지만 해도 그는 하나님을 단지 종교 정도로만 여겼다.

그는 분노로 눈이 돌아가 미친 사람처럼 변해, 잡히는 것은 다 던지고 부수고 욕하며 순간 이성을 완전히 놓아 버렸다.

이 모든 모습을 겁에 질린 어린 딸이 바라보고 있는 것이 눈에 들어왔다. 내 어릴 적 분노에 휩싸여 집 안을 부수고 엄마를 때리던 아빠의 모습이 생생하게 떠올랐다. 나는 아이를 안고 맨발로 그 자리를 뛰쳐나가 도망쳤다. 한겨울이었고, 눈이 쌓여 길은 미끄러웠으며 산골의 길에서는 맨발임을 잊지 않도록 발이 얼고 있었고, 돌부리에 부딪히고 가시 같은 것들에 찔렸지만 나는 계속 달렸다.

그 길을 울면서 아이를 안고 한참을 뛰는데, 두 살 남짓 된 딸은 내 눈에 눈물을 아는 듯, 내 등을 토닥이며 위로했다.

아이를 안고 달려간 곳은 산등성이 밑에 있던 이웃집이었다. 너무 이른 아침이라 문을 두드리기 전까지 오래 망설였다.

"똑똑- 똑"

이웃 아저씨가 문을 열고 나를 위아래로 보더니 들어오라 권했다. 내가 아는 한, 이 부부가 유일한 크리스천 이웃이었고 걸어서 삼십 분 정도 거리라 집도 가까웠다. 우선 들어가 아이를 이불로 덮었고 그는 나에게 갈아입을 웃옷을 가져다주었다. 반팔 셔츠에 안에는 속옷도 없는 상태였다. 그는 따뜻한 차를 만들어 내밀며 방에 들어가 쉬라고 권했고 어떤 것도 묻지 않았다. 나는 추위 속에서도 뛰어오는 바람에 땀에 젖어 있었고 지쳐 있었다. 그 방에 들어가 잠시 누워 아이에게 젖을 먹여 재우고 다시 나왔다. 충격과 흥분이 가라앉자, 어떻게 된 사연이고 무슨 일 때문인지 설명했다. 우리가 대화하는 내내, 거실 큰 창가 밖 펜스 위에 앉아 우리를 정면으로 바라보는 하얀 비둘기 한 마리가 있었다.

그는 한참 듣더니, "그럼 떠나길 원하느냐?"라고 물었고, 나는 기도응답임을 믿고 그렇다고 대답했다. 그러자 그는 본인이 우리 트레일러로 찾아가 내 짐들을 챙겨 오겠다고 했다. 나는 말렸다.
"그 사람은 총도 있고, 화나면 무슨 짓을 할지 모른다"며 안 된다고 했다. 그는 "나는 이미 구원을 받은 사람인데 죽는 게 뭐가 두렵냐"며 갈 준비를 했다.

아니다, 경찰이라도 불러 동행하도록 설득한 뒤, 경찰이 도착한 후 그분과 나는 함께 남편이 있는 트레일러로 향했다. 그분은 걱정하지 말라며, 무슨 일이 생기면 목숨을 걸고 우리를 지키겠다고 약속하셨다.

'나를 얼마나 안다고… 한 번 스쳐 지나가듯 인사한 게 다인데…'

경찰과 함께 들어간 트레일러는 모두 부서지고 엎어져 난장판 그대로였다. 경찰은 그를 불러 나의 법적 권리에 대해 설명한 뒤, 그를 먼 곳에 따로 서 있게 하고 나에게 안으로 들어가 소지품을 챙겨 나오라고 했다. 우리에게는 차가 두 대 있었고 그 중 내 차의 키를 챙겨 짐을 싣고 아이와 함께 떠나 LA로 향했다. 이때 도움을 받은 이웃 부부는 지금까지도 서로 연락하며 나의 기도를 함께 돕는 동역자들이 되었다.

Back to LA

밤새 나는 울며 운전했고 아이는 뒷자리에서 내내 울었다. 새벽녘에는 젖을 먹이고 재워야 해서 모텔을 잡아 쉬었고 이른 아침 다시 LA로 향했다.

LA 한인타운에 도착해, 한 모텔에서 아이와 함께 방을 잡았다. 가진 돈은 많지 않았다. 남편은 마치 내가 돈 때문에 자기와 함께 사는 것처럼, "감히 네가 날 떠날 수 있나 보자"라는 식의 눈빛으로 자주 나를 쳐다보았던 적이 있고, 그게 나는 너무 싫었다. 아니, 돈이 싫어졌다.

다음 날, 주일 예배를 예전에 다니던 주님의 영광교회로 아이와 함께 찾아갔다. 아직도 나를 알아보는 사람들이 꽤 있었다. 이전에 차압을 당한 그 콘도에서 잠시 함께 살았던 자매를 예배당에서 보았고 그녀 역시 고난 가운데 있었다. 그녀가 사실 나에게 잘못한 일들이 있었지만 하나님께서 용서와 화해하라는 감동을 주셔서 나는 조용히 그녀에게 다가가 손을 붙잡고 함께 울며 찬양했다. 그녀는 나에게 미안했는지 고마워서였는지 《생명의 삶》책을 선물하며 연락처를 주고받고 헤어졌다.

나오는 길에 주차장에서, 전에 알던 아프리카 선교사님들을 만나 가진 돈의 반 이상을 드렸다. 전재산은 줄었지만 마음은 더 편해졌다. 모텔에 돌아와 밤새 몸이 마치 신병이라도 난 듯 아팠다. 나는 다음 날부터 두 살 반 된 아이를 안고 새벽기도를 다녔다.

언제 바뀌었는지 모르겠지만, 새벽기도는 《생명의 삶》 순서로 진행되는 설교였고 첫날 주제는 '사마리아 여인'이었다. 또 펑펑 울었다. 서서 찬양을 드리며 말없이 펑펑 울었고 방언이 쏟아져 나왔다. 서 있기 힘들 정도로 온몸이 경련처럼 떨렸고 다리가 흔들렸다.

예배를 마치고 강단 앞에 주저앉아

"하나님, 왜요? 왜 저를 이렇게 아프게 하시나요? 제가 뭘 잘못했나요?"라고 기도로 물었다. 그러나 기도는 곧 한 발짝 낮춰 하나님께 다가가는 기도로 바뀌었다. "다시 돌아오라 하셔서 왔습니다. 그럼 이제 무엇을 해야 하나요?"

매일 새벽, 아이를 안고 새벽기도를 갔다. 밤에 잠을 잘 수 없었던 것도 한몫했다. 마치 마라톤을 심하게 뛴 사람처럼 온몸의 근육이 굳는 듯 당기고 떨리는 듯했다. 말로는 설명하기 어렵다. 아이를 재우고 불을 끈 채, 나는 벽에 등을 붙이고 앉아 그대로 밤새 울며 시간을 보냈곤 했다.

다음 날 새벽기도 중, 두 번째 이혼 때 교회를 떠나기 전에 나에게 막말을 하시고 시험을 크게 겪게 하셨던 그 권사님이 눈에 들어왔다. 나는 마음속으로 그분을 아직 용서하지 못하고 있었다.

그러나 성령께서 용서와 화해를 명하셨다. 예배가 끝나자 그분에게 다가가 "제가 잘못했습니다. 용서해 주세요…"라고 말했다. 그분은 내 등을 두드리며 "그럴 수 있어. 괜찮아."라고 하시며 나를 안아주셨다. 다음 날도, 그다음 날도… 점점 나의 기도는 바뀌어 갔다.

하루는 기도 중 인생을 의지하지 말라는 감동을 주시며 말씀을 주셨다.

> 너희는 사람을 의지하지 말라. 그의 숨은 그의 콧구멍에 있나니 어떤 점에서 그를 수에 넣어야 하겠느냐? 사 2:22

지나간 과거, 사람들을 지나치게 믿어 상처받았던 기억들이 떠올랐다. 남편도 사람에 불과하다는 깨달음과 약속을 지킬 수 없는 나약한 인간일 뿐이라고 하셨다. 인간을 신처럼 무모하게 믿었던 나의 잘못을 알게 하셨다. 엉엉 울며 회개 기도를 드렸다.
그렇구나… 인간은 그럴 수밖에 없는 거였구나..
늘 인간에 대한 배신감에 힘들어했던 나에게, 그들의 잘못이기보다 사람을 지나치게 의지하고 믿은 나의 잘못이라고 지적하셨다.

"나, 앞으로 어떻게 살아야 하나요?"
"아이는요…"
"제가 할 수 있는 건 다 해봤습니다. 남편 문제를 주님께 올려드립니다. 이제는."
"저는 결과와 상관없이 주님께 순종하겠습니다…"

마지막 새벽기도는 방언으로 기도하다 숨이 넘어갈 듯 울부짖다, 주님은 침묵하셨지만 나의 고백을 원하심을 알았다.
"아버지의 뜻만 이루어지소서."
내 안 깊은 곳에서 저절로 이 고백이 수십 번 쏟아져 나왔다. 새벽예배를 다닌 지 삼사 일째쯤으로 기억한다. 새벽기도를 마치고 모텔로 돌아가 큐티를 하며 하나님께 여쭈었다. 그때까지 나는 이단에 대한 두려움에 눌려 있었다.

'하나님, 저에게 영적분별력을 주셔야 합니다. 저를 미혹하려는 영들이 너무나 지금 많습니다. 어떻게 분별해야 하나요?'

어떤 사람이 그분의 뜻을 행하려 하면 그 교리가 하나님에게서 왔는지 혹은 내가 스스로 말하는지 알리라.
스스로 말하는 자는 자기의 영광을 구하되 자기를 보내신 분의 영광을 구하는 자 곧 그는 참되며 그 속에는 불의가 없느니라. 요 7:1

큐티를 하는 중에 이와 같은 성경 구절을 보여주셨다. 성령으로 말하는지 스스로 말하는지 성령과 성경으로 분별하라는 감동도 주셨다. 누가 결국 영광의 주인이냐를 보라는 뜻도 포함되어 있었다. 열매가 사랑이 아니면 하나님이 하신 일이 아니라는 것도, 며칠 전 담임 목사님과의 상담을 통해 다시 상기시켜 주셨다.
"아! 이거였구나!" 나는 감동했다.
그 여 목사님과 함께 사역하는 전도사 동생이 계속 연락을 해왔고, 나는 드디어 할 말을 알았다.
"응답받았어. 다시 돌아오는 건 맞지만, 그 목사님 밑에서 배워야 하는 건 아니야."

그녀는 포기하지 않고 계속 졸랐다.
"아무래도 네가 믿는 하나님과 내가 믿는 하나님은 다른 것 같아." 그렇게 말하며 전화를 끊었고, 그녀는 더 이상 나에게 연락하지 않았다.
안타깝게도 이 동생은 남편 목사님과 떨어져 아이 둘을 혼자 키우다가, 몇 년 전 갑작스러운 병으로 세상을 떠났다. 그녀는 그 당시까지도 그 여 목사님의 교회를 다니고 있었지만 그

여 목사님은 장례식에 나타나지 않았다. 장례를 위해 한국에서 남편 목사님이 미국에 오셨고 장례를 마친 후 아이들을 데리고 한국으로 돌아갔다.

이게 정말 하나님의 뜻이었을까? 가족을 생이별하게 하고 아이들을 아빠와 떨어뜨리면서까지… 나는 아니라고 생각한다.

나에게도 그 여 목사님은, 지금 남편 말고도 한 번도 결혼해 본 적 없는 남자가 기다리고 있다고 말했었다. 내 지금 남편도 결혼은 내가 처음이다. 정말 하나님이 나를 쓰시고자 부르셨으면, 나에게도 직접 말씀하시리라 믿었다. 그 동생을 그때 더 설득했어야 했다는 후회도 남는다. 외동딸을 잃은 그녀의 어머니의 슬픔을 보며, 어떤 위로도 할 수 없었다.

정확히 며칠 후였는지는 모르겠다. 어느 날, 아리조나에 혼자 살고 있는 남편에게서 전화가 왔다. 울음 섞인 훌쩍이는 소리가 들려왔다.

"나… 너무 무서워…",

"뭔지 모르겠는데, 잠도 잘 수 없고 밥도 먹을 수도 없고… 너무 무서워 죽을 것 같아…",

"나를 위해 기도 좀 해줘…"

뜻하지 않는 상황에 나는 너무 당황해서 어떤 반응과 태도로 그를 대해야 할지 선택하지 못하고 망설였다.

"네가 떠난 후, 그날부터 여기는 먹구름이야. 태양열도 안 되고, 불도 못 켜고, 며칠째 어둠뿐이야. 비 때문에 땅은 진흙탕이라 차로 나가지도 못해. 갇혀 있어 지금… 그냥 온통 어둠뿐이야. 잠도 잘 수 없고 너무 무서운 마음이 들어… 벌 받고 있나 봐 나… 살려줘…"

그의 목소리는 공포에 질려 있었고, 처음에는 무슨 말을 하는지 제대로 알아들을 수도 없었다. 나는 기도하겠다며 전화를 끊었다. 그리고 기도를 시작하는데, 하나님께서 말씀을 주셨다.

내 이름으로 불리는 내 백성이 자기를 낮추고 기도하여 내 얼굴을 구하고 자기들의 악한 길들에서 떠나면 그때에 내가 하늘에서부터 듣고 그들의 죄를 용서하며 그들의 땅을 고치리라.
대상 7:14

받은 말씀을 그에게 메시지로 전하며 3일 금식하고 전심으로 회개기도를 드리라고 당부했다. 나도 계속 중보기도를 하겠다고 말했다. 이날부터 나는 아이를 데리고 기도실로 옮겨 기도를 계속했으며, 그의 이름을 교회 중보기도로 올려 구원과 성령 세례를 위해 기도해 달라고 부탁했다. 아리조나의 그 이웃 가정과 그들의 중보기도팀도 그의 구원을 위해 중보기도를 했다.

3일이 지난 후 남편에게 연락이 왔고 금식기도를 마쳤다고 했다. 좀 나아진 듯했다. 나는 그럼 잘됐다고 말했다. 그는 나와 아이가 어떻게 하면 다시 돌아올 수 있느냐고 물었다. 나는 그런 일은 없을 거라고 말했다. 그는 또다시 울며 말했다.

"애가 너무 보고 싶어…",
"다시 못 볼 걸 상상하면 죽을 거 같아.",
"내가 어떻게 하면 되는 거야. 하라는 거 다 할게…"

나는 그가 성령세례 캠프에 가야 한다는 조건을 걸었고 약속하면 아이를 보여주겠다고 했다. 그는 약속을 했고 밤새 달려 운전해 왔다. 그의 얼굴은 마치 혼이 빠진 듯했고 눈은 며칠 동안 울었는지 붉은 기가 사라지지 않고 통통 부어 있었다.

나에게는 가시 같은 남편이지만, 아이에 대한 사랑만큼은 끔찍했다. 그를 돌려보낸 후, 그는 성령 캠프까지 여러 번 마음과 태도가 왔다 갔다 했다. 또 나를 협박하고 이단이라는 둥 멸시 발언들을 해댔다.

나는 한 걸음도 양보할 수 없었다. 그가 거듭나지 않는 한, 우리는 더 이상 함께할 수 없었다.

이제 나는 가진 돈도 다 떨어져 가고, 계속 모텔에 있을 수도 없었다. 그는 살 집을 구하면 그 비용을 자기가 책임지겠다고 했다. 당일치기로 아리조나에서 아이만 보고 다시 돌아가는 일정이 자기에게도 부담인 듯했다.

당시 우리에게는 커다란 진돗개 두 마리가 있었고 대부분 렌트 집은 집보험 문제 때문에 큰 개들을 꺼려했다. 아무래도 도시 쪽으로는 집을 구하기 어려울 것 같았고 남편이 한인타운에서 2시간 거리인 피렌이라는 시골 동네가 어떻겠냐고 물었다.

출근을 위해 매일 4~5시간 왕복 운전이 부담되어 가게에 가까운 한인타운에도 거주지가 하나 더 필요했다. 우리는 이 두 곳을 놓고 기도했다. 계산해 보니, 매달 1,600불이 우리가 부담할 수 있는 월세 총액이라고 기도로 말씀드렸다.

그날, 그가 말했던 피렌이라는 곳을 구경이라도 해보자며, 그가 운전을 하고 있었고, 친한 조선족 여동생과 나, 그리고 딸과 함께 동네를 차로 돌고 있었다. 그 동네 한국 부동산 에이전트의 전화번호를 찾아 전화를 걸어, 혹시 방 하나짜리 월세를 구할 수 있는지 물어봤다.

"생각나는 곳이 한 곳 있긴 한데… 주인분이 한 번도 렌트를 해본 적이 없으신데… 제가 한 번 전화로 알아보고 다시 연락드릴게요." 전화를 끊고 드라이브를 하는 동안, 이젠 돌아가려고 고속도로 진입을 위해 커브를 돌자, 시야에 아름다운 시골 풍경이 들어왔다. 나는 남편에게 말했다.

"나는 이쪽 근방이 좋은데… 경치도 좋고… 시골이네. 저 언덕 위에 저 파란 지붕 집 보여? 저기 기도하기 딱 좋네."

"저런 집은 렌트 안 하겠지?"라고 남편이 말했지만, 나는 이미 마음속으로 그 집을 위해 기도하고 있었다.

그때 마침 남편에게 전화가 걸려왔다. 아까 그 에이전트 분이었다. 한참 설명을 들은 후 전화를 끊으며 남편이 말했다.

"아까 그 부동산 에이전트인데, 집을 구했다고 해… 우리가 찾는 가격에."

우리는 모두 '혹시 설마' 하며 설명을 들어보니 정말 그 언덕 위에 파란 지붕 집이었다. 한인타운 집렌트비를 1000달러로 예산 잡았고 피렌 쪽 집 렌트비는 약 600불로 예산하고 있었는데 그 집주인이 정한 가격도 정확히 600달러로 우리가 기도한 금액이었다. 언제든 이사도 가능하다고 했다. 동물들을 위해 펜스를 치는 것도 좋다고 했다.

남편은 온몸에 털이 섰다며, 소름 끼친다, 몇 번이고 흥분한 목소리로 반복했다. 뒷자리에 함께 동행했던 동생 역시 '말도 안 된다'며 눈이 커지고 황당해했다. 나는 이미 이런 경험이 있어 그들처럼 놀라지는 않았다. '그들의 믿음을 위해 이렇게까지 경험하게 허락하시는구나' 하고 속으로 생각하고 있었다.

나는 "우리 하나님이 도우실 때는 확실히 도우신다"라고 말했다. 바로 이사를 했고, 그 집에 대부분의 우리 짐과 동물들을 옮겨 두었으며, 주로 주말에만 방문했다.

이제 한인타운에 거처를 구해야 했다. 예산했던 1,000달러에 세 식구가 살 만한 렌트는 거의 없었다. 찾다 찾다 하숙집이 눈에 들어와 연락을 하고 방문했다. 주인아저씨는 아이를 위해 화장실이 딸린 가장 큰 1층 방을 1,000달러에 주시겠다고 했다.

우리는 가게로 출근할 때 필요한 살림과 아이의 것들을 챙겨 그 집으로 곧바로 이사했다. 침대는 없었지만, 바닥에 요를 깔고 잤다. 그때까지 그는 아리조나와 LA를 왔다 갔다 하고 있었고 우리를 방문할 때는 한쪽 구석 소파에서 잠을 자곤 했다.

남편의 구원과 시아버님의 구원

글로리 캠프 날이 가까워질수록 그는 점점 더 비아냥거리며 싸움을 걸어 내 속을 뒤집어 놓곤 했다. "그 딴데 왜 가야 하냐, 나는 이미 믿는데…" 등의 말로 혹시 내가 마음을 바꿀까 갖은 방법으로 나를 시험했다. 나는 그럴수록 더 계속 새벽기도를 나갔다.

> 우리가 잘 행하는 가운데 지치지 말지니 우리가 기진하지 아니하면 정하신 때에 거두리라. 갈 6:9

드디어 캠프 당일이 되었고 끝까지 안 가겠다며 우기던 그를 결국 버스에 태워 캠프에 올려 보냈다. 마침 예전에 내가 전도했고 일대일 제자훈련도 했던 조선족 자매가 "형부가 가면 내 남편도 올려 보내고 싶어요"라며 남편도 함께 올려 보냈다. 나는 계속 기도했다. 나 외에도 중보기도의 용사들이 함께 기도해 주었다.

첫째 날, 봉사자로 올라간 청년부 동생이 "형부 잘 있으니 걱정 마"라며 메시지를 보냈다. 둘째 날에도 잘 따라오고 계신다고 소식을 전했다. 셋째 날은 핸드폰으로 동영상을 찍어 보내왔다. 그를 둘러싸고 찬양하시는 분들의 노래와 펑펑 울고 있는 그의 모습이었다.

"언니, 형부 난리 났다. 여기서 은혜 제일 많이 받고 있어."
그러나 나는 여전히 그 사람을 믿을 수 없었고, 완전히 용서하지도 못했다. 캠프를 마치고 정말 은혜를 많이 받았는지 눈이 촉촉해진 채 돌아왔고 온유한 사람처럼 변해 있었다. 하지만 내 마음은 너무 많이 당해 의심을 내려놓지 못했고 여전히 닫혀 있었다. 그의 돌변하는 행동을 한두 번 겪은 것이 아니었다.

그의 말에 따르면, 본인이 그렇게까지 죄가 많은 사람인지 전혀 몰랐다며, 회개하는 종이가 모자라 앞뒤로 빡빡하게 적어야 했다고 했다. 그리고 나에게도 진심으로 사과했다. 나는 그 사람의 변화를 지켜보자는 마음으로 사과를 받았고, 용서는 보류했다. 본인이 죄인이 아니라고 믿는 사람에게 잘못을 시인하게 만드는 일은 어려운 일이다. 하나님만 하실 수 있는 은혜라 나는 생각한다.

며칠 후, 참가자 리유니온에 가족으로 함께 동행했다. 목사님의 인사가 끝나자, 바로 커다란 스크린에 캠프 때 촬영된 영상이 나왔다. 어디서 많이 본 긴 머리, 턱수염 아저씨가 사람들에 둘러싸여 펑펑 울고 있었고 다음 장면에는 같은 아저씨가 바닥에 코를 박고 울고 있었다. 영상 속에서 그 남자가 제일 많이 나왔다.

'혹시…?' 내가 잘 알던 그 깡패 아저씨가 맞았다.

나는 너무 감사해서, 영상을 보는 내내 울었다. 그 즈음, 남편은 아리조나로 짐을 가지러 가는 길에 운전하면서 십자가에 매달린 아버님을 환상으로 보았다며 이제 아버지와 화해하라는 뜻 같다고 말했다.

남편은 어머님의 아들이었고 평생을 아버님을 미워하고 무시하며 살아왔다. 분명 남편의 분노에는 이유가 있었다.

나는 가문에 흐르는 저주에 대해 어느 정도 알고 있었다. 그들의 용서와 화해를 남편 몰래 몇 년 동안 기도해 오고 있었다. 우리와 다음 세대를 위한 기도였다. 남편과 나, 그리고 아이는 요양원에 계신 시아버님을 방문했고, 남편은 진심으로 아버님의 눈을 바라보며 말했다.

"아빠, 내가 그동안 미워했던 거 미안해. 하나님이 사과하고 용서하라고 하셨어." 아버님은 순간 당황하셔서 리액션을 찾지 못하고 굳어 버리셨다. 남편이 아버님을 안고

"사랑해, 아빠. 그리고 내가 잘못했어."

"일요일에 데리러 올 테니까 준비하고 있어, 아빠. 이제 같이 교회 가야 해." 아버님은 우리를 보시며 물으셨다.

"하나님이 어떻게 생기셨대?"

얼굴에는 분명 미소를 짓고 계셨고, 정말 몰라서 물으신 듯했다. 하나님을 만났다니까 사람처럼 얼굴로 만나야 하는지 아셨나 보다. 아버님은 몇 대째 불교 집안사람이셨지만, 본인은 어떤 믿음도 없으신 분이었다.

그 주일부터 시아버님을 모시고 손녀와 아들 그리고 함께 예배를 드리며 하나님의 신실하심에 눈물로 감사했다. 세 사람은 정말 닮아, 교회 분들이 붕어빵이라며 다 웃으며 지나갔다.

영혼을 전도하는 일마저, 모든 것을 주 앞에 내려놓고

"이젠 제 힘으로 끌고 가려는 노력마저 다 내려놓겠습니다."라고 자포자기하며 고백한 후,

"당신의 뜻만 이루어지게 하소서."라고 기도했을 때,

하나님께서는 남편과 시아버님, 조선족 동생의 남편까지 한 방에 세 명을 구원하셨다.

이후로 나는 전도를 무식하게 억지로 하지 않는다. 하나님이 하라는 대로만 하고, 기도하며 그분의 때를 기다리는 마음의 여유를 배웠다.

나는 남편의 성령세례 이후 말씀을 사모하는 영을 그에게 부어달라고 기도하고 있었고, 그에게는 전혀 내색하지 않았다. 나의 간절한 기도대로 남편은 밤낮으로 성경을 읽었고 운전하는 동안 오디오 성경을 들었고 더 알고 싶다며 주석공부까지 하기도 했다. 그는 이 전에도 성경을 통독한 적이 있었기에 본인은 성경을 안다고 생각하고 살아왔었지만 성령을 받은 후 성령께서 조명하시는 말씀들은 전혀 새롭게 깊이 마음으로 깨닫게 된다며 매일 신기하다는 말들도 했다.

하나님은 참 신실하시다.

물질을 다스리는 권세

나는 가게로 돌아가 매니저와 마지막 기회라고 생각하며 대화를 해보려 했고, 바로 그 자리에서 그녀를 해고했다. 이미 이전부터 여러 번 타이르고 경고했음에도 불구하고 그녀는 여전히 부정적인 말과 믿음 없는 말들을 입에 달고 버릇처럼 내뱉고 있었다.

'매니저는 가게가 잘되든 못되든 책임을 지는 자리'라며, 책임을 지고 나가시라고 했다. 그분의 "안 된다"는 선포와 믿음대로 잘되던 가게는 이 년째 매달 큰 손해를 보고 있었다. 남편은 조심스럽게, "매니저 말이 맞았으면 어쩌려고… 손님이 이제 정말 없는 거면 어쩌려고 그래? 그냥 가게를 닫는 게 나은 거 같지 않아…?" 내 눈치를 보며 물었다.

"매니저도 그렇게 바로 해고해 버리면 어떡해? 이젠 정말 안 될 거 같은데…" 나는 그에게 안 된다고 믿는 사람과 멍에를 같이 멜 수 없다고 단호히 말했다.

"이 없으면 잇몸으로 살아."

주가 말하노라. 진실로 내가 살아 있음을 두고 맹세하거니와 너희가 내 귀에 말한 대로 내가 너희에게 행하리니 민 14:28

남편도 어느새 매니저의 부정적인 말들에 전염된 듯 믿음 없는 말들을 하고 있었다. 나는 그의 입을 막아야겠다고 생각했다.

이제 믿음은 바라는 것들의 실체요 보이지 않는 것들의 증거니 히 11:1

나는 남편에게 내 믿음대로 다시 일으켜 보겠다고 말했고, 남편은 염려하는 눈치였다. 남편에게 성경적인 말의 권세와 믿음이 만드는 미래에 대해 설명했지만, 당시까지만 해도 그는 믿음으로 받아들이지는 못 하는 것 같았다. 더 이상 하나님께 내가 받은 감동이나 기독교의 가르침들을 말하지 않았다. 응답과 비전은 하나님이 내게 주셨지 남편에게 보이신 것은 아니었고, 머리로 말씀을 아는 지식에서 현실에 적용하는 데는 믿음과 순종이 필요하기 때문이다.

하나님께서 당신의 뜻대로 순종할 때, 없던 길도 내시고 안 되는 일도 되게 하시는 분임을 분명히 믿고 있었다.

남편과 나, 그리고 3살도 안 된 우리 첫째 딸과 함께 주 6일, 아침 9시에 출근해 밤 7시까지 일하고 퇴근하기를 반복했다. 지출을 줄이기 위해 직접 점심을 요리해 먹기도 했다.

하숙에 돌아와서는 아이를 돌보고 집안일을 해야 하는 모든 일도 나의 몫이었다. 잠잘 때 빼고 다 일이었을 만큼 눈에 보이는 게 모두 해야 할 일들이었던 기억이 난다.

이제는 하나님의 방식으로 다시 일어나겠다고 나는 다짐했고, 하나님께 그렇게 기도드렸다.

먼저 가게를 다시 살리기 위해 나는 내가 가지고 있던 모든 자본과 그의 자본의 일부를 끌어 넣어 다시 가게 물건들을 채웠고 새로운 아이템으로 수입원을 만들고 광고와 칼럼을 통해 가게와 상품을 널리 알렸다.

> 너희 중에 어떤 사람이 지혜가 부족하거든 모든 사람에게 너그러이 주시고 꾸짖지 아니하시는 하나님께 구하라. 그리하면 그것을 그에게 주시리라. 약 1:5

내가 성령님께 받았던 말씀들은 특별한 구절들이나 몰랐던 비밀들은 전혀 없었다. 다만 맞는 때에 필요한 말씀을 이미 알았던 말씀들을 성령께서 기억나게 하셨고 받은 말씀들을 믿고 순종하여 실천하게 하셨고 그 말씀의 언약들은 현실 안에서 실제화되어 갔다.

그 당시, 출애굽 이야기의 과정들이 늘 내 머릿속에 계속 떠올랐다. 하나님은 불평하고 원망하지 말라고 하셨다. 내 육신과 자아는 끊임없이 의심과 불만과 원망을 토해냈지만 나는 죄인 된 나의 본성의 소리에 귀를 닫고, 성경과 성령을 믿고 따르기로 했다.

사람에게 공통적으로 있는 시험 외에는 너희가 어떤 시험도 당하지 아니하였나니 하나님은 신실하사 너희가 감당할 수 있는 것 이상으로 시험당하는 것을 너희에게 허락하지 아니하시고 또한 그 시험과 함께 피할 길을 내사 너희가 능히 그것을 감당하게 하시느니라. 고전 10:13

'왜 나에게만 이런 시련을 주시냐?' 이런 생각과 신세한탄이 올라올 때, 억울했던 요셉의 인생을 기억했고, 도망 다니던 다윗의 고난을 기억했다. 그들이 고난 가운데 어떻게 견뎠는지를 기억해 나의 삶에 적용했다.

내가 당하는 고난은, 나에게 감당하라고 하나님이 예비하신 훈련시간이고, 반드시 내가 감당할 수 있고, 감당 못할 일은 애초부터 하나님께서 맡기시지 않으심을 믿었다. 믿지 못함과 두려움으로 내 안에 잠재된 능력을 제한하지도, 하나님께서 나를 통해 하고자 하시는 일을 내가 막지 않겠다고 다짐했다.

> 우리는 믿음으로 걷고 보는 것으로 걷지 아니하노라. 고후 5:7

보이는 현실은 '마이너스 나는 사업'이었다. '설상 문을 닫게 된 다해도, 그전에 다시 한번 최선을 다해 일으켜 보겠다'는 나의 믿음이었다. 믿음으로 홍해를 건너고 요단강에 발을 집어넣는 것이 믿음이라고 하셨다. 보이지 않는 미래를 '믿음'으로 열라고 하셨다.

> 구하라. 그러면 너희에게 주실 것이요, 찾으라. 그러면 너희가 찾을 것이요, 두드리라. 그러면 너희에게 열릴 것이니 마 7:7

남이 다 차려놓은 밥상 같은 기회가 눈앞에 펼쳐지길 바라지 말고 나가서 농사를 짓던 사냥을 하던 음식재료를 구하고 부지런히 직접 요리를 배우고 만들어 찾아 먹으라는 뜻이다. 이 과정을 통해 배운 점은 길과 기회는 없다고 믿는 사람에게는 보이지 않고, 있다고 믿으면 보이기 시작한다는 것이다.

마음과 생각의 부정적인 믿음이 스스로 눈을 가린다는 사실을 알게 하셨다. 불가능하다고 믿는 사람은 늘 핑계와 변명이 많고 눈앞에 장애들을 과장해 보게 한다. 쉽게 말해 안 될 이유가 없어도 찾아낸다. 반대로 긍정적으로 가능성을 찾는 자들에게는 없던 길도 보인다.

'주시옵소서' 기도도 중요하지만, 찾고 두드리는 시도는 내가 해야 한다는 말씀으로 받았다.

> 돈을 사랑함이 모든 악의 뿌리이니 어떤 자들이 돈을 탐내다가 믿음에서 떠나 잘못하고 많은 고통으로 자기를 찔러 꿰뚫었도다. 딤전 6:10

노동의 이유가 돈과 부귀영화가 목적이 되지 않게 마음을 지키고, 말씀과 성령의 가르침을 따라 살라고 하셨다. 돈과 성공은 유기체가 아니라 생명이 없다. 고로 그 자체에는 선과 악이 없다. 내 마음과 생각의 중심에서 나오는 죄를 경계하란 뜻이다.

> 예수님께서 그에게 이르시되, 네가 만일 믿을 수 있거든 믿는 자에게는 모든 것이 가능하니라 하시니 막 9:23

내 안에 '안 되면 어떡하지?'라는 불안과 염려가 들어오면 '너의 믿은 대로 이루어지리라'라는 말씀이 떠올랐다.

> 믿음을 통해 우리는 세상들이 하나님의 말씀으로 지어진 줄을 아나니 그런즉 보이는 것들은 나타나 보이는 것들로 만들어지지 아니하였느니라. 히 11:3

믿음으로 만드는 미래를 가르치셨고 나는 적용했고, 실천했다. 내가 출애굽을 통해 배운 인생 교훈은 '믿음의 반대말이 두려움'이라는 것이다.

믿음이 없이는 하나님을 기쁘시게 못하나니 히 11:6

당시의 상황이 그만큼 우리에겐 절박했고, 나는 지금 믿지 못하면 다시 세상으로 돌아가 돈과 권력에 평생 종살이하다 생을 마감하든가 훈련만 하다 광야에서 헤매다 죽든가 두 갈래 길에서 '믿음'을 선택했을 뿐이다.

나는 어렸을 때부터 다른 사람들의 삶을 관찰하며 인생을 배우는 습관이 있다. 내 눈에 비친 우리 부모 세대들의 삶은 먹고살기 위해 죽도록 일만 하다 돈의 노예로 살다 죽거나, 돈과 성공이 삶의 목적 자체가 된 듯 사는 인생들이었다. 그들의 인생은 모두 나에게 '허무함'이란 단어를 남겼다. 나 역시 거듭나기 이전까지는 인생의 목표가 '돈'이었고, 나도 모르게 나도 돈의 노예가 되어갔었다.

거듭난 후 다시 덤으로 사는 제2의 인생은, 나에게는 생존보다는 의미가 더 중요해졌다. 당시 나는 하나님께 내 인생의 주인 자리를 기꺼이 내어드렸고, 성령님의 가르치심과 인도하심으로 이 전과는 다른 제2의 역전의 삶을 살게 해달라고 간절히 바라고 기도했었다.

여러 번을 망하고 거지가 되고 감당 못할 빚의 노예로 살던 나에겐 물질과 상황들을 다스릴 능력과 권세를 반드시 받아야만 한다는 의지와 이유가 분명했다. 돈으로부터 자유하고 싶었고 내 현실의 삶이 하나님의 수치가 아니라 영광이 되기를 진심으로 소원했었다.

나는 편안하고 쉬운 길을 내려놓았다. 편한 길에는 하나님이 계시지 않았고 하나님이 계시지 않는 그 길은 결국 더 힘든 길로 돌아가는 인생이라 나는 믿었다.

말씀과 성령의 인도하심은 마치 광야에서 구름기둥과 불기둥으로 이스라엘 민족을 인도하셨듯 어둠 같았던 고난의 시간들 속에서 나의 길을 비추셨고 내가 마땅히 취해야 할 행동과 결정의 방향들을 지시해 주셨다.

주의 말씀은 내 발에 등불이요, 내 길에 빛이니이다.
시 119:105

물질을 다스리는 은사를 구했던 나에게 하나님은 물질에 대한 나의 마음자세, 경영인으로의 성품과 자질, 책임을 가르치셨다. 이 훈련을 통과하자 하나님이 차차 손님들을 보내시고 수익이 몇 십배로 느는 기적 같은 재정의 복이 부어졌다.

이 글에 쓰지 못한 하나님께 받은 말씀과 성령의 역사하심은 훨씬 더 많지만, 기억나는 중요한 점들만 요약해 적었다.

왕의 자녀의 권세

출애굽의 이야기를 통해 하나님은 종의 기질은 이집트에 두고 나와야 한다고 하셨다. 의존적인 태도를 버리고 믿음으로 세상의 거인들과 맞서 싸워 언약을 쟁취하라고 하셨다. 약속의 땅은 자유인의 신분으로 들어가야 한다고 하셨다.

> 너희의 지각의 눈을 밝히사 그분의 부르심의 소망이 무엇이며 성도들 안에 있는 그분의 상속 유업의 영광이 얼마나 풍성하며 그분의 강력한 권능의 활동에 따라 믿는 우리에게 베푸신 바 그분의 지극히 큰 권능이 어떤 것인지 너희가 알게 하시기를 구하노라. 엡 1:18

하늘과 만물의 주인이신 왕의 자녀로 거듭나라고 하셨다. 왕의 자녀를 위해 하늘에 준비된 상속 유산들을 '믿음'이라는 열쇠를 사용해 쟁취하고 꺼내 사용하라고 하셨다.

> 하나님께서 그들에게 복을 주시고 하나님께서 그들에게 이르시되, 다산하고 번성하여 땅을 정복하라. 또 바다의 물고기와 공중의 날짐승과 땅 위에서 움직이는 모든 생물을 지배하라 하시니라. 창 1:28

만물을 다스리는 권위와 권세는, 하나님이 창조 때부터 우리에게 책임을 부여하실 때, 이미 우리에게 주어졌음을 믿으라 하셨다. 하늘에 속한 모든 축복은 이미 나에게 주어졌음을 믿었다. 야곱처럼 밤이 새도록 천사와 씨름을 할 끈기와 믿음만 있어도 하나님의 약속을 받는 기적이 일어난다. 안 믿으면 안 보이고, 못 믿으면 못 누리는 것뿐이다.

어느 날 성령께서는 아담으로부터 시작하여 대대로 인간들은 죄로 인해 너무 오랜 세월 동안 사탄과 세상의 영에 속아 악한 영의 종살이를 하며 살아왔고 자신들이 왕의 자녀라는 신분을 빼앗겼고 세상의 두려움에 복종하도록 사탄이 우리를 속여 길들여 왔다는 사실을 알게 하셨다.

그래서 예수님께서 이 죄의 문제와 신분회복의 문제를 해결하셨다. 이제는 예수 이름으로 하늘 보좌를 움직이는 기도를 할 수 있는 자격이 주어졌고 하늘에 속한 모든 복과 권능, 권세를 꺼내 쓸 수 있는 '믿음'이라는 금고 열쇠만 있으면 된다.

그럼에도 불구하고 우리는 하나님께 가나안 땅을 뺏어 나에게 달라고 기도한다. 미안하지만 하나님은 우리에게 '니 믿음대로 가서 싸워 빼앗으라'고 하신다.

가나안 정탐꾼 10명의 부정적 태도와 불신이 우리 안에 있는 한, 하나님이 약속하신 축복들은 먼 곳에 멋진 그림 밖에 되지 않는다.

영의 세계의 문을 여는 길은 오직 '믿음'이라는 걸 배웠다.

모든 것을 그의 발아래 두어 복종하게 하셨나이다. 히 2:8

예수님의 이름으로 기도로 모든 하늘의 보고를 침노할 자격이 하나님의 자녀인 우리에게 있으며 환경과 문제들을 다스릴 권세도 이미 우리에게 주어졌음을 믿음으로 받아 누리라고 하셨다.

마치 **누가복음 15장 11-32절**에 나오는 돌아온 탕자의 이야기처럼, 원래 동네에서 알려진 부자의 아들로 태어나 아버지 생전에 자기 몫의 유산을 미리 받아 떠나버린 둘째 아들의 경우와 흡사하다. 그는 가진 재산을 모두 유흥과 쾌락으로 탕진해 버렸고, 빈털터리가 되어 돼지우리에서 기거하며 돼지와 함께 밥을 나눠 먹는 처지에 이르렀다. 그때서야 그는 아버지를 떠올렸다.

'내가 왜 이러고 있지 지금? 아버지께 가서 용서를 빌고, 차라리 아버지의 일꾼으로 써 달라고 하는 게 백 번, 천 번 낫지…'

그는 회개하는 맘으로 돌아왔고 아버지는 그를 마중 나와 기뻐하며 그의 손가락에 반지를 끼우고 잔치를 벌였다. 이처럼 죄의 종으로 오래 살다 보면 자신의 진짜 신분을 망각하고 종처럼, 동물처럼 길들여져 살아가게 된다. 정죄감과 자책감에 눌려 실패에 길들여져 당연히 여기며, '팔자'려니 살아가는 사람들도 있다.

사탄은 끊임없이 우리를 '니 까짓게 그래 봤자'라며 우리의 잠재능력을 스스로 의심하게 하고 도전 자체를 주저하거나 장애물을 넘는 대신 장애물만 보고 쉽게 포기하게 만들어 점점 우리를 패배의식에 붙잡아 두려 한다.

성경은 더 이상 공중 권세 잡은 악한 자들의 거짓말들을 믿지 말고 세상 종살이와 돼지우리를 박차고 나아와 만물의 왕이신 하나님의 자녀신분을 다시 회복하라고 우리에게 말한다. 아버지께 돌아가면 우리의 본연의 신분을 증명하는 반지가 기다리고 있다.

적용과 훈련

가게 영업은 매일 기도로 시작했고 매주 목요일마다 목사님 한 분을 모시고 성경공부를 남편, 나, 그리고 직원이었던 남편의 사촌동생과 함께했다. 남편과 직원을 위해 꼭 해야겠다고 생각했다. 남편은 캠프 이후부터 열심히 성경을 공부하고 있었지만 말씀을 해석하고 적용하는 훈련이 필요했다. 남편의 사촌동생은 어머니가 목사님이시지만 은사 집회 경험만 많고 말씀에 대해서는 전혀 모르는 듯했다. 아니면 말씀의 능력과 약속을 믿지 못해 세상은 세상의 방법대로 살아야 한다고 믿었는지도 모른다. 어쨌든 그는 나보다 신앙이 우월하다고 생각하는 눈치였다. 안타깝게도 그는 매달 가불을 신청했고, 몇 달은 허락했지만 반복된 습관이 보이자 나는 단호히 그에게 말했다.

> 부한 자는 가난한 자를 다스리고 빌리는 자는 빌려 주는 자의 종이 되느니라. 잠 22:7

**내가 어떤 처지에 있든지 거기에 만족하는 것을 내가 배웠노니
빌 4:11**

　하나님께서 주신 재정에 먼저 자족하고 형편에 맞게 사는 훈련을 하셔야 한다고 말했다. 불필요한 지출이나 낭비하고 있는 부분이 없는지 먼저 기도해 보시라고 했다. 하나님이 내 필요를 채우신다는 말씀은 하나님이 주신 물질에 맞게 사는 훈련을 하라는 뜻이라고 나는 믿는다고, 이렇게 빚지고 살면 하나님께 영광이 될 수 없다고도 말했다.
　이렇게 말하면서도 나도 불편했고 혹시나 잘난 척한다고 생각할까 염려도 했지만 나도 여러 번 망해봤고 그런 과정을 통해 배웠기 때문에 더 안타까운 마음에 훈계를 할 수밖에 없었다.

우리가 알거니와 하나님을 사랑하는 자들 곧 그 분의 목적에 따라 부르심을 받은 자들에게는 모든 것이 합력하여 선을 이루느니라 롬 8:28

　나는 이 말씀을 받았고, 매일 이 말씀을 붙잡고 기도하며 일을 시작했다. 우리 앞에 놓인 문제, 어려움, 장애물, 혹은 우리의 넘어짐 마저도 하나님의 원하시는 뜻을 위한 과정일 뿐이며 결국 열매는 하나님이 만드신다. 우리는 훈련에 전심으로

참여하고, 순종하면 된다. 결국 믿음을 키우시는 분도 하나님 이시다.

하나님께서 말씀을 약속으로 주셨을 때, 내가 믿으면 하나님은 반드시 약속을 이루신다는 것을 나는 그때도 믿었고, 지금도 믿는다.

사람이 마음으로 자기의 길을 계획할지라도 그 걸음을 인도하는 자는 여호와 시니라. 잠 16:9

그러나 내 생각과 주님의 생각이 다를 수 있고, 그렇기에 주어진 현실에 최선을 다하되 결과는 주님 뜻만 이루어 지시길 기도하게 되었다.

우리가 잘 행하는 가운데 지치지 말지니 우리가 기진하지 아니하면 정하신 때에 거두리라. 갈 6:9

내가 포기하지 않는 믿음을 보일 때 하나님은 반드시 나의 노력과 순종의 열매를 맺으신다. 하나님의 때를 인내로 기다리라는 말씀이었다.

먼저 나는 수입과 지출을 파악하기 위해 회계를 시작했다. 엑셀로 모든 기록을 넣어보니 최소 마지노선의 하루 평균 순소득이 300불 이상이어야 현상 유지가 가능했다. 물론 나와 남편의 월급은 포함하지 않았다. 사장은 월급을 먼저 챙기지 못한다. 책임을 지는 것이 리더임을 성경을 통해 배웠다. 하나님은 대표자 원칙이 철저하시다. 책임을 주시면 권한도 주시고 리더가 하나님께 순종할 때 하나님이 역사하신다.

교회뿐 아니라 사업장과 가정에서도 위와 같은 동일한 영적 질서와 법이 존재한다. 하나님은 이 때로부터 7년 전, 이혼과 감당할 수 없는 빚으로 영이 눌려 괴로워하던 내가 울부짖으며 기도로 구했던 그때의 기도를 기억하시고 응답하시고 계셨다.

"저에게 물고기를 대신 잡아 주시지 말고 물고기를 잡는 법을 가르쳐 주세요." 알고 싶고, 배우고 싶으니 가르쳐 달라고 간구했다. 다시는 돈의 노예로 살지 않게 돈을 다스릴 권세와 능력을 구했던 그때의 기도가 이 당시 응답되고 있었다.

> 그분께서 그들에게 이르시되, 그물을 배 오른편으로 던지라. 그리하면 너희가 얻으리라, 하시므로 그들이 던졌더니 이제 물고기가 많아 그들이 그물을 당길 수 없더라. 요 21:6

들으셨구나 내 기도를… 잊지 않으셨구나… 정말 감사드렸다. 지난 몇 년간 나는 돈의 실체를 공부해 왔다. 본질을 알면 상대가 더 이상 두렵지 않다. 돈을 좇으면 맘몬이 우상이 되고, 돈에 좇기면 맘몬의 종이된다. **탐심과 욕심은 우상숭배**라고 성경은 말한다(골 3:5).

절제와 자족의 훈련은 반드시 먼저 하나님께 다스림을 받아야 한다.

헛된 것과 거짓말들을 내게서 멀리 옮기시오며 나를 가난하게도 마옵시고 부하게도 마옵시며 내게 알맞는 양식으로 나를 먹이시옵소서. 내가 배불러서 주를 부인하고 말하기를, 주가 누구냐? 할까 염려하오며 또는 내가 가난하여 도둑질하고 내 하나님의 이름을 헛되이 취할까 염려하나이다. 잠 30:8-9

이날부터 나는 이 기도를 계속 드렸다. 내게 주신 일용할 양식에 자족함을 배웠다. 하나님은 많든 적든 한결같은 마음을 원하셨다. 조금 없다고 궁상떨지 않고 비굴해 지지도 않고, 조금 더 많다고 거만 떨거나 남 무시하거나, 다 내가 잘나서 잘된 줄 착각하는 교만을 경계하라는 뜻으로 받았다. 매상이 없어도 근심하거나 불안해하지 않고 많이 벌었다고 자랑 떨거나 낭비하지 않는 마음을 달라고 기도했다.

또 너희가 무슨 일을 하든지 마음을 다해 주께 하듯 하고 사람들에게 하듯 하지 말라. 골 3:23

손님을 돈으로만 보지 말고 정직하고 성실하게 섬기는 사람이 먼저 되라는 말씀으로 받았고 적용했다. 사람들 앞에서만 잘 보이려 연기하거나 가식 떨 필요 없이 진실되고 한결같은 마음으로 한 영혼을 섬기듯 하라라는 뜻으로 받았고 받은 말씀으로 그런 마음과 태도를 달라고 기도드렸다.

또한 **뱀처럼 지혜롭고 비둘기처럼 순결하라**(마 10:16)고도 하셨다. 세상이 만만치 않음을 주님도 아신다. 모든 일에 주도면밀하게 조사하고 점검하며 반대 심문하는 부지런함과 분별력이 필요하다는 가르침이었다. 순간순간 올라오는 부정직의 유혹과 탐심을 쳐냈고 죄에 대해서는 도리어 단순한 어린아이같이 되어 잔머리 굴리지 않고 꾀부리지 말라는 뜻으로 받아 순종하려 노력했다.

> 너희는 좁은 문으로 들어가라. 멸망으로 인도하는 그 문은 넓고 그 길이 넓어 거기로 들어가는 자가 많고 마 7:13

우리는 흔히 이런 말들을 자주 듣는다. '세상 사람들 다 그래, 괜찮아 그래도'. 그러나 다수가 가는 그 길이 진리는 아니다. 다수가 믿는 사실이 진실이 아닌 경우도 살면서 자주 보고 경험한다. 세상이나 사람들이 기준이 아니라, 성경이 기준이라는 말씀으로 받았다.

그날부터 우리의 가게 영업 방침은, 가능하면 '예쓰', 안 되는 것은 '노'이다. 이득을 보려고 손님을 설득하거나 붙잡지 않는다. 사실만 정직히 말하고 손님들이 직접 알아보고 결정하도록 한 뒤 다시 오시라고 안내하고 있다.

> 서로 다른 추와 서로 다른 되는 둘 다 주께 똑같이 가증한 것이니라. 잠 20:10

누군가를 속여 내 득을 취하는 방법은 마음만 먹으면 무수히 많다. 자신의 양심을 속여 이윤을 취하지 말라는 하나님의 경고로 받아들였다.

**서로 사랑하는 것 외에는 누구에게든지 어떤 것도 빚지지 말라.
롬 13:8**

말씀을 받고, 앞으로 절대로 어떤 빚도 지지 않겠다고 다짐하며 기도했다. 당시 우리는 크레딧 카드를 모두 없애고 현금과 은행 현금카드만 사용했다.
먼저, 매니저가 몇 년째 외상으로 밀어왔던 광고비부터 집중해 몇 달에 걸쳐 모두 갚았고, 수입을 나누기 전, 매달 청구서들부터 먼저 지불했다. 쉽게 말해 줄 돈을 먼저 갚게 하셨고 남은 것으로 생활하게 하셨다. 자동차를 바꿔야 했을 때도 우리는 돈을 모은 후 현금으로 새 차를 샀다.
축복을 가로막던 내 약점과 장애들을 하나님은 그렇게 훈련을 통해 하나씩 하나씩 고쳐나가고 계셨다
이 훈련 후 몇 년이 지나 하나님은 때가 되었다고 보셨는지, 첫 이혼 때 첫 번째 남편과 변호사에게 속아 받지 못하고 있던 위자료가 드디어 해결되어 모두 현금으로 받을 수 있게 하셨다. 일부는 감사헌금으로 드렸고 남은 금액으로 지금 살고 있는 집을 전액 현금으로 살 수 있었다. 지금까지도 우리는 어떤 빚도 없다. 고로 원하지 않으면 일을 고만 둘 자유가 언제나 있다.

요셉의 이야기를 계속 떠올리며 믿고 맡길 만한 사람, 작은 일에도 신실한 사람이 되라고 하셨다. 그를 통해 정직과 성실, 책임감을 가르치셨다. 이윤이 전혀 남지 않는 작은 손님들조차도 정성껏 섬겼다. 점점 손님의 규모가 만 단위, 십만 단위, 백만 단위의 부자 손님들이 오기 시작했다.

'너라면, 네 돈을 믿을 수 없는 사람에게 쉽게 맡기겠느냐?'
'하물며 직원을 채용할 때, 감당하지 못할 만한 사람에게 업무도 맡길 수 없는데.' 라는 생각을 주셨고, 모든 일을 입장을 바꾸어 생각하면 섬김의 길이 보인다는 것도 깨닫게 하셨다.

비즈니스도 사람이 주체고 사람을 이해하면 내가 그들을 위해 할 수 있는 일들이 보인다고 하시는 듯했다. 그것이 곧 사업 아이디어이자 사업 노하우이며 세상을 섬기는 부르심이라고 하셨다.

무엇을 하던 내 필요를 채우기 위해 직장을 구하지 말고 세상에 필요한데 현실에 아직 없는 일이나 누군가의 필요를 채워줄 수 있는 일을 하라는 감동도 주셨다.

요셉은 스스로 업무와 직업을 선택한 적이 없다. 현실에 맡겨진 일에 충성을 다했을 뿐이지만 하나님은 그를 결국 높이셔서 이집트를 다스리는 총관리직을 맡기셨다.

하나님은 세상처럼 졸업장이나 학위로 사람을 뽑는 분이 아니다. 바닥부터 실전을 통과한 사람을 세우시는 분이시다. 때로는 내가 하고 싶은 일에 대한 야망과 욕심을 따라 살기보다는 처해진 현실에 순응하고 집중하는 일이 하나님의 크신 계획을 따라 사는 믿음이 되기도 한다.

> 가장 적은 것에 신실한 자는 또한 많은 것에 신실하고 가장 적은 것에 불의한 자는 또한 많은 것에 불의하니라. 눅 16:10

얼마를 맡기시든, 지혜롭고 신실한 청지기가 되라는 뜻이셨다. 이때 **마태복음 25장의 달란트 비유**도 떠올랐다.

백 원을 주면 백 원 다 쓰고, 또 주실 때를 당연히 여기며 기다리며 사는 태도를 이제는 버려야 한다고 하셨다. 사실 나는 어려서 엄마에게 주로 많이 혼났던 부분이 바로 이 점이었다. 나는 늘 가진 돈을 그날로 다 퍼주 듯 써버리고 빈손으로 돌아오곤 했다. 그래도 아쉬우면, 마음씨 좋았던 작은 언니 저금통에서 동전들을 가져다 쓰곤 했다.

또 은사든 재물이든 시간이든 건강이든 선천적 우월함이든 안 쓰고 후회하지 말고 최대로 활용하고 배가하란 뜻으로 받았다. 안될 사람은 안되다고 믿는 이유가 많고, 잘되는 사람은 잘될 거라 믿는 이유가 늘 많다. 결국 상황이나 기회의 문제가 아니라 마음과 태도의 문제라는 메시지 이기도 했다.

> 너 게으른 자여, 개미에게 가서 개미의 길들을 깊이 살펴보고 지혜로운 자가 돼라. 잠 6:6
>
> 여름에 자기의 먹을 것을 예비하며 수확 때에 자기 양식을 모으느니라. 잠 6:8

얼마를 쓰고 얼마를 남기고 얼마를 사업에 재투자할지를 먼저 예산으로 정하게 하셨고 또 얼마는 미래를 위해 저축하게 하심으로 미래에 대한 불안감이 없는 삶을 사는 훈련을 하셨다.

다람쥐 쳇바퀴 돌듯, 버는 대로 다 쓰고 또 벌고 쓰며 남기는 것이 없는 소비습관을 가진 인생은 안타깝게도 직장이 먹고사는 수단 이상이 될 수 없다. 선택의 자유가 없어지고 자기 일에 대한 자긍심이나 보람을 느끼기도 어렵고 직장이 생존의 목적이 될 수밖에 없다.

요셉도 형들에게 속아 노예로 팔린 인생의 바닥에서 시작했다. 그러나 바닥에 머무는 것은 하나님의 뜻이 아니다. 그의 바닥은 하나님이 예비하신 훈련소였다. 믿고 맡길 수 있는 관리와 경영의 은사를 훈련받고 사명을 감당할 능력을 겸비시키신 후, 막중한 임무의 직책을 감당케 하셨을 뿐 아니라 야곱의 가족 칠십 명을 가뭄으로부터 구원하여 이집트로 이주시키는 통로로 사용하셨다.

노동은 하나님의 축복이 될 수도, 저주가 될 수도 있다.

땅으로 돌아갈 때까지 네 얼굴에 땀을 흘려야 빵을 먹으리니 이는 네가 땅에서 취하여졌기 때문이라. 창 3:29

나는 아담과 하와의 원죄이 후 내려진 이 저주를 내 대에서 끊겠다고 마음먹었다. 나는 먹고살기 위해 일하지 않겠다. 내가 하고 있는 일에 대해 선한 의미를 부여했고 하나님의 사명감으로 임했고, 그 결과 하나님이 허락하신 열매들로 보람을 느끼며 자부심과 책임을 가지고 일했다.
    비록 처해진 환경은 내 맘대로 순식간에 바꾸지 못할 지언정, 내 마음과 생각을 바꾸는 일은 그리 어렵지 않다.

> **무릇 징계가 당시에는 즐거워 보이지 않고 슬퍼 보이나 후에 그로 말미암아 연달 한 자에게는 의의 평강 한 열매를 맺나니**
> 히 12:11

    모든 훈련은 당시에 달갑지 않고 고되게 느껴진다. 다른 길이 있다면 하나님께서 그 길로 인도하실 것이다. 그러나 대부분의 쉽고 편하며 넓은 길은 사탄의 거짓이거나 유혹일 경우가 많다.

> **이기려고 애쓰는 자마다 모든 일에서 절제하나니** 고전 9:25

    모세나 다윗, 심지어 예수님조차도 하나님께서 예정하신 사명을 이루기 위해 수십 년의 훈련 과정을 거쳤다. 고난 없는 훈련은 없으며, 훈련 없는 승리도 없다.

    가게 수입이 점점 늘어나 재정에 여유가 생겼을 때 떠오른 말씀은 '**오병이어**'였다. 물고기 다섯 마리와 빵 두 조각으로 기적을 행하시고 수천 명을 먹이신 후, 남은 물고기와 빵을 열두 바구니에 담게 하신 예수님을 통해 하나님께서는 받은 은혜를 함부로 낭비하지 말라는 교훈을 주셨다.

하나님은 사치와 낭비를 좋아하지 않으시며 경솔하고 충동적인 소비 습관도 싫어하신다는 감동을 받았다. 또한 원하는 것과 필요한 것들을 구별하는 지출 습관 역시 몇 년의 훈련 과정을 거쳐야 했었다.

하나님께서 허락하신 훈련과정 동안 받았던 은혜와 말씀들은 그때 그때 훨씬 더 많았지만, 다 기억하지도 못하고, 굳이 자랑할 필요도 없으므로 더 이상 언급하지 않겠다.

> **주께서 너를 위해 자신의 좋은 보고 즉 하늘을 여사 네 땅에 제때에 비를 내리시고 네 손의 모든 일에 복을 주시리니 네가 많은 민족들에게 꾸어 주며 꾸지 아니하리라**
> **주께서 너를 머리가 되게 하시고 꼬리가 되지 않게 하시며 위에만 있고 아래에 있지 않게 하시리니 내가 이 날 네게 명령하는 주 네 하나님이 명령들에 네가 귀를 기울이고 그것들을 지키고 행하면 그리하시리라. 신 28:12-13**

나는 이 말씀을 기도로 바꾸어 자주 드리곤 했다.

이 글을 읽으시는 모든 분들이 하나님께서 받으실 만한 현명한 기도를 드리시기를 부탁드린다. 그리하여 재정뿐 아니라 현실의 문제들과 환경 등 모든 영역을 다스리는 능력과 권세를 받아 누리시길 진심으로 바라고 기도한다.

모든 사람에게 동일한 방법으로 역사하시지 않을 수도 있지만, 이 글에는 오직 나에게 가르치신 성령의 깨닫게 하심과 나의 실천만 간증하였다.

둘째 딸을 선물로 주심

외동딸로 공주처럼 자란 첫째 아이가 어느덧 자기중심적으로 변하고 버릇이 없어지는 것을 깨달은 날부터, 둘째 아이를 갖도록 기도했다.

곧바로 임신이 되었고, 그때 내 나이는 미국 나이로 44세였다. 산부인과 의사는 산모의 고령 임신과 과체중 아이에 대한 염려로 유도분만과 제왕절제를 강력히 권유했지만 우리는 이를 거절했다. 어차피 하나님이 주신 아이라면 두려움 대신 믿음을 선택하기로 했다.

둘째는 그날 태어난 신생아 중 그 병원의 최대 우량아로 기록을 달성했고 여러 간호사들이 아이 구경을 하러 나의 병실을 찾아왔다. 기도에 바로바로 응답하시는 하나님께 감사드렸고, 아이가 건강하게 태어나게 해 주신 것만으로도 진심으로 감사했다.

순종, 자아의 죽음

8년 전, 둘째를 낳고 2~3년 동안 남편과의 관계가 힘들었다. 그는 아무렇지도 않았고, 나만 힘들었던 것 같기도 하다. 나는 모든 것을 내려놓고 싶어졌다. 가게 일이나 집 안일이나 아이들 양육이나 남편은 전혀 도와주지도 않으면서 계속 일들만 더 늘려 정작 나에게 떠맡기고, 마치 상관처럼 나를 지적질하는 모습이 너무 꼴 보기 싫고, 지긋지긋하게 느껴졌었다. 그 당시 '내 이 놈을 오늘…' 한마디 하고 싶을 때마다, 주님은 내 마음속에 '순종'이라는 단어를 떠올리셨다.

그때부터 몇 년 동안 그 '순종'이라는 단어가 계속 나를 따라다녔다. 가정의 평화를 위해 일단 지금은 순종하고 참지만, 이내 마음속으로는 '아이들만 크면 이혼이다. 갖다 버려야지.' 하는 생각도 자주 했다. 그래도 다 된 밥에 코 빠뜨릴 수는 없었다.

시키신 분이 책임도 지시는 법이라 믿고, 이를 악물며 참았고 과도한 노동에 지쳐갔지만, 현실에 순종하며 모든 것을 감내해 갔다. 순종한다고 불만과 미움이 쌓이지 않는 것은 아니었다. 그때까지 만해도 분노를 참는 것이 '인내'라고 착각하며 살았는지도 모른다.

그러던 중 어느 날, 남편을 용서하기 너무 어려워 마음이 무거웠고, 슬픔과 억울함에 영이 눌려 기도하던 중, 십자가에 달리신 예수님의 모습이 내 머릿속에 선명하게 떠올랐다. 성령께서 예수님께서 십자가 위에서 하신 말씀을 떠올리게 하셨다.

아버지여, 저들을 용서하여 주옵소서. 저들은 자기들이 하는 일을 알지 못하나이다 눅 23:34

예수님 양편에는 강도 살인자 두 사람이 매달려 있었다. 구경꾼들은 조롱과 정죄, 비판으로 웅성거렸고 군인들은 예수님의 옷을 제비 뽑아 나누며 비웃는 장면이 떠올랐다. 예수님은 강도도 용서하셨고 구원을 약속하셨는데, 내가 뭐라고 용서하지 못할까… 내 고집이 아직도 나를 붙잡고 있었음을 깨달았다. 세상에 억울한 사람은 예수님 한 분뿐인데, 나 같은 죄인이 다른 죄인을 용서 못한다는 게 얼마나 가당치도 않은 일인지 진지하게 생각하게 되었다. 인간의 무지와 자신의 행위들을 돌아보지 못하는 우리들의 어리석음을 도리어 아버지가 불쌍히 여기시도록, 예수님은 마지막 순간까지 중보기도 하셨다.

'내 까짓 게 뭐라고 용서를 못하겠다는 소리를 하지?'

'나도 안 변했는데, 그 사람이 안 변한다고 해서 뭐가 실망이지?'

나도 모르고 짓고, 알고도 지은 수많은 죄들을 예수님이 피 흘리시며 내 대신 갚으셨는데… 나 역시 지금까지 '미움' 하나 해결하지 못하고 사는데…

깊은 묵상을 하는 가운데 성령님은 사랑의 완성은 '긍휼의 마음'이라는 것을 깨닫게 하셨다.

나 역시 그 많은 죄들을 짓고도 예수님의 긍휼로, 그분의 은혜로 용서를 받았건만… 이내 나는 또 그 한량없는 은혜를 망각하며 살고 있었다. 나는 진심으로 울며 회개했다. 예수님은 돌아가시는 순간까지도 분노하지 않으셨고, 저주하지도, 천사에게 명해 자기를 해하는 자들에게 복수하지도 않으셨다. 내가 내 맘대로 정한 '용서의 한계'라는 벽을 허물지 않는 한 온전한 사랑을 이룰 수 없다는 것을 알게 하셨고, 예수님이 미움과 분노대신 긍휼을 선택하셨 듯, 나 역시 긍휼을 택함으로 미움과 분노와 원망을 '사랑'으로 이길 수 있는 선택의 자유가 나에게 있음을 깨닫게 하셨다.

긍휼은 용서의 더 적극적인, 의지적인 선택으로 인간의 동정심과는 사뭇 다르다.

죄인 중에 내가 괴수니라 딤전 1:15

그 며칠 후 성령님은 나의 죄 된 본성을 거울로 보듯 나로 보게 하셨다. 여전히 내 안에는 정죄가 있었고 교만이 있었으며, 미움도 있었다. 나름 20년 가까이 신앙생활도 해왔고 성경도 읽고 회개도 수없이 한 것 같았지만, 성령께서 내 마음과 생각을 조명하시니 내 안에 여전히 죄들이 보였다.

나는 죄로부터 자유로울 수 없는, 그저 타고난 죄인이었다. 아무리 노력해도 죄의 본성은 그대로 남아 있는 나를 보며 남편 또한 나 같은 불쌍한 죄인일 뿐이라는 측은지심이 생겼다. 얼마 전 깨닫게 하신 대로 긍휼을 선택하자, 어느덧 용서의 마음이 내 안으로 들어왔다. 그러자 사탄이 뿌려 놓은 내 안의 온갖 미움과 악한 상상, 남편에 대한 정죄들이 나에게서 떠나갔다. 내가 벌거벗은 알몸같이 나의 실체를 정직히 바라보자, 높아졌던 마음이 낮아졌고, 비로소 이내 나에게 평안과 자유함이 찾아왔다.

개신교의 아버지 마틴 루터의 고뇌가 공감되었다. 아무리 죄를 회개해도 죄성은 여전히 사라지지 않았고, 마치 낫으로 베어진 잡초처럼 뿌리에 남은 죄성은 언제든 기회만 되면 다시 싹을 틔운다. 우리는 스스로 죄의 문제를 해결할 수 없는 죄인 된 본성으로 태어났다. 나의 죄의 댓가는 이미 예수님께서 십자가에서 해결하셨음을 '믿음'으로 받아들이지 않는 한, 인간 스스로가 죄로부터 구원받는 것은 불가능하다는 사실을 그제야 진심으로 받아들이게 되었다. 결국 내가 십자가 그 자리에 죽어야만 하는 거구나… 한동안 눈물이 하염없이 흘렀다. 내가 죽어야 성령님께서 나를 비로소 다스리실 수 있는 거구나…

내가 그리스도와 함께 십자가에 못 박혀 있으나 그럼에도 불구하고 사노라. 그러나 내가 아니요 그리스도께서 내 안에 사시느니라. 갈 2:20

예수님의 피가 내 심장을 돌며 온몸과 마음에 퍼졌다. 그 이후로 나는 더 이상 죄를 묵상하지 않는다. 나 자신의 죄에 대해서도 남의 죄에 대해서도 그렇다. 따져봤자 그놈이 그 놈이다.

남편이 맞았다. 나는 가짜였다. 그날 내 안에 있던 종교라는 가면을 썼던 위선자 바리새인이 마침내 떠나갔다.

사랑과 은혜였구나, 답은…

그렇게 하나님은 남편을 사용하여 나를 깨우치시고 정련하고 계셨다.

이제는 죄와 회개를 묵상하기보단 예수님과 성령님을 더욱 인격적으로 사랑하는데 더 마음을 집중해야겠다는 깨달음과 생각을 하게 되었다.

인생에 '불행의 끝, 행복의 시작' 같은 것은 없다. 그러나 신앙이 성장할수록 이전과 같은 일, 같은 상황에서도 내가 어떻게 반응하고 용납하거나 이해하느냐에는 분명한 차이가 있었다.

고난 이 전에는 당연히 대판 싸울 만한 일도 고난을 통과한 후에는 별일 아니게 여겨지기도 하고 사정이 있겠거니⋯ 싶기도 하다. 기다리면 풀리기도 하고 대화를 통해 서로를 이해하기도 한다. 나도 그렇고 그도 그렇고, 사람은 하루아침에 변하지 않았다.

바로 몇 년 전에도 집을 공사하는 과정에서 남편과 나는 두어 번 크게 다퉜고, 결국 나는 집을 나가 친구 집에서 며칠 쉬다 왔다. 집으로 돌아와 달라는 그와 큰딸의 부탁으로 집에 돌아왔을 때, 이전과 달리 남편은 나를 존중했고, 그의 진심 어린 눈물과 말들이 내 마음에 전달되었다. 그날 드디어 그는 마초맨 가면을 벗었다. 그는 내 눈을 바라보며 눈물을 흘리며 말했다.

"나는 너를 위해 내 목숨을 버릴 수 있어. 진심으로 너를 사랑하고 존중하며 인정해 주지 못했던 것 정말 미안해."

예수님이 우리를 위해 목숨을 내려놓으셨듯 그는 나를 위해 목숨을 내려놓을 수 있다고 말했다.

남편들아, 너희 아내 사랑하기를 그리스도께서 교회를 사랑하사 교회를 위하여 자신을 주신 것 같이 하라. 엡 5:22

하나님께서 순종을 명하실 때는 항상 이유가 있다. 명령하실 때는 무언가 큰 일을 이루실 계획이시며, 명령에 대해 반드시 책임지신다는 걸 나는 경험으로 알고 믿는다. 남편은 이전처럼 나를 그의 종이 아니라 아내의 자리로 높여 주었고, 아내이자 엄마로서 나의 위치와 권위를 인정해 주었다. 하나님의 명령대로 나를 죽이고 순종하여 그를 높였더니 비로소 그도 나를 높여주었다.

> 사람의 모양으로 나타나사 자기를 낮추시고 죽기까지 순종하셨으니 곧 십자가의 죽음이라. 그러므로 하나님께서도 그분을 높이 올리시고 모든 이름 위에 있는 이름을 그분에게 주사
> 빌 2:8-9

순종을 통해 권위와 권세는 위로부터 아래로 부어진다. 내 자아가 산산이 부서져 죽는 순종의 제사를 드렸을 때, 비로소 하나님은 우리 가정을 온전히 회복해 주셨고 나를 그의 아내로 높여 주셨다. 가정의 영적 질서가 회복되지 않는 한, 온전한 하나님의 축복을 누리기는 어렵다. 가정의 무너진 영적 질서로 인한 영향들은 다음 세대에 까지 이어지기도 한다.

남편과 아내가 각자의 역할에 책임을 다하고 서로의 역할과 권한을 존중하며 권위 질서를 지키고 순종하는 가운데, 가정에서부터 자녀들 역시 남녀의 서로 다른 역할과 권한을 존중하고 각자의 책임을 배우며 성장하게 될 때 이들이 세상에 나가서도 권위의 질서에 순종할 수 있게 된다.

나의 남편은 대학에서 범죄심리학을 공부했었다. 그의 말에 따르면, 감옥에 가는 범죄자들의 과반수 이상이 깨어진 가정에서 자란 사람들이라고 한다. 지금의 고통에서 빨리 해방되고자, 혹은 자신의 행복을 위해 쉽사리 '이혼'이 답이라고 생각하는 오늘날 많은 부부들을 볼 때마다 나는 쫓아다니며 붙잡아 말리고 싶다. 아이들은 나 때문에 세상에 나왔고 그들의 잘못 보다는 부모의 잘못이 더 크다는 것과 이혼이 최선이라는 사탄의 거짓말에 속아 다음 세대까지 불행하게 만들어서는 안 된다고 외치고 싶다. **모든 '불순종의 저주'는 내 세대에서 반드시 '순종'으로 끊어내야만 한다**고 사정하고 싶다. (신 28장 참조)

아이들에게는 행복한 가정보다 소중한 선물은 없다.

우리는 살과 피와 맞붙어 싸우지 아니하고 정사들과 권능들과 이 세상 어둠의 치리자들과 높은 처소들에 있는 영적 사악함과 맞붙어 싸우느니라. 엡 6:12

사탄은 사랑해야 할 사람은 미워하게 만들고, 정작 미워해야 할 죄들은 용납하게 만들어 이 둘을 교묘히 흔들어 헷갈리게 한다. 또 악한 상상을 믿게 하여 신뢰를 깨고 사랑 대신 미움과 증오를 심는다. 이렇게 오늘날 많은 부부들이 소망을 잃고 후회와 절망과 낙심으로 가정을 생지옥으로 만들어 간다.

우리를 위하여 여우들 곧 포도나무를 망치는 작은 여우들을 붙잡으라. 우리의 포도나무에 연한 포도들이 있느니라. 아 2:15

성경에서는 관계를 망치고 사랑을 훔치는 작은 여우(악한 영)들을 가정에서 붙잡아 내쫓는 영적 권세를 예수님께서 우리에게 주셨다고 하셨다. 미움과 불신과 절망으로 깨어진 나의 조부모의 가정, 부모님의 가정을 이어 나 역시 두 번의 아픈 이혼을 겪었다. 지금 아는 것을 그때 알았더라면 좋았을 것을, 미련했던 나는 두 번의 결혼의 실패를 겪고, 세 번째 결혼 후 아이가 세상에 태어나면서부터 하나님의 눈으로 나를 바라볼 수 있게 되었고, 그제야 하나님께 진지하게 모든 저주를 내 대 안에서 끊고 감당하겠다는 결단을 기도로 올려드릴 수 있게 되었다.

"내 대에서 모든 저주는 끊겠습니다. 도리어 제가 죽는 한이 있어도 순종으로 말미암아 모든 저주가 떠나가고, 축복의 계보가 열리게 하겠습니다. 저는 우리 아이들에게 영적 축복을 유산으로 물려주겠습니다. 하나님의 축복의 계보에 들어 하늘에 속한 모든 축복을 모두 받아 누리는 삶을 우리 아이들이 살게 하여 주옵소서 "

나의 죄 많고 허물 많은 삶을 통해 한 영혼을 살리기 위해 죽기까지 사랑하시는 하나님의 사랑을 증거 하고 싶었다. 예전에 나처럼 하나님에 대한 오해로 인해 하나님께 나아가지 못하시는 분들에게, 하나님께는 용서 못할 죄가 없다는 사실을 믿음으로, 구원받으시길 진심으로 기도하며 이 글을 써내려 갔다. 또한 처음 믿게 되신 분들이 말씀과 성령으로 거듭나시고 성령과 동행하게 되시길 진심으로 기도한다.

혹여나 믿음의 시험 가운데 어려움을 겪으시는 분들에게는, 나의 삶 속에 주셨던 말씀과 성령의 깨닫게 하심을 간증함으로 현실에 적용하고 실천할 수 있는 말씀들과 방법들을 제시하고 싶었다. 과거 나의 종교적 위선과 지식을 버린 후 만났던 살아계신 하나님은 지금도 신령과 진정으로 예배하는 자들을 찾고 계시고 우리가 '믿음'을 현실로 살아내기를 바라고 계신다는 메시지를 전하고 싶었다.

이 책을 읽으신 모든 분들이 진리로 자유케 되시고 살아 역사하는 말씀의 능력을 체험하고 하늘에 예비된 모든 복들을 누리며 이 땅에서도 왕의 자녀로 사실 수 있기를 바라고 기도한다.

우리뿐만 아니라 그들에게도 복음이 선포되었으나 선포된 그 말씀이 그것을 들은 자들 속에서 믿음과 섞이지 아니하였으므로 그들에게 유익을 끼치지 못하였느니라. 히 4:2

성경의 모든 말씀과 약속은 오직 우리의 믿음과 연합되어 순종할 때, 실제 능력으로 역사된다는 말씀을 믿으실 수 있기를 기도한다.

감사

내가 다니는 작은 시골 교회인 미국 갈보리교회에는 대단한 찬양팀도 없고 악기와 봉사자도 많지 않다. 몇 년 전, 찬양을 듣고 따라 부르는데 평소 부르지 않던 노래가 나왔다. 'Goodness of God'이라는 노래의 가사가 내 인생을 노래하는 듯 느껴졌다.

> All my life You have been Faithful,
> And all My life You have been so, so good
> With every breath that I am able
> Oh, I will Sing of the goodness of God..

그 노래 가사 중 위 부분을 따라 부르며, 내내 눈물이 멈추지 않았다. 이전에도 몇 번 들어본 노래였지만, 그날은 노래 가사가 내 영혼에 글로 쓰여 새겨지듯, 나의 지난 삶의 나날들이 영화 필름처럼 기억에 재생되었다. 이제 반 평생을 지나 살고 있는 나의 인생은 은혜로 시작해 은혜로 살았고, 은혜로 살고 있다. 돌아보면, 어느 한순간도 하나님의 도우심이 없었던 적이 없었고 내 인생은 하나님의 은혜로 가득 채워졌고 채워지고 있다. 때로는 스치듯 생각만 해도 이루어 주시는 하나님의 섬세한 배려와 은혜를 나는 삶으로 경험하며 살아가고 있다.

33살, 죽음을 소망하던 한 사마리아 여인에게 찾아오신 그분은 지금까지 단 한 번도 신실하지 않으신 적이 없는, 나의 하나님이시다. 과거의 수치심과 정죄감이 나의 발목을 붙잡고 있을 때, 그분은 진리로 그 족쇄를 끊고 나를 자유케 하셨다. 내가 그분의 약속의 말씀을 붙들고 믿었을 때, 나의 하나님은 그 약속들을 내 인생 안에서 모두 이루어 내 눈앞에 펼쳐 보여 주셨다.

> **내 입에서 나아가는 내 말도 그리하여 그것이 헛되이 내게로 되돌아오지 아니하고 내가 기뻐하는 것을 이루며 내가 그 말을 보내어 이루게 하려는 일에서 형통하리니 사 55:11**

나의 무지와 죄로 엉켜버린 실타래 같던 어린 시절의 꿈들과 사탄에게 빼앗겼던 한 많았던 세월들을 하나님은 내가 믿음으로 순종을 제사로 드렸을 때 모두 몇 배로 갚아 주셨다.

심지어 몇 년 전 돌아가신 엄마의 유언을 지키고자 남동생 가족을 돕기 위해 미국으로 초대했지만, 그들은 나의 제안보다는 물질적인 원조를 원하는 듯 보여 적지 않은 실망을 느꼈다. 몰랐던 사실들도 알게 되면서, 나는 동생 가족에게 울분을 토하며 한국으로 돌아가라고 했다. 그 일을 전해 듣고 뜻밖에도 작은 언니가 나에게 카톡으로 메시지를 보냈다.

"지선아~ 넌 너무 배려심이 지나쳐… 그래서 걱정되고 안쓰러울 때가 많아. 너의 행복을 위한 배려는 괜찮지만, 너를 다치게 하고 아프게 하는 배려는 하지 마… 그리고 엄마랑 남동생도 너무 미워하지 마… 그럼 네가 더 힘들어. 그냥 흘려보내. 넌 최선을 다했어. 누구도 그렇게 못해. 고생 많았어. 그때도 그렇고 지금도."

물론 본인은 무심코 던진 돌이었겠지만, 말 한마디로 나를 자살시도로 몰고 갔던 또 다른 장본인이 사과 아닌 사과의 글을 보냈고, 이로서 나의 말 못 했던 '한' 하나가 또 떨어져 나갔다. 마음속 깊숙이 간직했던, 지옥 같던 가정에서 행복한 가정을 꿈꾸던 어린 소녀의 소망마저 40년 후에 잊지 않으시고 모두 이루어 주시는, 나의 하나님은 그런 분이다.

내가 소원했던, '반석 위에 세운 집과 같은 가정, 모든 저주가 끊어지고 영적 질서가 하나님 앞에서 바로 선 가정', 나의 이 기도 제목도 하나님은 잊지 않으시고 마침내 이루어주셨다. 나는 지금 세상 어떤 사람도 부럽지 않은 인생의 한가운데를 살고 있다. 더 바랄 것도 없고, 후회도 없고, 아쉬움도 없는, 완전한 만족과 기쁨을 누리며 감사로 살고 있다. 원망스러운 사람도 없고, 용서 못한 사람도 없다.

행복의 기준은 사람마다 다를 수 있겠지만, 적어도 나에게 지금 이 현실은 이전에는 상상치도 못한 완벽한 하나님의 선물이다.

> 오 주께서 선하신 것을 맛보고 알지어다. 그분을 신뢰하는 사람은 복이 있도다. 시 34:8

나의 작은 믿음에 대한 보답으로 하나님은 나에게 모든 것을 누리게 하셨다. 인생을 돌아보면, 내가 자랑할 만한 단 한 가지는 하나님의 한량없으신 은혜뿐이다. 내 인생에서 가장 잘한 일은 '나'라는 주인을 버리고, 대신 하나님을 신뢰하기로 결단한 것, 그거 하나밖에는 없다. 과거 첫 번째 삶 속에서 나는 하나님께 불순종하며 그분으로부터 도망쳐 내가 주인이 되어 살았고, 결국 인생을 송두리째 망쳤었다. 인생의 벼랑 끝에서 내가 더 이상 치열하게 아등바등 살아남기를 포기했을 때, 하나님은 나를 부르셨다. 두 번째 인생을 살게 하셨을 때 나는 그분께, "다시 살게 하시면 이전과는 다른 인생을 약속해 달라고... 제가 시키시는 대로 다 할게요."라고 통곡하며 애걸했었다. 그분의 긍휼 하심과 선하심으로 말미암아 다시 살게 하신 나의 제2의 인생은 회복이었고, 새 소망이었고, 인생 역전이었고, 기적과 은혜였다고 나는 증거 한다. 20년 전 그렇게 자살로 생을 마감했었더라면, 지금의 나와 나의 반쪽과 우리 사랑하는 아이들과의 행복은 없었으리라. 주님 손에 붙들린 인생은 주님이 끝낼 때까지 끝난 것이 아니었다.

내가 귀로 듣는 것을 통해 주께 대하여 들었사오나 이제는 내 눈으로 주를 뵈옵나이다. 욥 42:5

마치는 글

최근 가정문제를 가진 두 가정의 자매들을 돕고자 카톡으로 큐티 나눔 방을 열며, 하나님께 기도드렸다.

"주님, 저는 이들의 어려움을 해결할 능력이 없습니다. 저를 고치시고 가르치셨던 성령님, 이들에게도 동일한 은혜를 부어 주세요. 말씀을 통해 이들을 지혜롭게 하시고, 잘못된 생각들을 바로잡아 주세요. 저는 진심으로 사라지고, 오직 주님의 통로와 몸이 되기만을 바라고 기도합니다."

이들을 위해 기도하던 중 성령께서 강하게 임하셨다. 세 번의 확인을 거쳐 나는 사마리아 여인처럼 살아계신 하나님을 세상에 증거 하라는 부르심을 받았다. 보잘것없는 인생이지만, 하나님 나라를 위해, 평생 간직해 온 나의 향유 옥합을 깨기로 순종을 결심했다.

허물 많은 인생에게 그분이 찾아와 진리를 가르치시기 시작하시며 나는 영원히 목마르지 않게 하는 우물을 얻었고, 영존하는 생명에 이르게 하는 생수를 마셨다. 내가 어둠 속에서 죽음을 묵상했을 때, 하나님은 생명의 빛을 비추셨다. 너덜거리는 상처와 하얗게 타버린 재들 대신 그 자리에 소망의 새싹이 하나씩 올라왔고, 눈물과 한 대신 꽃봉오리가 하나둘 자라나, 벌거벗은 나무로 죽기를 갈망했던 그 나무에 봄날 햇살 같은 사랑으로 들어오셔서 이내 아름다운 꽃들이 만발한 화관으로 덧입히셨다.

우리의 죄를 따라 처치하지 아니하시며 우리의 죄악을 따라 갚지 아니하셨으니 이는 하늘이 땅에서 높음같이 그를 경외하는 자에게 그 인자하심이 크심이 로다. 동이 서에서 먼 것 같이 우리 죄과를 우리에게서 멀리 옮기셨으며 아비가 자식을 불쌍히 여김 같이 여호와께서 자기를 경외하는 자를 불쌍히 여기시나니
시 103:10-13

66

권능과 부와 지혜와 힘과 존귀와

영광과 찬송을 받기에 합당하신 나의 주님. (계 5:12)

내가 숨이 다하는 날까지 나는 주를 높이리이다. (시 150:6)

마른뼈같던 나의 인생에 주의 숨이 내 속으로 들어와

다시 살게 하시고. (겔 37:5)

절망 가운데 소망을 주시고 마침내 이루어 주시는. (렘29;11)

하나님의 신실하심이 나의 삶의 소망입니다. (애3:23-24)

나의 힘이 되신 하나님, 내가 주를 진심으로 사랑하나이다.

(시 18:1)

99

겨울나무

발 행 | 2025년 11월 14일
저 자 | 박지선
펴낸곳 | 그레이스 트리
출판사등록번호 | 161-32-01682
주 소 | 서울특별시 강북구 인수봉로 72길
이메일 | gracetree.books@gmail.com

ISBN | 979-11-995355-0-3

ⓒ 박지선 2025
본 책은 저작자의 지적 재산으로서 무단 전재와 복제를 금합니다.